东盟十国留学指南

主　编　任钢建

知识产权出版社
全国百佳图书出版单位

图书在版编目(CIP)数据

东盟十国留学指南 / 任钢建主编. —北京:知识产权出版社,2016.7
ISBN 978 -7 -5130 -4329 -8
Ⅰ.①东… Ⅱ.①任… Ⅲ.①留学教育—东南亚—指南 Ⅳ.①G649.33 -62

中国版本图书馆 CIP 数据核字(2016)第 170397 号

内容提要

本书以十个章节分别详细介绍东盟所有国家（印度尼西亚、马来西亚、菲律宾、新加坡、泰国、文莱、越南、老挝、缅甸、柬埔寨）主要大学接收中国留学生的各项政策规定（简介、入学条件、专业设置、学期设置、学年学费、奖学金政策、住宿情况、签证政策等）。

责任编辑:王 辉　　　　**责任出版**:刘译文

东盟十国留学指南

DONGMENG SHIGUO LIUXUE ZHINAN

任钢建 主 编

出版发行:	知识产权出版社有限责任公司	**网　址**:	http://www.ipph.cn http://www.laichushu.com
电　话:	010 -82004826		
社　址:	北京市海淀区西外太平庄 55 号	**邮　编**:	100081
责编电话:	010 -82000860 转 8381	**责编邮箱**:	wanghui@cnipr.com
发行电话:	010 -82000860 转 8101/8029	**发行传真**:	010 -82000893/82003279
印　刷:	北京中献拓方科技发展有限公司	**经　销**:	新华书店及相关销售网点
开　本:	720 mm×1000 mm 1/16	**印　张**:	16.75
版　次:	2016 年 7 月第 1 版	**印　次**:	2016 年 7 月第 1 次印刷
字　数:	300 千字	**定　价**:	52.00 元

ISBN 978 -7 -5130 -4329 -8

教育部区域与国别研究基地——贵州大学东盟研究院系列研究丛书

教育交流:中国 - 东盟睦邻友好、合作共赢的桥梁

任钢建

中国和东盟地缘相近、血缘相亲、人文相通、商缘相连、利益相融,是天然的合作伙伴。2000 多年前开启的古代"海上丝绸之路",建立了中国与东南亚国家人民经贸、文化、情感交流的纽带。中国明代著名航海家郑和七次远洋航海,每次都到访东南亚国家,传播和平与友谊的种子。千百年来,中国和东南亚人民通过"海上丝绸之路"相知相交,互通有无,传递情谊,许多历史佳话传诵至今。从 1991 年双方建立对话关系,特别是 2003 年建立战略伙伴关系以来,中国和东盟各国相互尊重、平等相待,相互支持、共同发展,睦邻友好、互利共赢,双方关系从全面对话伙伴、睦邻互信伙伴成长为拥有广泛共同利益的战略伙伴,实现了历史性跨越,开启了中国 - 东盟交流发展的时代新篇章。

当今世界正处于经济大发展、体系大变革、格局大调整的关键时期,地区局势加快演变。中国和东盟国家仍是世界上经济最有活力、增长速度最快、发展最具潜力的地区之一。在这样一个历史、文化和谐发展的背景下,双方都认识到,在参与和推动区域合作中,进一步发挥人文交流尤其是教育交流的综合基础性、先导性、广泛性和持久性作用,有助于缩小地区发展差距,提升地区竞争力。正因为如此,中国外交部、教育部、贵州省人民政府从 2008 年以来连续在贵州举办 8 届"中国 - 东盟教育交流周",得到了双方各级政府的积极推动和民间的热情参与,逐步建立起教育领域全面合作伙伴关系,实现了教育互补协作、资源共享,走出了一条具有区域特色的教育交流发展道路,形成了深度开放与务实合作的新常态。目前,中国和东盟之间的教育交流合作基础更加牢固、主体更加多元、覆盖更加广泛、影响更加深远。教育交流与政治互信、经贸合作一道,共同构成了中国 - 东盟全面战略伙伴关系的三大支柱。

如今,中国 - 东盟战略伙伴关系已从"黄金十年"步入了起点更高、内涵更广、合作更深的"钻石十年",正处于承前启后、继往开来的重要历史时期。习近平总书记倡导建设中国 - 东盟命运共同体和"21 世纪海上丝绸之路",李克强总理提出"2 +7 合作框架"。这是一个传承历史、面向未来、顺应时代潮流,符合中国 - 东盟共同发展愿望的重大战略构想,为中国 - 东盟关系发展指明了方向。"21 世纪海上丝绸之路"已经纳入了中国的国家发展战略,是一条促进共同发展、实现共同繁荣的合作共赢之路,是一条增进理解信任、加强全方位交流的和平友谊之路,必将为双方发展创造更多的利益共同点和经济增

长点，为双方战略伙伴关系增加新的契合点。从地缘政治上看，东盟自古以来就是“海上丝绸之路”的重要枢纽；从经济联系上看，东盟是“21 世纪海上丝绸之路”中经贸与投资总量不可或缺的一部分；从发展前景上看，亚洲基础设施投资银行与丝路基金的相继成立，无疑使中国与东盟国家合作更加紧密、往来更加便利、利益更加融合。中国与东盟国家应秉持开放包容的精神，围绕合作共赢的目标，不断深化教育交流、促进民心相通，为加快建设中国－东盟命运共同体和“21 世纪海上丝绸之路”奠定坚实的民意基础。

“国之交在于民相亲，民之亲在于心相通”。教育交流是沟通各国人民心灵和情感的桥梁，比政治交流更久远，比经济交流更深刻。中国－东盟教育交流立足当前，惠及长远，是一件关系 19 亿人口未来的大事。历史启示我们，民众的广泛支持是国家关系稳定发展的基础。中国与东盟国家都应增强这一意识，积极主动创造条件，通过人与人的直接交流增进了解和友谊，通过不同文明相互学习借鉴促进社会进步，通过人民相知和互信奠定国家关系的民心基础。有了这样的基础，中国－东盟关系就不容易受一时一事的影响和羁绊，长期友好的大局就不容易动摇。实践已经、正在、还将继续证明，中国和东盟教育交流越频繁，经贸联系就更加紧密，政治互信就更加牢固。中国人历来认为，要成就大事，必须具备天时、地利、人和三个条件。中国与东盟的合作已进入快车道，又赶上快速发展的良好机遇，可谓“天时”；中国与东盟毗邻而居，方便人员交流和贸易往来，可谓“地利”；中国与东盟文化相近，人脉关系密切，可谓“人和”。面向未来，构建中国－东盟更有深度、更加持久的合作共赢关系，很大程度上有赖于教育交流的深度和广度，有赖于夯实世代友好的民意基础。

随着中国－东盟合作领域的不断拓展和深化，双方对各方面人才，特别是熟悉对方国情和文化、熟悉自贸区知识、适应多领域合作需要的专门人才需求不断扩大，使得双方加强教育交流成为新热点，合作前景更加广阔。据此，我们组织编著了信息丰富的《东盟十国留学指南》一书，并决定在第 9 届“中国－东盟教育交流周”举办期间推出。此书的宗旨是更好地服务于中国－东盟教育交流的发展，以东盟国家教育发展的现状和趋势为依据，重点介绍东盟十国主要院校的留学信息。为保证这一著作的质量，我们特别邀请了中国（教育部）留学服务中心、中国－东盟教育培训联盟、东南亚教育部长组织（Southeast Asian Ministers of Education Organization，SEAMEO）、东盟大学联盟（ASEAN University Network，AUN）等机构作为资料来源的主要支持单位。同时，我们还邀请一些在东盟的中国留学生（或在中国的东盟留学生）参与到本书的编撰工作中，他们既亲身感受了东盟教育的发展，又比较熟悉留学东盟的一些具体情况。我们希望《东盟十国留学指南》能成为有意赴东盟留学人士的重要参考书，为推动中国与东盟的教育交流合作尽绵薄之力。

目 录

第一章　东盟高等教育与教育管理机构概况 …… 1
一、东盟高等教育概况 …… 1
二、东南亚教育部长组织 …… 2
三、东盟大学联盟 …… 3

第二章　中国赴东盟国家留学政策简介 …… 6
一、中国政府对留学东盟国家的鼓励 …… 6
二、中国政府对东盟留学归国人员的学位认证 …… 7
三、中国驻东盟十国使馆联系方式 …… 7

第三章　文　莱 …… 9
一、文莱概况 …… 9
二、高等教育总体特色与优势 …… 9
三、高等教育管理机构简介 …… 10
四、主要高校国内排名情况简介 …… 10
五、文莱大学 …… 11

第四章　柬埔寨 …… 15
一、柬埔寨概况 …… 15
二、高等教育总体特色与优势 …… 15
三、高等教育管理机构简介 …… 16
四、主要高校国内排名情况简介 …… 16
五、金边皇家大学 …… 17

第五章　印度尼西亚 …… 19
一、印度尼西亚概况 …… 19
二、高等教育总体特色与优势 …… 19

三、高等教育管理机构简介 …… 20
四、主要高校国内排名情况简介 …… 20
五、印度尼西亚大学 …… 21
六、泗水理工学院 …… 25

第六章　老　挝 …… 28
一、老挝概况 …… 28
二、高等教育总体特色与优势 …… 28
三、高等教育管理机构简介 …… 29
四、主要高校国内排名情况简介 …… 29
五、老挝国立大学 …… 30

第七章　马来西亚 …… 33
一、马来西亚概况 …… 33
二、高等教育总体特色与优势 …… 33
三、高等教育管理机构简介 …… 34
四、主要高校国内排名情况简介 …… 34
五、马来亚大学 …… 36
六、马来西亚理科大学 …… 41
七、马来西亚理工大学 …… 44
八、马来西亚博特拉大学 …… 48
九、马来西亚敦胡先翁大学 …… 52
十、诺丁汉大学马来西亚分校 …… 54
十一、多媒体大学 …… 58
十二、沙巴大学 …… 62
十三、科廷大学马来西亚分校 …… 66
十四、马来西亚北方大学 …… 68
十五、拉曼大学 …… 72
十六、莫纳什大学马来西亚分校 …… 75
十七、英迪国际大学 …… 83
十八、双威大学 …… 86
十九、林国荣创意科技大学 …… 88
二十、世纪大学 …… 91
二十一、思特雅大学 …… 95
二十二、泰莱大学 …… 98
二十三、南方大学学院 …… 101

二十四、伯乐学院 …… 104
二十五、亚太科技大学 …… 113

第八章 缅 甸 …… 117
一、缅甸概况 …… 117
二、高等教育总体特色与优势 …… 117
三、高等教育管理机构简介 …… 118
四、主要高校国内排名情况简介 …… 118
五、仰光经济大学 …… 119

第九章 菲律宾 …… 123
一、菲律宾概况 …… 123
二、高等教育总体特色与优势 …… 123
三、高等教育管理机构简介 …… 124
四、主要高校国内排名情况简介 …… 125
五、菲律宾大学 …… 125
六、马尼拉雅典耀大学 …… 130

第十章 新加坡 …… 136
一、新加坡概况 …… 136
二、高等教育总体特色与优势 …… 136
三、高等教育管理机构简介 …… 137
四、主要高校国内排名情况简介 …… 138
五、新加坡国立大学 …… 139
六、南洋理工大学 …… 147
七、新加坡管理大学 …… 149
八、义安理工学院 …… 151
九、新加坡科技设计大学 …… 154
十、新加坡理工学院 …… 156

第十一章 泰 国 …… 159
一、泰国概况 …… 159
二、高等教育总体特色与优势 …… 159
三、高等教育管理机构简介 …… 160
四、主要高校国内排名情况简介 …… 161

五、朱拉隆功大学 …… 163
六、玛希隆大学 …… 167
七、东方大学 …… 174
八、宋卡王子大学 …… 177
九、泰国国王科技大学 …… 182
十、苏兰拉里理工大学 …… 184
十一、泰国农业大学 …… 187
十二、清迈大学 …… 193
十三、那黎宣大学 …… 196
十四、泰国法政大学 …… 199
十五、皇太后大学 …… 205
十六、兰实大学 …… 208
十七、瓦莱岚大学 …… 210
十八、泰国国家发展管理研究院 …… 213
十九、曼谷大学 …… 216
二十、泰国商会大学 …… 219
二十一、西北大学 …… 223
二十二、坦亚布里皇家理工大学 …… 225
二十三、泰国博乐大学 …… 229
二十四、博仁大学 …… 232
二十五、蓝康恒大学 …… 234
二十六、玛哈沙拉堪大学 …… 238
二十七、诗纳卡宁威洛大学 …… 243
二十八、西那瓦大学 …… 245

第十二章　越　南 …… 249
一、越南概况 …… 249
二、高等教育总体特色与优势 …… 249
三、高等教育管理机构简介 …… 250
四、主要高校国内排名情况简介 …… 250
五、胡志明市国家大学 …… 251

后　记 …… 254

第一章　东盟高等教育与教育管理机构概况

一、东盟高等教育概况

东盟各国高等教育受历史传统影响而呈现出不同的特点。大多数国家的高等教育管理模式深受殖民统治的影响。越南、柬埔寨、泰国及其他东盟国家的传统教育管理机构在19世纪步入现代化进程之初就已经被破坏或者遗弃。越南、柬埔寨和老挝的少数地区受法国殖民影响；印度尼西亚群岛受荷兰殖民影响；菲律宾受美国殖民影响；文莱、缅甸、马来西亚、新加坡等国家受英国殖民影响。这些被殖民国家完全使用殖民宗主国的语言，英国殖民地的大学使用英语；荷属东（印度尼西亚）群岛使用荷兰语；菲律宾使用英语等。在东盟国家中，泰国是第二次世界大战前唯一没有沦为殖民地的国家，但生活在西方列强的夹缝中，其文化深受西方影响，高等教育也沿袭了西方模式❶。

由于东盟各国政治体制不同、经济发展不平衡、民族文化的多样性和宗教差异，导致东盟各国的高等教育特点、体制和发展水平也存在着较大差异。根据《泰晤士报》年度世界综合性大学排名情况看，在2015年世界大学前200强的排名中，东盟国家占2所，分别是新加坡国立大学（25名）和新加坡南洋理工大学（61名），而东盟其他国家高校未能进入榜单前200强❷。

进入高等教育大众化的东盟各国面临着新环境、新挑战和新机遇。东盟大多数国家加大了高校的自治权，增强学校自主办学能力，使高校能及时、有效、主动地协调办学模式、专业设置、课程建设、人事政策、组织机构和经费使用，以及对社会要求的变化及时做出应对。

近年来，东盟国家高等教育呈现一体化趋势。这种一体化趋势是在尊重各国主权独立、平等互惠和政治、经济、文化、宗教等多元化为前提的情形下进行的，为谋求国家或地区共同利益，打造共同身份，实现东盟共同体目标，在自愿合作基础上签订协议和章程，

---

❶ 菲利普·G阿特巴赫. 高等教育变革的国际趋势[M]. 北京：北京大学出版社，2009：11.

❷ 参见2015英国“泰晤士报高等教育副刊”世界大学排名前200强. http://www.idp.cn/temps/2013－2014/.

实现政治、经济、社会、文化等方面的合作和建立共同协调机制❶。

二、东南亚教育部长组织

东南亚教育部长组织(Southeast Asian Ministers of Education Organization,SEAMEO)是一个区域性的政府间国际组织,由东南亚各国政府于1965年共同创建,旨在促进本地区国家间的教育、科学和文化合作。

1. 主要功能

东南亚教育部长组织致力于开发性的工作,进一步培养人的能力,并探索人民的最大潜力,期望与东南亚地区的人民一起提高生活质量和使人们得到公平的教育。同时,各国在预防保健教育、文化和传统、信息和通信技术、语言文字、扶贫和农业等自然资源领域也保持合作。

2. 机构设置

SEAMEO设有21个专业机构(区域中心),负责开展教育、科学和文化等领域的培训和研究项目。这21个专业机构是:热带生物学区域中心、终身学习区域中心、历史与传统区域中心、教育创新与教育技术区域中心、语言教师与语言教育工作者进修区域中心、数学教师与数学教育工作者进修区域中心、科学教师与科学教育工作者进修区域中心、食品与营养区域中心、科学与数学教育区域中心、区域语言中心、区域培训中心、高等教育与发展区域中心、开放学习区域中心、农业研究生学习与研究区域中心、特殊教育区域中心、考古与美术区域中心、热带医学与公共卫生网络、热带医学与公共卫生网络马来西亚中心(即微生物、寄生虫学和昆虫学区域中心)、热带医学与公共卫生网络菲律宾中心(即公共卫生、医院管理、环境和职业卫生区域中心)、热带医学与公共卫生网络泰国中心(即热带医学区域中心)、职业技术教育与培训区域中心。每个区域中心均设有一个理事会,由来自SEAMEO各会员国的高级教育官员组成。理事会负责审核各自中心的运作和预算,并为中心制定政策和工作方案❷。

3. 秘书处

SEAMEO的最高决策机构是SEAMEO理事会,由11个东南亚国家的教育部长组成。SEAMEO秘书处是理事会的执行机构,总部设在泰国曼谷。秘书处由一名秘书长领导,他同时是该组织的法定代表人和行政首长。来自各成员国的专业人员和东道国的行政人员辅助秘书长工作。

秘书处负责协调SEAMEO各区域中心的活动,以及联系各会员国,秘书处的其他职责还包括:执行SEAMEO理事会的决策,开展SEAMEO理事会批准的工作方案,策划区

---

❶ 覃玉荣. 东盟一体化进程中认同建构与高等教育政策演进研究[D]. 上海:华东师范大学,2009.

❷ 参见贵州省教育厅国际交流与合作处网站 http://gzgjc.gzsedu.cn/Item/17720.aspx.

域性教育项目建议书并研究其可行性，为 SEAMEO 争取资金支持，举办大会和研讨会。

4. 东南亚教育部长组织与东南亚国家联盟的关系

SEAMEO 与东南亚国家联盟（ASEAN）进行密切的合作。两个组织在促进东南亚地区的教育、科学和文化发展方面有着共同的关切。早在 1977 年，SEAMEO 理事会就授权 SEAMEO 秘书处研究与 ASEAN 建立工作关系。这两个组织之间的信息交流，最初通过有关出版物，以及 ASEAN 以观察员身份出席 SEAMEO 有关会议得以实现。自 2006 年起，SEAMEO 秘书处和 ASEAN 秘书处开始同期召开“SEAMEO 高官会”和“ASEAN 教育高官会”，“SEAMEO 理事会大会”和“ASEAN 教育部长会议”也开始同期召开。SEAMEO 秘书处参与了《ASEAN 教育五年规划（2011—2015）》的编写工作。2011 年，SEAMEO 秘书处与 ASEAN 秘书处同意建立定期磋商机制，以便更好地协调与合作。

5. 联系方式

SEAMEO Secretariat Mom Luang Pin Malakul Centenary Building, 4th Floor 920 Sukhumvit Road., Klongtoey, Prakanong, Bangkok 10110, Thailand Email: secretariat@seameo.org Tel: +66 (0)2391 -0144 Fax: +66 (0)2381 -2587

三、东盟大学联盟

东盟大学联盟（ASEAN University Network, AUN）成立于 1995 年。1995 年 11 月，东盟各国高等教育部长会晤并签署“东盟大学联盟”宪章，各参会大学签署“东盟大学联盟”协议，并成立董事会，“东盟大学联盟”正式成立，AUN 的所有活动都在 AUN 宪章和 AUN 协议框架下开展。

1. 主要功能

AUN 将东盟各国的学术优势整合起来，确定优先合作的领域，以此深化东盟的学术活力，强化区域特征和巩固区域团结。AUN 的总体目标是通过促进东盟各国确定的优先发展领域的交流学习与合作研究，加强东盟高校之间的合作。具体目标是促进各国科学家、学者之间的合作，加强该地区的学术与专业人才的人力资源开发，创造和传播科学知识和信息。核心目标是促进学术流动、提升东盟意识、增进东盟学生之间的了解。

2. 内部机构

AUN 由董事会（政策层面）、成员大学（执行层面）和秘书处（协调和监督机构）构成。董事会主席由泰国高等教育委员会主任兼任。董事会的职能是：制订政策；核准项目，包括预算分配，工作方案和执行活动的建议；任命秘书处执行主任和工作人员；定期审查和评估正在进行的项目等。董事会下设一个筹款委员会，负责为 AUN 的项目与活动筹集资金。

AUN秘书处设在泰国朱拉隆功大学内，经费由泰国政府负担。秘书处主要负责计划、组织AUN的项目和活动；协调、监测、评估AUN的项目和活动；提出建议和发展思路，建立筹资机制，使AUN在资金上自给自足、可持续发展；与本地区和其他地区的高等教育机构合作，提升东盟的能力建设❶。

3. 成员大学

AUN成立时有11所成员大学，分别来自印度尼西亚、马来西亚、菲律宾、新加坡、泰国和文莱。20世纪90年代后期，柬埔寨、老挝、缅甸、越南的一流高校加入了AUN。过去十多年里，AUN发展迅速，由一个以促进增强东盟意识为目的而开展活动的小机构，成长为推进东盟高等教育发展并与东盟对话国开展各种活动的教育组织。目前，AUN成员大学包括东盟十国各自国家最好的30所高校：文莱的文莱大学；柬埔寨的金边大学、皇家法律与经济学大学；印度尼西亚的玛达大学、印度尼西亚大学、万隆科技学院、艾雅蓝加大学；老挝的老挝国立大学；马来西亚的马来亚大学、马来西亚理科大学、马来西亚国民大学、马来西亚博特拉大学、马来西亚北方大学；缅甸的仰光经济大学、仰光大学、曼德勒大学；菲律宾的拉萨尔大学、菲律宾大学、马尼拉雅典耀大学；新加坡的新加坡国立大学、南洋理工大学、新加坡管理大学；泰国的朱拉隆功大学、东方大学、玛希隆大学、清迈大学、宋卡王子大学；越南的河内国家大学、胡志明市国家大学、芹苴大学。成员大学负责实施AUN的项目与活动，有责任审查AUN取得的成绩，参与计划未来的活动❷。

4. 主要活动及与中国的合作❸

AUN自成立以来，开展了形式多样的活动，数以百计的东盟学生和学者因奖学金和一系列项目而受益。活动可由成员学校提出，也可由东盟秘书处或AUN秘书处提出，对话伙伴也可以提出建议，以类型丰富、内容广泛、可操作为前提，最后由董事会确定开展哪些活动。AUN成立之初，活动内容多集中在知识和经验共享、学生教师交流、东盟研究、合作科研、信息网络方面。AUN永久秘书处成立以后，活动由区域性扩展到对话伙伴。到目前为止，AUN组织和协调了20多个活动项目，这些活动主要有举办东盟研究项目、举办AUN教育论坛与青年演讲比赛、举办东盟青年文化论坛、开发学生交流项目、开发著名学者项目、开发科研合作项目、开发在线图书馆、建设质量保障体系等。

1999年，中国与东盟举行政府首脑首次会晤，商定双方在政治、经济、文化、教育等领域进行全面的协商、对话和合作。AUN董事会主席与中国教育部长进行多次商谈，确定了在高等教育领域的合作，形成了“东盟－中国学术交流与合作项目”框架以促进两国在人力资源开发和高等教育领域的合作。AUN与中国高校的合作包括“东盟－中国大学校

---

❶ 参见贵州省教育厅国际交流与合作处网站 http://gzgjc.gzsedu.cn/Item.aspx? id=17719.

❷ 张成霞.东盟大学联盟在促进东盟高等教育发展中的作用[J].世界教育信息,2011(2).

❸ 张成霞.东盟大学联盟在促进东盟高等教育发展中的作用[J].世界教育信息,2011(2).

长论坛”“圆桌会议”“联合研究与培训”及“杰出教授与讲师项目”四项主要内容。

5. 联系方式

OFFICE OF THE AUN SECRETARIAT

17th Floor, Chaloem Rajakumari 60 Building, Chulalongkorn University, Phayathai Road, Bangkok 10330, Thailand Tel：+662 2153640, 2153642, 2153248, 2183256

Fax：+662 2168808

第二章　中国赴东盟国家留学政策简介

一、中国政府对留学东盟国家的鼓励

留学东盟政策大体可分为公派留学东盟政策、自费留学东盟政策、留学东盟回国政策等三部分。

公派留学东盟政策。宏观政策方面，中国政府一直鼓励中国优秀学生到东盟各高校留学深造，特别是刘延东副总理出席2010年第三届“中国－东盟教育交流周”要求积极落实“双十万学生流动”计划，提出到2020年实现东盟来华留学生和中国赴东盟留学生都达到10万人左右，为此，中国从2011开始的10年内将向东盟国家提供1万个政府奖学金名额，欢迎更多东盟国家学生来华深造。“双十万学生流动”计划已于2014年年底完成，比原计划提前了6年。截至2015年，中国与东盟国家互派留学生达40余万人，其中，中国赴东盟国家的留学生累计超10万人。微观操作层面，在各地方政府的大力支持下，中国多所高校已与东盟高校通过各种平台与方式建立起教育交流合作机制，为学生提供了许多公派留学东盟的机会，比如在2002年6月举办的首届“东盟－中国大学校长论坛”上，中国政府提出倡议建立“中国－东盟大学联盟奖学金”，提供20个奖学金名额给东盟学生，马来亚大学提供4个青年研究者名额给中国学生，时至今日，这一奖学金名额数量已大大提升。

自费留学东盟政策。不管是留学东盟，还是留学东盟以外的国家或地区，对自费留学的限制已大大减少，只要具备一定的经济基础并获得所在国高校的入学许可，遵守中国与目的地国法律，国家对当事人自由选择更优质的教育资源并无任何限制。

留学东盟回国政策。留学东盟回国政策最核心的部分是中国对东盟各国高等教育学历学位的认可问题。目前，中国已经与新加坡、马来西亚、越南、文莱、缅甸、老挝、柬埔寨、菲律宾等东盟国家签署了教育交流协议，与马来西亚、泰国、菲律宾、越南签订了高等教育学历学位互认协议，为双边教育交流合作提供政策、法律和机制上的支持保障。留学东盟回国政策的另一个重要内容是中国政府对东盟留学归国人员学位认证的一些技术问题。

二、中国政府对东盟留学归国人员的学位认证

1. 留学生回国学历认证注意事项

《留学回国人员证明》和海外学历、学位认证不同，学历、学位认证是由教育部留学服务中心负责办理，驻外教育处（组）无权办理，教育处（组）出具的《留学回国人员证明》是学历学位认证的一个必备材料。

2.《留学回国人员证明》的具体用处

《留学回国人员证明》不仅是各类留学回国人员的重要身份和经历证明的凭证，而且在留学回国人员创办企业、安排工作、落转户口、子女入学、多生子女上户口、购置住房、学历学位认证、申请国内各类科研基金、评定职称、报考公务员或研究生等方面，都能够依据包括《留学回国人员证明》在内的证明材料享受国家或各地、各单位给予留学回国人员的各种优惠政策或便利条件。

3. 学历认证过程中的特别注意事项

菲律宾留学生不能委托其他人代为递交申请材料，须本人到留学服务中心递交认证材料，如就读学校为国立大学，需提供菲律宾外交部认证，如就读学校为私立大学，需提供菲律宾高等教育委员会和外交部认证。

马来西亚双联课程申请者，须分别提交马来西亚校方出具的整个学习期间（包括双联课程期间）的成绩单或学习证明，以及第三国高校的双联课程成绩单。

4. 教育部留学服务中心联系方式

地址：北京市海淀区北四环西路56号辉煌时代大厦6层

邮政编码：100080

网址：www. cscse. edu. cn

三、中国驻东盟十国使馆联系方式

1. 文莱

大使馆邮箱地址：chinaemb_bn@ mfa. gov. cn

领事部地址：No. 17，Simpang 465 – 7，Kampong Sungai Tilong，Jalan Muara，Bandar Seri Begawan，BC2115，Brunei Darussalam

2. 柬埔寨

信箱：26 号信箱（P. O. BOX26 ）

联系方式：00855 – 23 – 720922（传真）

网址：http://kh. china – embassy. org http://kh. chineseembassy. org

邮箱:chinaemb_kh@ mfa. gov. cn

3. 印度尼西亚

网址:http://id. china - embassy. org

领事保护邮箱:consulate_idn@ mfa. gov. cn

办公室:5761037,5761038(电话兼传真)

4. 老挝

电话:00856 - 21 - 315100

传真:00856 - 21 - 315104

5. 马来西亚

使馆地址:马来西亚吉隆坡市安邦路229号

电话:006 - 03 - 21760888

网址:www. visaforchina. org

邮箱:chinaemb_my@ mfa. gov. cn

6. 缅甸

电话:0095 - 1 - 221280,221281(总机)

使馆对外邮箱:chinaemb_mm@ mfa. gov. cn

7. 菲律宾

电话:0063 - 2 - 8108597

传真:0063 - 2 - 8108774

邮箱:manila@ culturalink. gov. cn

8. 新加坡

地址:中华人民共和国驻新加坡共和国大使馆　东陵路150号　新加坡247969邮区

电话:64180465(Tel),67340309(Fax)

邮箱:chinaemb_sg@ mfa. gov. cn

9. 泰国

地址:57 Ratchadaphisek Road,Bangkok 10400,Thailand

电话:0066 - 2 - 2450088

传真:0066 - 2 - 2468247

邮箱:chinaemb_th@ mfa. gov. cn

10. 越南

使馆总机:0084 - 4 - 38453736

使馆地址:46 Hoang Dieu,Ba Dinh,Hanoi

第三章　文　莱

一、文莱概况

文莱，全称文莱达鲁萨兰王国（Negara Brunei Darussalam），位于亚洲东南部，加里曼丹岛西北部，北靠中国南海，东南西三面与马来西亚的沙捞越州接壤，被一片浅湾分割成不相连接的东、西两部分。文莱陆地面积 5765 平方千米，海岸线长 161 千米。文莱人口约 40 万，主体民族为马来人（约占总人口 66%），华人是第二大民族（约占总人口 10%）。文莱盛产石油，国家富足，人均 GDP 居于世界前列。文莱以伊斯兰教为国教，是一个政教合一的君主专制国家，首都斯里巴加湾市是全国最大的城市，也是全国的政治、经济、文化、交通中心和重要海港。

二、高等教育总体特色与优势[1]

文莱是东南亚的首富国家，其雄厚的经济实力为教育的发展提供了强而有力的支撑，教育经费一直占政府年度财政预算的 10% 以上。全国实行免费教育，国家包揽了全体公民从学龄前到高等教育的一切费用，并提供免费的午餐、蛋糕、饮料、国内住校生的食宿费，以及家校距离在 8 千米以上学生的交通费等。学生从上大学开始就能领取各种名目的补贴，甚至连患近视眼都有一份特殊补贴。出国留学的费用亦享受政府资助，包括假期回国的交通、食宿、医疗、书本甚至服装等的费用。而非公民（非永久居民）不能享受免费教育，他们必须先递交申请，获得批准后还要缴纳各种费用才能就读于政府学校。

此外，文莱教育带有浓厚的宗教色彩。文莱实行马来伊斯兰君主制，苏丹既是国家元首，也是国家伊斯兰教首领，政治制度独特。文莱政府始终坚持伊斯兰教教育，希望以此抵消西方思想对文莱社会的冲击、提高伊斯兰教在公民心中的地位，并树立以“马来伊斯兰君主制”为中心的价值观和文化准则，使国民忠于国家、忠于君主。在此政治社会主

[1] 郑阳梅. 文莱国家教育概况及其教育特色研究[J]. 广西青年干部学院学报，2015(2).

旋律下，文莱的教育体系、价值和道德体系具有浓厚的宗教色彩。

在文莱，大专学制 2.5 年，本科学制 4 年，研究生学制 2 年，每学年 2 个学期（8—12 月，1—5 月）。

三、高等教育管理机构简介[1]

文莱高等教育管理机构是文莱教育部，主管全国教育事业，教育部负责整个教育系统。上至高校下至幼儿园的各级政府学校和有关教育机构均由教育部全面负责管理。教育系统组织结构的顶层为教育部部长，由副部长协助。正、副部长一起负责所有重大政策问题。行政事务则是常任秘书、副常任秘书负责。此外，还有三个委员会："教育规划委员会"负责研讨、制定教育体制各个层面的有关政策和规划问题；"资格认定委员会"负责政府承认的（专业和学术）资格评审与认定；"技术职业教育委员会"负责技术、职业教育及培训的计划、标准及证书的审批。

文莱的学校基本上分为两种：政府学校和非政府学校（包括完全学校、电脑学校、音乐学校、服装学校、外国预科学校等）。非政府学校由主办的民间团体管理，受教育部监督。教育部的学校教育司负责贯彻教育部颁布的各种计划、项目和活动。除教育部小学处和行政司服务处在地方设有较小的办事处外，地方上没有负责教育的分支机构。

四、主要高校国内排名情况简介

综合 Ranking Web of University 网站和 QS 的数据，文莱主要高校国内排名情况如下。

序号	高校名称		性质	国内排名
	英　文	中　文		
1	Universiti Brunei Darussalam	文莱达鲁萨兰大学	公立	1
2	Universiti Islam Sultan Sharif Ali	文莱苏丹・沙立夫・阿里回教大学	公立	2
3	Universiti Teknologi Brunei	文莱理工大学	公立	3
4	Politeknik Brunei	文莱工艺学校	公立	4
5	Institut Pendidikan Teknikal Brunei	文莱职业技术学院	私立	5

[1] 郑阳梅. 文莱国家教育概况及其教育特色研究[J]. 广西青年干部学院学报，2015(2).

五、文莱大学

(一)学校简介

文莱达鲁萨兰大学(Universiti Brunei Darussalam),简称文莱大学,是亚洲高等教育的领军学府之一,校园坐落于首都斯里巴加湾(Bandar Seri Begawan)以北10千米,紧邻南中国海。该校成立于1985年,并向176名学生敞开了入学的大门。自此,文莱大学的毕业生日益增长、科研项目推陈出新、基础设施不断精进强化、研究生学习项目日渐发展壮大,如今,在校学生已有3400人左右。

文莱大学秉承4个核心价值观:人性、专业性、关联性和领导性。这些核心价值观是该校8个学术机构、9个研究院以及伊斯兰研究、商务学、人文学科、科学、健康科学、亚洲研究、政策研究、教育学、生物多样性和集成工艺等10个服务中心发展和运行的准绳。

Quacquarelli Symonds(简称QS)排行榜中,文莱大学有5个类别取得了前25名的可喜成绩,其中有三个类别跻身前10名。该校的出境学生交换项目名列第1名,入境留学生交换项目中排名第2名,国际学院评分排名第6名,留学生评分排名第14名,师生比例排名第23名。

总而言之,文莱大学2014年在QS亚洲大学排行榜中排名171~180名,2016年出人意料地进步了57名,现名列第118名。

(二)留学政策

1. 入学条件

(1)硕士

所有申请者必须在 GCE O 级英语语言水平考试中取得 6 学分以上(含),或取得 IGCSE 英语(作为第二语言)C 级,或雅思成绩 6.0 分及以上,或托福总分不低于 550 分。

硕士的最低要求:以优异的成绩取得相关的学士学位证书(二等及以上),或在大学理事会认可的教育机构中取得同等学力。

未取得二级荣誉学士学位证书的申请者,如提供满足该学科要求的相关工作经历或其他学术和专业资格,亦有可能纳入考察范围。

(2)博士

博士的最低要求:取得硕士学位证书或在大学理事会认可的教育机构中取得同等学力。

特殊情况需经学校批准认可,在大学理事会认可的教育机构中取得一级荣誉学位证书者亦会纳入考察范围。

研究型的硕士和博士学位的申请者必须提出优秀合理的研究方案。

2. 专业设置

(1)硕士

①人文与社会科学学院

课程型文学硕士:东南亚研究、英语语言及语言学、历史、马来语语言与语言学,以及马来文学。

研究型文学硕士:人类学、英语文学、英语语言与语言学、环境学、地理、历史、马来语语言与语言学、马来文学、社会学,以及专业传播媒体学。

②文莱大学商科与经济学院

课程型硕士:企业管理学、管理学、后勤学、经济学、伊斯兰金融学。

研究型硕士:管理学、经济学、金融学。

③科学院

研究型科学硕士:生物多样性、生物学、生物技术、化学、计算机科学、数学、应用物理学、地球科学。

④健康科学 PAPRSB 研究所

课程型硕士:公共卫生学、初级护理保健。

研究型健康科学硕士:生物医药科学、临床医学、护理学、助产学、公共卫生学。

⑤文莱研究学院

研究型文学硕士及博士:文莱研究学。

⑥文莱苏丹博尔基亚教育学院

课程型硕士:教育学(专业:阿拉伯语教育)、教育学与评估、幼儿教育、教学技术、英语语言与文化教育、伊斯兰教育、全纳教育、领导能力与学校改进、马来语语言与文化教育、数学教育、国际工商硕士教育、体育教育与运动学、科学教育、特殊教育、视觉艺术和设计教育。

(2)博士

①一般学位专业

人类学、艺术学、应用语言学、英语文学、环境学、地理学、马来语语言与语言学、马来文学、社会学、转播与媒体学、管理学、经济学和金融学、生物多样性、生物技术、化学、地理科学、数学和应用物理学、公共卫生、生物医药科学、临床医学、护理学和助产学。

②亚洲研究中心

博士学位专业:亚洲研究。

博士学位专业:化学工程和系统工程。

博士学位专业:伊斯兰政府管理、公共政策。

3. 学期设置

一学年分两个学期,第一学期(8—12 月),第二学期(1 月至次年 5 月)。

4. 学年及学费

(1)本科

学制:4 个学年。

学费:3000 ~ 18000 美元/年(学科不同,学费不同)。

(2)硕士

学制:1 或 2 个学年。

学费:3000 ~ 9720 美元/项目。

(3)博士

学制:3 或 5 个学年。

学费:9000 ~ 12000 美元(学科不同,学费不同)

5. 奖学金政策

(1)申请资格

a. 欧盟、伊斯兰会议组织和英联邦成员国的公民,以及其他有资格申请的公民。

b. 本科生申请者的年龄必须介于 18 ~ 25 岁,研究生申请者的年龄不得超过 35 岁(即出生日期在 1981 年 7 月 31 日之后)。

(2)奖学金有效期

a. 通常,奖学金在取得具体学位的最短时间里是有效的,例如:在文莱大学、UNISSA 和 ITB 中,4 年取得第一学位(荣誉学位)、1 ~ 2 年取得硕士学位,在 UNISSA 中 3 年取得博士学位、在 PB 中 3 年取得健康科学学位,以上均为全日制学位。

b. 奖学金将根据获得者的学习进度和品行进行评定。要求获得者无不良记录、保持积极正面的学术形象,通过指定的学期考试并取得该课程要求的最低学费。奖学金将在每学期期末进行审查。如奖学金获得者未取得课程要求的最低学分或未被列为考察对象,那么奖学金将终止和废除。

c. 奖学金颁发期不会因任何情况而延期,在此期间不允许转学院或转专业。

(3)奖学金金额

a. 奖学金获得者可免除学费,其他适当的义务费用由学院制定的项目周期而定。

b. 提供一张至文莱达鲁萨兰的返程经济舱机票,由达鲁萨兰选择最为经济实惠的路线。不提供其他旅游费用的补助。

c. 应付津贴包括:

每人每月津贴 500 文莱元;

每年书费津贴 600 文莱元;

每月食物津贴 150 文莱元。

项目完成后东盟成员国的公民可得到 250 文莱元的行李津贴,东盟以外国家的公民可得到 500 文莱元的行李津贴。

d. 亚洲研究学博士奖学金:在新近成立的学术中心里,研究生将在高级研究人员的严密监督下对以下 5 个领域进行多学科研究:婆罗洲研究、中国南海问题研究、大众文化研究、亚洲经济与金融一体化研究,以及亚洲人类/资本流动研究。

申请截止日期:全年接受申请。

每学期提交申请的截止日期:8 月开始的学期申请截止日期为 1 月 28 日。1 月开始的学期申请截止日期为 7 月 28 日。

奖学金颁发期间的津贴和费用视文莱政府的政策变动而定。

6. 住宿情况

各学院的住宿学院为奖学金获得者提供住宿。如果获得者接受提供的住宿,则无其他住宿和交通津贴。

(三)学校地址及联系方式

邮寄地址:文莱布鲁萨兰东固路 1410 号文莱大学大学联络处

国际与公共关系办公室

联系电话:+673 2463001 转接 2112

邮箱:office. ipro@ ubd. edu. bn

留学生服务部、学生事务处

联系电话:+673 2463001 转接 1597

邮箱:office. hep@ ubd. edu. bn

学生事务大楼

联系电话:+673 2463001 转接 1661/2444

传真:+673 2460062

邮箱:office. admission@ ubd. edu. bn

网址://www. ubd. edu. bn/

第四章　柬埔寨

一、柬埔寨概况

柬埔寨全称柬埔寨王国(The Kingdom of Cambodia),历史悠久、文化灿烂,位于中南半岛东南部,北与老挝相接壤,西北部与泰国为邻,东部、东南部靠近越南,西南面是泰国湾,国土面积约18.1万平方千米。柬埔寨人口约1500万,全国共有20多个民族,高棉族是主体民族,约占总人口80%。柬埔寨是一个典型的佛教国家,绝大多数人口信奉佛教。柬埔寨是一个传统的农业国,由于受长期战乱所困,经济落后,工业基础薄弱,国家比较贫穷,近年来经济发展已取得一定进展。柬埔寨实行君主立宪制,首都金边是全国的政治、经济和文化中心。

二、高等教育总体特色与优势[1]

目前柬埔寨教育处于恢复和发展阶段。在柬埔寨政府的积极努力下,不断引进先进的教育理念和模式,推进高校自治,扩大办学规模等举措取得了一定的成绩。为了提高高等教育办学的基本标准和教育质量,柬埔寨"教青体部"组织专家,通过对国外有关部门的经验借鉴,正在积极制定相应院校的办学规范和学术准则,在办学宗旨及目标、人力资源体系、课程设置、教师及学生管理等方面建立了一整套规范。

高等院校中,不同的学校根据自身发展的不同重点和专业特色,分别属于不同的政府部门管辖,而这些政府部门的功能与所属大学密切相关,如卫生部负责管理医科大学,农林渔业部负责管理皇家农业大学,还有一些分属教育部、体育部等管辖。

高等教育由大学、技术与专业培训院校提供。技术与专业培训院校提供为期2~3年的项目,学生毕业可取得证书或高级文凭。在大学层次,期满颁发大专学位的项目通常为期两年;取得学士学位通常需要4年的全日制学习(包括基础学年),工程专业需5年,建筑专业需6年,药学专业需7年,医学和牙科专业需8年。国家教育学院为学士学

---

[1] 中国-东盟中心(编).东盟国家教育体制及现状[M].北京:教育科学出版社,2014.

位获得者提供为期一年的研究生项目,学生毕业可取得高级中等学校教师文凭或教育学文凭。硕士学位项目通常需要学习 2 年,博士学位项目至少需学习 3 年。

学校一学年有 38 周。在大学层次中,一学年通常分为两个学期(9 月至次年 1 月、2—6月)。

三、高等教育管理机构简介[1]

柬埔寨高等教育管理机构是柬埔寨教育、青年与体育部,它涵盖 4 个行政级别:中央级、省/市级、区级和学校级。中央级教育行政部门是处理省/市级和区级教育行政事务的主体。另外,还有比较有特色的学校集团,学校集团是指若干距离相近的学校,它们能相互提供技术和物质援助,以使教学过程更加有效。教育、青年与体育部的组织结构为:中央总部、24 个省/市教育厅、193 个区教育局和各个学校。通常,省教育厅负责高级中等学校,区教育局负责管理初级中等学校。

教育、青年与体育部的组织结构于 1998 年上半年进行了调整。目前,包括四个总司(教育总司、高等教育总司、青年与体育总司、行政与财务总司)、教育督导组、全民教育秘书处。

四、主要高校国内排名情况简介

综合 Ranking Web of University 网站数据,柬埔寨主要高校国内排名情况如下。

序号	高校名称		性质	国内排名
	英　文	中　文		
1	Royal University of Phnom Penh	金边皇家大学	公立	1
2	Build Bright University		私立	2
3	Royal University of Agriculture	皇家农业大学	公立	3
4	Institute of Technology of Cambodia	柬埔寨科技学院	公立	4
5	Royal University of Law and Economics	皇家法律与经济学大学	公立	5
6	Life University		私立	6
7	Paññasastra University of Cambodia	柬埔寨智慧大学	私立	7
8	Cambodian Mekong University	柬埔寨湄公河大学	私立	8
9	The University of Cambodia	柬埔寨大学	私立	9
10	University of Puthisastra	Puthisastra 大学	私立	10

[1] 中国－东盟中心(编).东盟国家教育体制及现状[M].北京:教育科学出版社,2014.

五、金边皇家大学

(一)学校简介

金边皇家大学(Royal University of Phnom Penh,RUPP)是柬埔寨最古老的大学,也是规模最大的公立大学之一。目前,金边皇家大学的本科生和研究生数量超过12000人。专职人员超过450人,持有第三方证书的教学人员共有335名,其中包括15名博士和280名硕士。学校还聘有超过120名的管理和维护人员。

该校是柬埔寨唯一一所能颁发以下专业学位的大学:科学、人文与社会科学、信息技术、电子学、心理学、社会工作学、旅游。金边皇家大学也通过外国语学院开设第一学位级别的语言科目。该校所取得的众多成就使得它在东盟大学联盟(AUN)中得到了完全资格身份。金边皇家大学有3个校区,主校区距离金边市中心约5千米远。

(二)留学政策

1. 入学条件

(1)本科

该校所有学位的入学条件由教育部、青年与体育(Youth and Sport)监管执行,并以高中毕业证书的结果作为参考根据。申请就读媒体与传播系或外国语学院的学生必须参加一场单独的入学考试。

(2)硕士

所有申请者必须持有公认大学所颁发的相关领域的学士学位。

2. 专业设置

(1)本科

科学院:生物学、化学、计算机科学、环境科学、数学、物理学。

人文社科学院:地理、历史、高棉文学、媒体与传播学、哲学、社会学、社会工作学、旅游。

外国语学院:中文、英语、法语、国际学、日语、韩语。

(2)硕士

数学、计算机科学与技术工程、生物多样性保护、化学、物理学、教育学、发展学、社会工作、语言学、社会学、英语教育、翻译科学、临床心理学、旅游与资源管理。

3. 学期设置

本科 4 年 8 个学期,硕士 4 个学期。

4. 学年及学费

学年:本科 4 年,硕士 2 年。

学费:学科不同,学费不同。

5. 奖学金政策

学校提供以下奖学金:

a. Uppsala – RUPP Erasmus 奖学金和 UMinho – RUPP Erasmus 奖学金,该奖学金提供赴相关合作大学交流的机会,有助于了解多种文化。该计划仅限于皇家金边大学的学生和讲师。申请者需要以下材料:个人简历、最新成绩单、动机信、学习计划。

b. UMinho – RUPP Erasmus 是亚洲和欧洲的交流计划基金,资助个体在伙伴国家学校之间流动,得奖者可以是欧洲或亚洲伙伴国家的本科生、硕士生、博士生、博士后或工作人员。

(三)学校地址及联系方式

学校地址:柬埔寨金边 Toul Kork 俄罗斯联邦大道金边皇家大学

网址:http://www.rupp.edu.kh/

电话:855 – 23 – 883 – 640

传真:855 – 23 – 880 – 116

邮箱:secretary@rupp.edu.kh

第五章　印度尼西亚

一、印度尼西亚概况

印度尼西亚，又可简称印尼，全称印度尼西亚共和国（The Republic of Indonesia），位于亚洲东南部，在亚洲与大洋洲、太平洋与印度洋之间，地跨赤道，由1.8万多个岛屿组成，是世界最大的群岛国家。印度尼西亚陆地面积约190万平方千米，是东南亚面积最大的国家。印度尼西亚人口约2.5亿，总数居世界第4位，是东南亚人口最多的国家。在印度尼西亚众多的300多个民族中，人口最多的爪哇族约占45%，其余民族所占人口数皆不超过15%。印度尼西亚85%以上人口信奉伊斯兰教，是世界穆斯林人口最多的国家。近年来，印度尼西亚经济发展迅速，国家整体实力逐步提高。印度尼西亚政治实行总统制民主，首都雅加达位于爪哇岛西北岸，是一座历史悠久的名城，也是东南亚第一大城市和世界著名海港。

二、高等教育总体特色与优势

印度尼西亚高等教育一直遵循着“潘查希拉”的宗旨，即信仰神道、人道主义、民族主义、民主和社会公正[1]。在这些信仰的指引下，印尼高校分为世俗高校和宗教高校，为印尼社会培养了一大批以神学信仰为主的，具有人道主义和民主主义的高校毕业生，在印尼经济社会发展的各个领域发挥着重要作用。

印度尼西亚高等教育具有鲜明特色。首先，印度尼西亚私立高校的成立早于公立高校。第一所私立大学印尼伊斯兰大学成立于1945年，比第一所公立院校印尼大学早四年，但其目标是同传统的公共服务相联系的，随着国家的发展，私立高等教育的目标逐渐开始转向更加学术化、专业化的领域。其次，印度尼西亚是一个宗教在国家生活中占有较大分量的国家，所以存在世俗教育和宗教教育并存的现象，宗教高校对国家生活的方方面面起到了不可替代的作用。

---

[1] 郑明霞. 印尼独立以来高等教育发展与变革研究[D]. 厦门：厦门大学，2013.

印度尼西亚虽然是东盟面积最大、人口最多的国家,但其高等教育的整体水平并不高,不及邻近的泰国、马来西亚、新加坡等国,高等院校整体实力在世界排名中处于比较靠后的位置,没有突出的优势。

三、高等教育管理机构简介

印度尼西亚教育文化部是印尼的最高教育行政管理机构,分为6个主要机构:全国总教育秘书处,负责部长职责内的日常事务;全国总教育视察团,负责调查研究全国教育现状和问题;全国教育发展总局,负责协调教育计划、发展方案及教育评价;全国教育总理事会,负责各级各类中小学教育与大学教育的行政管理;全国青年与体育运动总理事会,负责各种非正规教育的行政事务;全国文化总理事会,负责文娱活动及科普教育。

印度尼西亚教育与文化部在每一省都有一个省级代表组成的办公室,管理省立世俗学校。省代表的职责是视察小学的考试与课程。另有省政府首长直属教育办公室,其主要职责是提供学校各种教学设备与发放小学教师薪金。省级代表办公室拥有众多视导员,他们分别视察学前教育、小学教育、普通初中与职业初中教育等。大学与其他高等院校及师范教育机构则由教育与文化部高等教育司直接领导。各级教育行政机构都设有专职的视导人员,分别视察学校教育。

四、主要高校国内排名情况简介

综合 QS World University Rankings 和 Ranking Web of University 网站以及出国留学网的数据,印度尼西亚主要高校国内排名情况如下。

序号	高校名称		性质	国内排名
	英　文	中　文		
1	Universitas Indonesia	印度尼西亚大学	公立	1
2	Bandung Institute of Technology(BIT)	万隆理工大学	公立	2
3	Gadjah Mada University	加札马达大学	公立	3
4	Diponegoro University	迪波内戈罗大学	公立	4
5	Riau University	廖内大学	公立	5
6	Brawijaya University	宝拉维加亚大学	公立	6
7	Bogor Agricultural University	茂物农业大学	公立	7

续表

序号	高校名称		性质	国内排名
	英文	中文		
8	Padjadjaran University	巴加加兰大学	公立	8
9	Sebelas Maret University		公立	9
10	Syiah Kuala University		公立	10
11	Sepuluh Nopember Institute of Technology	泗水理工学院	公立	21

五、印度尼西亚大学

(一)学校简介

印度尼西亚大学(Indonesia University,IU)位于印度尼西亚首都雅加达,由13个学院、研究生院和职业学院组成,13个学院分别是医学院、牙科学院、护理学院、药学院、数学与自然科学学院、工程学院、心理学学院、社会科学与政治学院、法学院、经济学院、公共卫生学院、人文学院、计算机科学学院。学校有291个学科课程,共47166名学生,其中包括309名参加学位或非学位课程学习的留学生。

长期以来,印度尼西亚大学致力于教育发展,成为在知识、技术与文化等方面都富有竞争力的高等学府,为印度尼西亚,以及全世界人民造福。

(二)留学政策

1. 入学条件

(1)本科

高中毕业或同等学力;英语能力等级考试:托福至少纸考500分或机考173分或网考60分,或雅思至少5.5分。

(2)硕士

学术要求:一般来说,印度尼西亚大学招生处对满足如下要求的学生进行评定,如申请者没有满足如下要求,印度尼西亚大学则针对具体情况而定,申请者需提供具体文件并满足相关条件以达到入学评定标准。

a. 本科(或同等学力)毕业;

b. 经济学硕士申请者:获得GRE证书;

c. 会计学和管理学硕士申请者:获得GMAT证书。

英语语言能力要求:托福至少纸考550分或机考213分或网考80分或雅思至少6.0分。

2. 专业设置

(1)本科

a. 单学位:土木工程学、机械工程学、电机工程学、农业学、冶金与材料学、化学工程学、工业工程学、法学、经济学、管理学、会计学。

b. 双学位:医学、土木工程学、机械工程学、电子工程学、学冶金与材料学、化学工程学、计算机科学、通信学、心理学、经济学、管理学、会计学、工商管理学士、经济学学士、工商管理学士(旅游业方向)。

(2)硕士

营养科学、基础牙科学、社区医学、护理学、药剂学、中草药学、健康经济学、健康保险学、健康政治学、健康信息学、公共健康护理学、环境健康学、环境流行病学、健康促进学、卫生保健质量学、生育健康学、数学、物理、化学、生物、药剂学、地理、海洋科学、中草药学、材料科学、土木工程学、机械工程学、电机工程学、材料与冶金学、农业学、化学工程学、工业工程学、法学、计算机科学、信息技术学、经济学、管理学、会计学、图书馆信息研究学、语言学、文学、历史学、心理学、专业心理学、通信学、政治学、管理学、社会学、犯罪学、社会保障、人类学、国际关系学、恐怖主义研究与国际安全、国防学、美国研究、人口与劳动力研究、环境学、日本研究、女性研究、政治研究、城市发展研究、欧洲研究、生物医药科技。

3. 学年及学费

(1)申请费

留学生申请费为50美元(不包括银行转账费),不退。此外,若没有申请费收据,将不予办理入学。

(2)学费

本科:根据不同专业,学费为 2000000 ~ 100000000 印尼卢比不等;入学费为 15000000 ~ 100000000 印尼卢比不等。

硕士:根据不同专业,学费为 30000000 ~ 40000000 印尼卢比不等;入学费为 10000000 ~ 50000000 印尼卢比不等。

4. 住宿情况

(1)学生公寓

印度尼西亚大学公寓对非外来学生来说是最佳选择,各地学生都来这里入住。公寓是为雅加达/德波克以外的印度尼西亚大学学生准备的,以使学生能够快速适应环境,各个学院的学生都可入住。

(2)摩伽罗住宿区

印度尼西亚大学摩伽罗住宿区位于印度尼西亚大学德波克校区内,是雅加达南部和德波克最好的住宿区之一,绿树环绕、湖水清澈,环境优美舒适,适合举行研讨会、各种培训和工作坊等公共活动。

5. 签证政策

(1)出境前

a. 在申请签证前,学生需获得印度尼西亚共和国教育文化部下发的学习许可证。

b. 申请全日制课程、交换生课程、短期课程、培训课程以及印度尼西亚语言课程的留学生必须申请学习许可证。

c. 学习许可证要在到达印度尼西亚前办理,因此,留学生办公室通过官方移民局提供如下帮助:

将学习许可证递交到文化教育部(注:办理学习许可证需要 1 个月)。

将临时居住推荐表申请递交到雅加达移民局。一旦临时居住推荐表办理成功,雅加达移民局会将会把它送到学生所在国的印度尼西亚大使馆/领事馆,在那里申请临时居住签证。同时,学生须将担保函递交到印度尼西亚大学。

寄送你的临时居住签证证明,并说明已交至你所在国家的印度尼西亚大使馆/领事馆。

d. 学习许可证办理之后,学生需申请签证,签证可在学生所在国的印度尼西亚大使馆或领事馆就近申请,根据自己的需求与学习期限。

(2)抵达后

如果你持有有效期至少 6 个月的临时居住签证(入境签证),必须办理如下手续:

a. 到移民局报到。在入境 7 天内(机场入境管理处证明)需向移民局报到,证明已安全抵达印度尼西亚。报到后,就可得到临时居住签证(入境签证)和移民报到书。如在不能入境 7 天内及时报到,则需缴纳罚金 20 美元/天。

以下是所需文件:

由印度尼西亚大学下发的申请暂住证担保书;

暂住证申请表(移民局表);

Udate 表(移民局表);

Suratpernyataan dan jaminan(移民局表);

护照及护照复印件;

出境卡;

3 张 2cm×3cm、3cm×4cm、4cm×6cm 照片(红底);

学习许可证。

b. 到警局报到。获得暂住证(入境签证)后,必须到警察局总部办公室报到,报到之后即可获得警局登记卡,报到要在入境 30 天内完成。

以下是所需文件:

申请 SKLD 所需担保书一份;

居住证复印件以及移民报到书;

护照复印件一份;

学习许可证复印件一份;

3 张 2cm×3cm、3cm×4cm、4cm×6cm 照片(红底)。

(3)回国

以下是所需准备文件:

申请再入境出境证所需担保书;

护照;

移民报到书;

暂住证;

出境许可证。

如在暂住证有效期内离开后不再返回印度尼西亚,须向移民局申请出境许可证,请在出境 2 周前告知国际事务办公室。

以下是所需准备文件:

申请出境许可证所需担保书;

护照;

移民报到书;

暂住证。

(三)学校地址及联系方式

学校地址:印度尼西亚 16424 西爪哇省 UI 德波克 Kampus Baru 印度尼西亚大学

网址:http://www.ui.ac.id

电话:+62217867222

传真:+622178849060

邮箱:humas-ui@ui.ac.id

六、泗水理工学院

(一)学校简介

泗水理工学院(Sepuluh Nopember Institute of Technology),名字起源于其所在地泗水。泗水理工学院建立于1960年,是印度尼西亚顶尖理工学府之一,目前有数学和自然科学学院、工业技术学院、土木工程与规划学院、海洋技术学院和信息技术学院5个学院,26个部门,设立了6个文凭课程、26个本科课程、16个硕士课程和12个博士课程。

作为东爪哇唯一知名的国家技术学院,泗水理工学院旨在成为一个国际认可的世界一流大学,其使命是通过教育活动、研究、社区服务和信息通信技术基础上的管理系统促进社会科学、技术和艺术的发展。

泗水理工学院在国内外取得了不少成绩。2012年在日惹举办的印度尼西亚艺术机器人大赛中,泗水理工学院凭借卫星微带天线和虚拟wayang纸牌游戏获得学生创造力项目金牌。此外,RI－NHO机器人也获得印度尼亚机器人大赛嘉奖。

(二)留学政策

1. 入学条件

(1)本科

由申请人所在国官方认证的高中毕业证书复印件一份。如果申请人没有高中毕业证书,可提交同等学力证书复印件一份且必须附申请人所在国政府官员签署的保证书。由申请人所在国官方认证的高中成绩单复印件一份。如果申请英语教学课程,申请人须提交有效的托福或雅思考试成绩,托福成绩不低于477分(2年内有效)。高中参加过英语课程学习的申请者需提交一份校长签名的声明书。如果申请印尼语教学课程,申请人须参加并通过由泗水理工学院组织的内部印尼语言测试(笔试和口试)。

有效身体健康证明复印件一份。

申请人的有效身份证复印件一份(如护照、公民身份证、学生证)。

近期4cm×6cm彩色照片两张。

(2)硕士

由申请人所在国官方认证的教育机构颁发的学士学位证书复印件一份,非官方认证教育机构颁发的学位证书须进行评估。由申请人所在国官方认证的大学或学院课程成绩单复印件一份。如果申请英语教学课程,申请人须提交有效的托福或雅思考试成绩,托福分数不低于477分(2年内有效)。高中参加过英语课程学习的申请者需提交一份校长签名的申明书。如果申请印尼语教学课程，申请人须参加并通过由泗水理工学院组织的内部印尼语言测试（笔试和口试）。

一份自荐信，不超过300字。

有效身体健康证明复印件一份。

申请人的有效身份证复印件一份（如护照、公民身份证、学生证）。

近期4cm×6cm彩色照两张。

填写完整的国际留学生申请表一份。

（3）博士

由申请人所在国官方认证的认证教育机构颁发的硕士学位证书复印件一份，非官方认证教育机构颁发的学位证书须进行评估。由申请人所在国官方认证的大学或学院课程成绩单复印件一份。如果申请英语教学课程，申请人须提交有效的托福或雅思考试成绩，托福成绩分数不低于477分（2年内有效）。高中参加过英语课程学习的申请者需提交一份校长签名的申明书。如果申请印尼语教学课程，申请人须参加并通过由泗水理工学院组织的内部印尼语言测试（笔试和口试）。

一份自荐信，不超过300字。

导师推荐信一份。

泗水理工学院拟接收导师推荐信一份。

有效身体健康证明复印件一份。

申请人的有效身份证复印件一份（如护照、公民身份证、学生证）。

近期4cm×6cm彩色照两张。

2. 专业设置

系统学、数学、生物学、化学、物理、机械工程、电气工程、化学工程、工程物理、工业工程、材料与冶金工程、多媒体与网络工程土木工程、建筑学、环境工程、测绘工程、地球物理技术、工业产品设计、城市与区域规划、造船学、海洋工程学、海洋运输、海洋工程双学位、信息学工程、信息系统。

3. 学年及学费

学年分为2个学期。第一学期从8月下旬到次年1月中旬，第二学期从2月到7月中旬。每学期有18周，评估/考试时间包括在内。

（1）本科/学士学位（每学期）：10000000印尼卢比。

（2）硕士学位（每学期）：15000000印尼卢比。

（3）博士学位（每学期）：18000000印尼卢比。

4. 住宿情况

在泗水找到一个住处并不困难，学生通常住在学校宿舍。但由于宿舍房间有限，学生也可寄宿当地家庭，租金根据住宿条件变化。也可几个学生在校园附近租住房屋。

(三)学校地址及联系方式

地址:印度尼西亚泗水理工学院苏腊巴亚校区

邮编:60111

网址:http://www.its.ac.id/

联系电话: +62 -31 -5994251 Ext.1224

第六章 老 挝

一、老挝概况

老挝全称老挝人民民主共和国(The Lao People's Democratic Republic),地处中南半岛北部,北与中国接壤,东与越南为邻,西及西北分别与泰国、缅甸交界,南与柬埔寨相连,国土面积约24万平方千米,是东南亚唯一没有出海口的内陆国家。老挝人口约680万,主要民族有老龙族、老听族、老松族,其中老龙族人口最多。老挝人多信奉佛教,是佛教人口比例较多的国家。老挝经济比较落后,是世界上最贫穷的国家之一,但近年来,其经济发展迅速,正努力从世界最不发达国家行列中摆脱出来。老挝是实行人民民主的社会主义国家,首都万象是一座历史古城,也是老挝政治、经济、文化中心。

二、高等教育总体特色与优势

老挝高等教育起步较晚,由于其经济发展水平的限制,发展速度缓慢,总体实力较低。老挝高等教育由4个部分组成的,分别为师范教育、大学教育、职业教育和私立高校教育。老挝高等教育始于1909年,但其高等教育真正发展的时间较短,2005年老挝国立大学才开始第一批教育管理本科课程,直至2010年才出现第一批本科毕业生,2009年才正式开展硕士研究生教育管理课程,2011年第一批毕业生获得硕士学位❶。目前,老挝高等教育的院校共有127所,其中大学5所、师范学院10所、职业院校22所、私立高校90所❷。老挝国立大学是一所知名大学,在国际上开展多种国际交流与合作,具有一定的影响力。

虽然老挝的大学教育起步晚,但是老挝政府近年来努力发展教育,积极推动老挝与国际教育接轨,取得了长足进步。老挝教育部还积极地与国际教育协会进行国际学士及以上学历和学位的认证改革,并制定了不断开展与国际特别是东盟国家间高等院校合作

---

❶ 明达(VONENOULAK AMPHONEKEO).老挝高等教育发展现状及对策研究[D].昆明:云南大学,2015.

❷ 苏大林.老挝高等教育管理体制研究[D].天津:天津大学,2012.

交流的发展策略，至此，老挝已具备较为现代的大学高等教育平台以及完善的教育专业。老挝大学各学院的课程设置主要围绕培养国际认可的毕业生展开，同时，政府还要求各大学必须加强学术性研究，以促进学院结构、课程、教师、毕业生等方面获得地区性和国际性的认可。为了加强国际合作，老挝政府专门制定了高等院校发展的战略和目标，进一步提升了老挝高等教育质量。

三、高等教育管理机构简介

老挝的高等教育管理机构为老挝教育与体育部，对老挝的教育和体育起到宏观管理作用，目的是教育老挝人民成为优秀的公民，从事具有革命性和道德性的行为，掌握知识与技能，以及形成良好的健康状况。

老挝教育与体育部包括内阁、组织人事部、规划部、财政部、检验科、对外关系部、老挝教科文组织国家委员会、内部奥林匹克委员会关系部等内部机构；具体专业性部门设置为：学前教育司、中等教育司、教师培训司、技术与职业教育司、高等教育司、非正规教育司、体育与艺术教育司、学生事务司、精英体育司、体育司、教育科学研究所、教育行政管理发展研究所、教育标准和质量保证中心、民办教育咨询委员会办公室、媒体与信息中心等部门；教育部下属的其他机构有：大学、学院、中心、学校、国家教育材料生产企业、国家教育印刷企业。

在地方上有省教育和体育服务机构以及区教育体育局。

四、主要高校国内排名情况简介

综合 QS World University Rankings、QS University Rankings：Asia 2015、Ranking Web of University 等网站的数据，老挝主要高校国内排名情况如下。

序号	高校名称		性质	国内排名
	英　文	中　文		
1	National University of Laos	老挝国立大学	公立	2
2	University of Health Sciences Lao	老挝医科大学	公立	1
3	Souphanouvong University	苏发努冯大学	公立	
4	Champasak University	占巴塞大学	公立	
5	Savannakhet University	沙湾拿吉大学	公立	

五、老挝国立大学

(一)学校简介

老挝国立大学(National University Of Laos, NUOL)距首都万象约35千米,是东盟大学联盟成员之一[1],也是老挝的最高学府。1995年,老挝政府为了使得高等教育系统更加和谐与合理[2],颁布了将众多高等院校合并成为老挝国立大学的法令。1996年,老挝国立大学由万象师范大学和其他高等院校合并而成[3]。

老挝国立大学办学宗旨是,将其建设成为老挝领先的具有高品质的教育、文化与研究中心,不断提升教学质量与水平,培养优秀人才,以满足社会经济发展的要求,并不断加强与区域和国际经济社会的联系。学校非常重视国家教育交流与合作,与130多所(个)外国大学、培训机构和组织建立了合作关系,共同探讨培训、交流讲座、交换学生、合作研究和研究生项目。

老挝国立大学共有学生总人数3.6万人,留学生200多人,教职员工1900人。目前,学校共有11个学院、2个研究所、1个图书馆、5个研究中心、10个办事处。老挝国立大学具体的学院设置包含建筑学院、工程学院、经济与工商管理学院、环境科学学院、法律与政治科学学院、农学院、教育学院、林业学院、文学院、科学学院、社会科学学院。

---

[1] 东盟大学联盟官网[DB/OL]. http://www.aunsec.org/membership.php.

[2] 梁真,李隽华,魏奎烨. 老挝国立大学简介[J]. 科教文汇,2010(6).

[3] 安若松. 试论老挝国立大学教学质量保障体系[D]. 南宁:广西民族大学,2015.

（二）留学政策[1]

1. 入学条件

老挝国立大学无论是基础设施，还是科研与师资等都相对比较落后，尚未设置博士课程，研究生学位在世界上也没有竞争力。对入学条件尚未查到相应的要求，目前在老挝国立大学读书的中国留学生大部分来自云南和广西，少部分来自北京、湖南等地，他们在国立大学进修老挝语、老挝文化等7门课程，学制为1+4教育方式，即1年预科，4年本科。[2]

2. 专业及课程设置

（1）专业设置

建筑学、工程学、经济学、工商管理、环境科学、法学、政治学、农学、教育学、林学、文学、科学、社会科学。

（2）课程设置

①本科及高等文凭的课程

本科课程包括1年总的基础课程的学习和4年在各学院的专业学习（除建筑学院和医学院）。

高等文凭的课程需要学习3～4年。它是由工程学院、建筑学院、林学院，以及农学院组织开设的。

拥有高等文凭的学生如果希望继续攻读本科学位的，需要修一个学期的过渡课程。

②研究生课程

研究生课程由医科学院、经济和工商管理学院、科学学院、文学院、林学院，以及工程学院组织开设。

3. 学期设置

学校于9月1日开学，第二年6月30日放暑假。每年分两个学期，期间有两个星期寒假。

4. 学年及学费

5年或6年制，部分专业实行4年制。

每学年收费标准为：5000元/名留学生（学费与住宿费合计），生活费用约800元/人。

5. 奖学金政策

学习成绩优秀者可享受大学奖学金，奖学金内容包括国际机票、生活费、学费、研究费、住宿费、回国费用、语言进修费用、论文印刷费用、保险费。其金额视学习成绩而定[3]。

---

[1] 本部分内容主要参考李枭鹰，王喜娟. 东盟著名大学巡礼[M]. 桂林：广西师范大学出版社，2012.

[2] 资料来源于老挝通微信公众号. 老挝留学：http://mp.weixin.qq.com/s? __biz = MzA4MzE1MzMwOQ = &mid = 200321398&idx = 1&sn = 63611c25ce7427832c0af02e87c98a86&scene = 23&srcid = 0603kZm42C9MksuIG8vcSych#rd

[3] 中国留学网[DB/OL]. http://school.chinaliuxue.com.cn/4537/feiyong.htm.

(三)学校地址及联系方式

地址:Dongdok Campus P. o Box 7322 Lao Pdr

官网:http://www. nuol. edu. la/

联系电话:(+856)21770070

传真:(+856)21770381

邮箱:info@ nuol. edu. la

第七章　马来西亚

一、马来西亚概况

马来西亚全称马来西亚联邦(Federation of Malaysia),位于东南亚中心地带,陆地总面积约33万平方千米,人口3000多万,马来人、华人、印度人为三个主要族群,其中马来人最多,约占总人口55%。伊斯兰教是马来西亚的国教,为多数马来人所信奉,华人多信奉佛教,印度人多信奉印度教。马来西亚是东南亚经济比较发达的国家,人民生活水平较高。马来西亚实行君主立宪制,同时是一个联邦制国家,首都吉隆坡是全国政治、经济、文化和交通中心。

二、高等教育总体特色与优势[1]

马来西亚的高等教育体制最初是按英国模式建立和运作的,1957年独立后,马来西亚高等教育发展迅速。总的来说,马来西亚的高等教育系统主要由公立和私立机构两部分组成。公立高等教育机构主要包括大学、社区学院、多科技术学院和教师培训机构等。私立高等教育机构包括私立大学、私立学院、国外大学马来西亚分校等。

马来西亚高等院校主要提供三种课程:一是国内结业证书和学位证书;二是通过双联学位课程、学分转移课程、国外学位课程和远程学习课程,由地方和国外大学授予;三是通过传统和远程学习模式在地方与国外大学获取硕士学位及研究生课程。此外,马来西亚的私立院校还提供预科和学位课程。

马来西亚高等教育实行一种独特的国际化水平很高的教育方式——课程转移,实际就是将英、美、澳、加、新等国的著名大学的课程部分或全部(2+1、3+0)转移至马来西亚分校或合作院校,另一部分课程则转赴欧美大学学习,毕业时获得由英、美、澳、加、新等国的著名大学颁发的学历文凭或学位证书,并为国际公认。特别是在商务、酒店与旅游管理、管理学、电脑科学、大众传播学、工程与应用科学、文学艺术等领域,具有世界和亚

---

[1] 部分内容参见王喜娟,蒋珍莲,刘前程.东盟高等教育研究概说[M].桂林:广西师范大学出版社,2012.

洲领先水平。马来西亚院校的国际课程大多围绕如何运用专业知识来解决实际问题而设置的,并为学生提供大量的实习机会,因此马来西亚院校的毕业生以具有高素质和实际操作能力强而著称。

总之,对留学生而言,马来西亚高等教育有如下特点与优势:课程设计达到国际水准、学制短、转签第三国手续简便;无英语要求、全英文授课环境,学生入学前,需要经过学校的英文测试,根据考试成绩安排英文学习时间,可长可短。

三、高等教育管理机构简介❶

马来西亚的高等教育管理结构是以 1956 年《拉扎克报告》为基础,依据国家政治管理系统而形成的。根据联邦宪法规定教育是联邦政府责任,由此决定教育实施中央集权制的行政管理体制。它包括三个层次:第一层次是联邦政府,主要是由教育部行使职权,负责国家一级重大教育政策;第二个层次即联邦教育部下设教育规划委员会、中央课程委员会、财政委员会和发展委员会等机构;第三个层次是州教育局,负责贯彻联邦教育部制定的教育方针政策,执行上级教育部门决议,管理本州各级各类学校。

高等教育是马来西亚联邦政府的一项职责。高等教育的主管部门是高等教育部。马来西亚高等教育部于2004 年3 月27 日成立,在建立高等教育部之前,高等教育的监督管理部门是教育部。高等教育部的成立表明了该国政府更加重视高等教育。马来西亚高等教育部的监管范围不仅包括公立高等教育机构,也包括私立高等教育机构、技工学校和社区学院。马来西亚提供了多种形式的高等教育项目,专业课程和专业技能课程的学费相对低廉而优质。在高等教育阶段,高等教育机构提供学业证书、学历证书、学位和研究生教育(包括学术学位和职业学位),公立和私立高等教育机构都提供这些形式的教育。马来西亚政府的意向是使该国成为一个优质教育中心。为此,马来西亚政府和高等教育管理机构对该国高等教育政策有一定的导向和指导。

四、主要高校国内排名情况简介

综合 QS World University Rankings、QS University Rankings:Asia 2015、Ranking Web of University 等网站以及中国国内出国留学网的数据,马来西亚主要高校国内排名如下。

---

❶ 部分内容参见朱欣,谢冬平. 马来西亚高等教育管理体制及政策导向初探[J]. 福建论坛(社科教育版),2008(10).

序号	高校名称		国内排名
	英 文	中 文	
1	University Malaya	马来亚大学	1
2	University Sains Malaysia	马来西亚理科大学	2
3	University of Technology Malaysia	马来西亚理工大学	3
4	University of Putra Malaysia	马来西亚博特拉大学	4
5	University Tun Hussein Onn Malaysia（UTHM）	马来西亚敦胡先翁大学	9
6	The University of Nottingham Malaysia	诺丁汉大学马来西亚分校	10
7	Multimedia University（MMU）	多媒体大学	11
8	Universiti Malaysia Sabah（UMS）	马来西亚沙巴大学	13
9	Curtin University, Sarawak Malaysia	科廷大学马来西亚分校	14
10	Universiti Utara Malaysia（UUM）	马来西亚北方大学	16
11	Universiti Tunku Abdul Rahman（UTAR）	拉曼大学	17
12	Monash University Malaysia	莫纳什大学马来西亚分校	21
13	INTI University College	英迪国际大学	26
14	Sunway University Sun – U	双威大学	34
15	Limkokwing University of Creative Technology	林国荣创意科技大学	36
16	SEGI University College	世纪大学	49
17	UCSI University	UCSI 大学	53
18	Taylor’s University	泰莱大学	63
19	Southern University College SUC	南方大学学院	68
20	KDU University College	伯乐学院	
21	Asia Pacific University of Technology and Innovation, APU	亚太科技大学	

五、马来亚大学

(一)学校简介

马来亚大学(University Malaya,UM)是马来西亚最古老的大学,占地面积 900 英亩(3642170.78 平方米),位于马来西亚首都吉隆坡,学校共有 27000 名在校生,1700 教职工作人员,素有“国家总理大学”的美称。1954 年,政府提议马来亚大学应该设置 2 个分支机构,一个设在新加坡,另一个设在吉隆坡。1961 年的议会法案通过后,今天位于吉隆坡的马来亚大学于 1962 年 1 月 1 日作为该国的第一所大学正式成立。

建校后,马来亚大学取得了突飞猛进的发展。该校培养了许多优秀的毕业生,包括马来西亚首相、内阁议员、高级公务员、外交官,以及企业、科学、艺术和文化的领军人物。近几年,该校被评定为马来西亚五所研究型大学之一,马来亚大学始终是研究议程中强有力的先锋部队。马来亚大学始终坚持自身的办学愿景:“成为一所集研究、创新、出版和教学于一体的著名高等院校。”马来亚大学是马来西亚高才生的首选,该校的留学生来自 80 个以上的不同国家。位于吉隆坡中心位置的美丽校园占地面积达 750 英亩(3035142.32 平方米),其战略位置为该校引进国际教研人员和来访者创造了巨大优势。

马来亚大学目前是马来西亚的一流学府,在 2005 年 QS 亚洲大学排行榜中位列第 29 名。在 2015 年 QS 世界大学排行榜中位列第 146 名,是唯一一所跻身前 150 名的马来西亚院校。2016 年 QS 世界大学排行榜显示:就学科而言,马来亚大学有至少 26 个学科排前 300 名,2 个科目被收录为 50 个世界最佳科目,其中发展研究学排第 30 名,电子电气工程学排第 37 名。自 2009 年该校的学术项目被全世界认可(其中大量项目被国际认证机构认可）后，马来亚大学被授予为自我认证的教育机构。

（二）留学政策

1. 入学条件

英语要求：托福不低于550分（纸考）或不低于213分（机考）或不低于79～80分（网考，专业不同要求不同），或雅思不低于6.0分，或以不低于一般的成绩获得剑桥大学中等教育证书。

（1）本科

持有国立高中毕业证书（或一般学历证书考试优等），要求成绩不低于总分的80%。

持有认证院校的毕业证书，要求平均绩点不低于3.00。

（2）硕士

申请者需已取得认证的相关学科的学士学位，且其绩点高于平均绩点。

（3）博士

申请者需已取得认证的相关学科的硕士学位。具体入学要求请参考相关学院的手册。

注：1. 优先录取持有学士学位且平均绩点高于3.00或拥有同等学力的申请人。

2. 持有学士学位且平均绩点高于3.70的学生可直接申请博士课程。

2. 专业设置

（1）本科

马来文化研究中心：马来艺术学士、马来语言学学士、马来文学学士、马来社会文化学士、专业马来语学士学位。

文学与社会科学学院：人类学和社会学学士、中国文学研究学士学位、东亚文学研究学士学位、英语文学学士学位、环境研究学士学位、地理文学学士学位、历史文学学士学位、印度文学研究学士学位、国际战略研究学士学位、东南亚文学研究学士学位、传媒学学士、社会管理学士学位。

经济管理学院：经济学学位。

工商管理及会计学院：会计学学士学位、工商管理学士学位。

教学学院：谘商学士学位、早期学前教育学士学位、英语作为第二语言教学教育学士学位。

理学院：应用数学理学学士学位、精算学理学学士学位、应用化学理学学士学位、应用地理理学学士学位、生物化学理学学士学位、生物健康科学学士学位、生物信息科学学士学位、生物工程科学学士学位、化学理学学士学位、生态多样性科学学士学位、环境管理学士学位、遗传学理学学士学位、地质学理学学士学位、数学理学学士学位、微生物学理学学士学位、物理理学学士学位、科学技术研究学士学位、统计科学学士学位。

文化中心：舞蹈学士学位、戏剧学士学位、音乐学士学位。

外语及语言学学院：阿拉伯语及语言学学士学位、中文及语言学学士学位、英语及语言学学士学位、法语及语言学学士学位、德语及语言学学士学位、西班牙语及语言学学士学位。

计算机科学与信息技术学院：计算机科学学士学位（人工智能方向）、计算机科学学士学位（计算机系统及网络方向）、计算机科学学士学位（信息系统管理方向）、计算机科学学士学位（软件工程方向）、信息技术学士学位（网络多媒体方向）。

工程学院：土木工程学士学位、机械工程学士学位（材料）、机械工程学士学位（产品设计）、生物医学工程（前列腺与矫形器）、电力工程学士学位、化学工程学士学位、机械工程学士学位、机械工程学士学位（制造）、土木工程学士学位（环境）、电力工程学士学位（通信）、生物医学工程学士学位。

药学院：生物医学科学学士学位。

运动中心：运动管理科学、运动科学（训练）。

(2)硕士

工程学院：通信工程硕士、安全健康与环境工程硕士、电控工程硕士、生物医学工程硕士、机械工程硕士、电力系统工程硕士、材料工程硕士。

伊斯兰研究院：伊斯兰法硕士（混合型）、伊斯兰法硕士（学位论文型）、伊斯兰法典学位硕士（混合型）、伊斯兰法典学位硕士（学位论文型）、伊斯兰研究硕士（学位论文型）。

马来西亚研究院：马来西亚研究硕士、马来西亚研究硕士（学位论文型）。

文学与社会科学学院：出版研究硕士、文学研究硕士、文学研究硕士（东南亚历史）、文学研究硕士（马来西亚历史）、文学研究硕士（英语文学）、战略与防御研究硕士、文学研究硕士（东南亚研究）、文学研究硕士（媒体研究）。

商务研究生院，商务会计学院：工商管理硕士、管理学硕士。

计算机科学与信息技术学院：计算科学硕士（应用计算）混合型、计算科学硕士（应用计算）学位论文型、信息科学硕士（图书馆科学）混合型、信息科学硕士（图书馆科学）学位论文型、软件工程硕士（软件技术）混合型、信息安全硕士（授课式）、图书馆与信息科学硕士（授课式）、数据科学硕士（授课式）。

牙科学院：正牙学硕士、临床牙科硕士（口腔医学与口腔病理学）、临床牙科硕士（牙科修复与口腔病理学）、临床牙科硕士（口腔及颚骨手术）、临床牙科硕士（儿童牙保健）、临床牙科硕士（牙周病学）、临床牙科硕士（牙科修复与假牙医疗）。

经济与管理学院：经济学硕士（授课式）、经济学硕士（学位论文式）、公共行政管理硕士（授课式）、公共行政管理硕士（学位论文式）、应用统计学硕士（授课式）、应用统计学硕士（学位论文式）、发展研究硕士（混合型）。

教育学院：咨询学硕士（授课式）、咨询学硕士（学位论文式）、教学技术硕士（授课式）、教学技术硕士（学位论文式）、教育管理硕士（授课式）、教育管理硕士（学位论文式）、儿童教育硕士（授课式）、儿童教育硕士（学位论文式）。

语言与语言学学院：英语语言研究硕士（授课式）、文学（语言学）硕士（混合型）。

法学院：法学硕士（授课式）、法学硕士（学位论文式）、犯罪学硕士（授课式）。

医学院:公共卫生硕士(授课式)、医学硕士(授课式)、医学硕士(综合型)、医学物理硕士(授课式)、医学物理硕士(学位论文式)、护理学硕士(授课式)。

理学院:生物信息学硕士(授课式)、石油地质科学硕士(授课式)、生物技术硕士(混合型)、环境管理技术理学硕士(混合型)、数学理学硕士(学位论文式)、科学与技术理学硕士(学位论文式)、(物理、生物、化学、地理学)理学硕士(混合型)。

临床医学学院:精神医学硕士、外科学硕士、麻醉学硕士、内科学硕士、妇产科硕士、儿科学硕士、家庭医学硕士、耳鼻喉科硕士(头部、颈部外科)。

亚欧研究中心:欧洲区域一体化研究硕士(授课式)、东盟研究硕士(授课式)。

建筑环境学院:建筑学理学硕士(学位论文式)、建筑理学硕士(学位论文式)、房地产管理理学硕士(学位论文式)、不动产学硕士(授课式)、项目管理硕士(授课式)、设施维护管理硕士(授课式)、建筑学硕士(授课式)。

领导力研究中心:教育领导力硕士(混合型)。

国际公共政策与管理研究所:公共政策硕士(授课式)。

文化中心:视觉艺术硕士(混合型)、视觉艺术硕士(学位论文式)、音乐表演艺术学硕士(混合型)、音乐表演艺术学硕士(学位论文式)、戏剧表演艺术学硕士(混合型)、戏剧表演艺术学硕士(学位论文式)、舞蹈表演艺术学硕士(混合型)、舞蹈表演艺术学硕士(学位论文式)。

运动中心:伊斯兰研究硕士(学位论文式)。

3. 学期设置

(1)本科

学术课程实行学期制,一学年分两学期,第一学期 9 月开学,第二学期 2 月开学。

(2)硕士

学术课程实行学期制,一学年分两学期,第一学期 9 月开学,第二学期 2 月开学。

(3)博士

全年开设课程。一学年分两学期,第一学期 9 月开学,第二学期 2 月开学。

4. 学年及学费

(1)本科

学制:一般而言,学制为 4 学年的,最少 8 学期,最多 12 学期;学制为 3.5 学年的,最少 7 学期,最多 11 学期;学制为 3 学年的,最少 6 学期,最多 10 学期。

注:必须修满 120 ~ 144 个学时方能完成学位课程。

学费:7000 ~ 10600 美元。

(2)硕士

学制:最少 2 或 3 学期,最多 8 学期。

学费:1050 ~ 20665 马来西亚林吉特。

(3)博士

学制:最少 4 或 5 学期,最多 12 学期。

学费:1555－35016 马来西亚林吉特。

5. 奖学金政策

(1)硕士

奖学金与助学金、UM Bright Sparks 项目。

(2)博士

奖学金与助学金、UM Bright Sparks 项目。

6. 住宿情况

马来亚大学为超过11000名在校生设立了12所宿舍楼,每所宿舍楼中分配给外国留学生房间占总数的5%。

校园住宿中,该校提供每天15马来西亚林吉特(不含就餐费)的双人间,住宿费可月付。双人间基本配备:床,床垫,枕头,橱柜,凳子和书桌。公共浴室(无独立卫生间。学生需共用每层的公共浴室);吊式电风扇(无空调);公共区域的基本设施:投币式洗衣机,熨斗,水壶,干洗店,小卖部店和咖啡馆;无线网络。

本科生和交换生拥有宿舍楼的优先入住权。仅当宿舍楼有空房时方才考虑研究生申请者的入住问题。宿舍楼仅供学生入住,学生不得携带家眷一同入住。

学生也可选择留学生之家解决住宿问题。该公寓位于主校区外,距主校区约10分钟路程。留学生之家共有70个单元,每个单元设有2个房间,最多可居住4人。留学生可携带家人入住该公寓。

7. 签证政策

(1)签证处

国际学生中心(ISC)是申请就业准证服务中心,为我校办理学生签证,专业访问准证等相关出入境通行证。

该中心位于交通便利的 Perdanasiswa Complex,于2008年开始运营。马来亚大学为外籍人士和学生提供签证办理服务。作为获得核心流程的一部分,我校提供与签证相关事宜的协商和咨询服务。

(2)签证处运作模式

签证处将处理所有学生签证申请,然后通过马来西亚教育全球服务(EMGS)一并提交给马来西亚移民局。研究生亲属签证的申请,将于学生护照申请完成后按正常程序进行。

(3)中心工作时间

周一至周四上午9点至下午4点,周五上午9点至下午12点。申请者将会获得一个编号。编号发放时间为上午8点45分,每天的发放总数为120个。发放对象为有意愿申请护照或临时身份证者。建议前往3号柜台直接咨询和检查相关材料。

(4)签证处地址

签证处办公室位于马来亚大学 Perdanasiswa Complex 的G座2楼。靠近人力资源司和助学金部所在地总理府大楼,设施便利,附近有联昌银行、Etiqa 保险、食堂等设施。

(三)学校地址及联系方式

校园地址:马来西亚吉隆坡班台谷马来亚大学(50603)
邮箱:isc@ um. edu. my
联系电话: +603 -7967 7711
官网:http://www. um. edu. my
传真: +603 -7967 7710

六、马来西亚理科大学

(一)学校简介

马来西亚理科大学(University Sains Malaysia,USM)建于1969年,是马来西亚公认的三所研究性大学之一。学校共有3个校区组成,主校区(也叫明登校区)和工程学校区分别位于槟城岛和槟城(位于马来西亚西北部)的大陆部分,第3个校区是医学院、牙科和保健学院,位于马来西亚东部海岸的吉兰丹。

马来西亚理科大学提供的课程,从自然科学、应用科学、医学和健康科学、医药科学到建筑科学与技术、社会科学、人文科学、教育学。这些课程适用于将近3万的本科生和研究生;这些学生来自于槟城岛主校区的17个学院,高渊工学院的6个院系(距离主校区约50千米),和吉兰丹州古邦阁亮区的健康校园(距离主校区约300千米),此外学校还有来自世界50多个国家的国际学生1000多人。

马来西亚理科大学有17个囊括各种专业的研究中心,包括考古学、医学和牙科学,分子医学，科学与技术，伊斯兰发展和管理研究、政策研究和国际研究。它还为USAINS公司大学商业部提供提供咨询、测试、顾问服务。

（二）留学政策

1. 入学条件

（1）本科

高中毕业（需要中国会考成绩），特定资格则视课程而定。须报考大学英语考试（MUET），雅思5.5分以上。

（2）硕士

英语要求：所有专业均需高水平英语语言能力，以确保学生能从专业学习和教学大纲中获益。英语语言能力证明必须同申请表一并提交。学校要求所有专业的留学生托福最低80分（机考）或雅思最低6.0分；学士学位（荣誉）以及：

a. 平均绩点最低2.75，服从学校的附加要求；

b. 平均绩点为2.5～2.74；

c. 1年的科研经历；

d. 相关领域的专业经验1年；

e. 两篇学术刊物（期刊，非相关领域）；

f. 主要/选修课程的等级达到B等；

g. 毕业论文取得B等。

（3）博士

a. 学历：硕士（授课型或复合型）；

b. 平均绩点最低3.00；

c. 平均绩点为2.75～2.99；

d. 有5年的科研经历；

e. 相关领域的专业经验5年；

f. 两篇学术刊物（期刊，非相关领域）；

g. 主要/选修课程的等级为B等；

h. 课程等级为B等或复合型毕业论文/项目为P等；

i. 平均绩点为2.5～2.74；

j. 有5年的科研经历；或相关领域的专业经验5年；

k. 两篇学术刊物（期刊，不在相关领域）；

l. 主要/选修课程的等级为A等；

m. 课程等级达A等或复合型毕业论文/项目为P等。

2. 专业设置

（1）本科

住房、建筑与规划学院、工业技术学院、药学院、计算机科学学院、教育研究学院、管理学院、传播学院、艺术学院、语言，文化与翻译学院、人文学院、社会科学学院、生物科学学院、化学科学学院、数学科学学院、物理学院、健康科学学院、医学院、牙科学院、电气与电子工程学院、机械工程学院、航空航天工程学院、化工学院、土木工程学院、材料与矿产资源工程学院。

(2)硕士

商学院研究生系(GSB)、教育学院、社会科学学院、医药科学学院、数学科学学院、物理学院、计算机科学学院、住房，建筑与规划学院、传播学、语言文化与翻译学院、医学院(基础教学法硕士)、牙科学院。

(3)博士

教育学博士(科学教育)、教育学博士(教育技术及多媒体)、教育学博士(课程指导)、教育学博士(英语教学)、临床药学博士、公共卫生博士(家庭健康)、公共卫生博士(环境卫生和职业)、公共卫生博士(流行病学)。

3. 学期设置

(1)本科

一学年分两学期，第一学期 9 月开学，第二学期 1 月开学。

(2)硕士

一学年分两学期，第一学期 9 月开学，第二学期 1 月开学。

4. 学年及学费

(1)本科

学制:3 ~4 年。

学费:6000 ~10000 马来西亚林吉特。

(2)硕士

学制:1 ~3 年。

学费:2.5 万 ~3 万元人民币/年。

生活费:平均 3 万元人民币/年。

5. 奖学金政策

马来西亚国际奖学金是马来西亚政府为吸引全世界优秀人才到马来西亚进行高级学术研究而设置的。该奖学金项目旨在支持马来西亚政府吸引、激励和留住国外的优秀人力资本。

a. 每项奖学金的资助包括:接受者从其首都到马来西亚的机票、经批准的学费、每月生活津贴、每年书费及国内旅游费补助、医疗或健康保险、安置费和终止补助金、论文津贴、签证。

b. 评选标准:取得高水平学术成果、研究方案的质量高，并对提高技术和人类福祉具有潜在贡献，优秀的英语沟通、写作和阅读能力。

6. 住宿情况

马来西亚理科大学为学生提供各种服务，如宿舍、咨询和激励引导、体育和娱乐设施

（如足球场、跑道田径场、人工草皮曲棍球场和奥林匹克规格的游泳池）。文化馆会举办文化活动以促进学生之间的紧密联系，还有各种各样的俱乐部和社团，以满足学生广泛的兴趣爱好。这些俱乐部包括政治科学学会、计算机科学俱乐部、印度文化俱乐部、航海协会、天文俱乐部、辩论和公开演讲俱乐部，以及大众传播俱乐部等。

7. 签证政策

旅游签证不能入境办理入学，否则移民局在转学生签证的时候处以 500 马来西亚林吉特的罚款。而且此事属于移民事物违规行为，会有不良记录，对该生今后申请移民第三国产生影响。应携带学校出示的返签信去大使馆申请入境签证入境。

（三）学校地址及联系方式

地址：马来西亚槟城马来西亚理科大学（11800）

官网：www. usm. my/

邮箱：pro@ usm. my

电话：+604 －653 3888

传真：+604 －653 6484

七、马来西亚理工大学

（一）学校简介

马来西亚理工大学（University of Technology Malaysia，UTM）是马来西亚的一所以创新为主导的、注重科研的国立大学。目前，学校共有 22881 名在校生。大学主校区（占地面积 1177 公顷）位于柔佛市，该市是马来西亚半岛南部的一个充满活力的经济中心。另外该校在吉隆坡市中心还有一个校区，占地面积 18 公顷。

在追求卓越学术的过程中，理工大学正如在积累和传播知识方面所做的贡献一样，发挥着引导研究的作用。理工大学在全球著名高校中占据着不可忽视的作用，该校设有12个学院和20多个研究所和中心。12个学院包括建筑环境学院、土木工程学院、电气工程学院、机械工程学院、自然科学学院、计算机科学和信息系统学院、化学及自然资源工程学院、地理信息科学及工程学院、教育学院、管理及人力资源发展学院、国际贸易学院及商业和高级商业管理中心等，提供100多个专业领域的研究生课程。

（二）留学政策

1. 入学条件

（1）本科

a. 获得高中毕业证书或者其他公立学校预科毕业证书（至少12年小学到中学学习经历）。

b. 普通中学证书成绩达到等级A，获得相关领域文凭或者其他相关预科考试成绩。

c. 学校认可的其他上述相关证书。

d. 具体要求请参照申请课程。

e. 英语水平要求：托福总分最低500分或者新托福考试高于59分；雅思总分5.5分以上；英语考试测评总分5.5分以上；马来西亚大学英语测试总分3分以上。

（2）硕士

a. 获得马来西亚理工大学学士学位或获得学校理事会认可的其他高等教育机构学士学位；

b. 获得学校理事会认可的相关领域的学士学位和经验。

（3）哲学博士

a. 获得马来西亚理工大学硕士学位或获得学校理事会认可的其他高等教育机构硕士学位；

b. 获得学校理事会认可的相关领域的硕士学位和经验；

c. 申请人目前是注册在校的马来西亚理工大学硕士学位研究生，并通过各学院研究生委员会批准。

2. 专业设置

本科（以下是2016—2017学年留学生可攻读学士学位）

环境建筑学院：建筑学学士、测量学学士、城市与区域规划学学士、景观建筑学学士、建设理学学士。

土木工程学院：工程学士（土木工程方向）。

电气工程学院：工程学士（机电工程方向）、工程学士（电器电子系统方向）、工程学士（电力电子方向）。

化学与能源工程学院：工程学士（生物加工工程方向）、工程学士（化学方向）、工程学士（石油化工方向）、工程学士（天然气化学方向）、工程学士（核能方向）。

机械工程学院:工程学士(机械工程方向)、工程学士(航空机械工程方向)、工程学士(汽车机械工程方向)、工程学士(造船及近岸工程方向)、工程学士(机械材料方向)、工程学士(机械制造方向)、工程学士(机械工业方向)。

地理信息与房地产学院:工程学士(地理空间信息工程方向)、工程学士(地理信息学方向)、理学学士(房地产管理方向)、理学学士(土地管理及发展方向)。

管理学院:管理学学士(管理技能方向)、管理学学士(市场营销方向)、理学士(人力资源开发方向)、会计学学士(房地产管理方向)、心理学与人力资源开发学士。

理学院:理学学士(数学方向)、理学学士(工业数学方向)、理学学士(化学方向)、理学学士(工业化学方向)、理学学士(物理方向)、理学学士(工业物理方向)。

计算机学院:计算机科学学士(计算机网络与安全方向)、计算机科学学士(软件工程方向)、计算机科学学士(制图与多媒体软件方向)。

生物科学与医药工程学院:工程学士(生物医药方向)、理学学士(工业生物学方向)、理学学士(生物学方向)。

马来西亚－日本国际技术研究院:机械精密工程学士、电子系统工程学士、化工过程工程学士。

3. 学期设置

以2015—2016学年为例,一学年包括两个学期,其中迎新周一周(不计算入一个学年内),第一学期:2015年9月6日至2016年2月13日;第二学期:2016年2月14日至2016年9月3日。

4. 学年及学费

攻读学士学位最少需要8个学期(4年),最多10个学期(5年)时间学习。

(1)杂费(仅限新生入学交)

身体检查费(学校医疗处):200马来西亚林吉特。

新生培训费:250马来西亚林吉特。

报名费:20马来西亚林吉特。

学生会会费:100马来西亚林吉特。

联合课程费:300马来西亚林吉特。

UTM专业技能课程费:200马来西亚林吉特。

保证金:200马来西亚林吉特。

(2)常规费用(每学期)

UTM服务费:190马来西亚林吉特。

学生服务费:60马来西亚林吉特。

电脑使用费:20马来西亚林吉特。

活动及福利费:280马来西亚林吉特。

留学生费:250马来西亚林吉特。

HedStart课程费:30马来西亚林吉特。

(3)学费

学士课程:5400~5700马来西亚林吉特。

5. 奖学金政策

a. 英联邦奖学金和奖学金计划(CSFP)。

b. 马来西亚技术合作方案(MTCP)。

c. 马来西亚国际奖学金(MIS)。

d. 留学博士奖学金。

申请者仅限于第二学期至第五学期在马来西亚理工大学就读的全日制留学博士,且没有工作或无其他方面财政资助。

6. 住宿情况

学校在三个校区均有宿舍楼,单人间费用15~20马来西亚林吉特/天。缴费请自备马来西亚林吉特现金。自2015年9月5日起,收取的费用将记入学生的账户。考虑到有许多取消预订宿舍的情况,因此,宿舍分配将按照报到注册当天先到先分配的原则,以免影响其他同学分配宿舍。

7. 签证政策

根据马来西亚移民条例第13条,在马来西亚任何一个教育机构学习的留学生必须申请学生签证。留学生在进入马来西亚之前必须申请并获得在马学习的批准,严格禁止使用其他任何社交访问证件(旅游签证)代替学生签证来马学习。

在马来西亚学习的留学生将得到一个为期一年(或半年)的学生证和签证,具体取决于给你发签证的国家。申请人应及时提交材料以获得学生签证。

申请材料将先交由马来西亚教育全球服务机构审核,然后提交给马来西亚入境事务处。

重要提示:

a. 在获得签证批准信(VAL)和一次性签证(SEV)前,不要提前预订机票。马来西亚移民法不允许学生用社交访问签证申请学生签证进入马来西亚。马来西亚理工大学绝不直接或间接为以任何方式滥用社交访问签证行为负责。

b. 强烈建议留学生在获得马来西亚移民局给出的签证批准信前不要进入马来西亚。

c. 签证批准信将邮寄给学生以便从马来西亚大使馆或领事馆申请一次性签证。

(三)学校地址及联系方式

地址:马来西亚柔佛州新山市

电话:07-553 7645 / 07-553 7573

传真:07-553 7546

官网:www. utm. my

邮箱:international@ utm. my

八、马来西亚博特拉大学

(一)学校简介

马来西亚博特拉大学(University Putra Malaysia,UPM)是马来西亚第一所农业大学。该校于1931年建立,坐落在马来西亚首都吉隆坡附近高科技园区,是马来西亚规模最大、在校人数最多的大学(有5万余人)。

1947年,时任马来亚联盟总负责人的爱德华钦德先生宣布马来亚农业大学成立。随后,沙登农业学院与马来亚大学农学院合并成为马来西亚农业大学。1971年,时任马来西亚农学院校长的穆罕默德博士被任命为第一任副校长。1973年7月马来西亚农业大学三个中心院系(兽医与动物科学学院,林学院,农学院)和一个主要部门(基础研究部门)召开了第一次学术会议,当时全校共有1559名学生。20世纪80年代早期,马来西亚农业大学将其研究扩展至科技领域(S&T)。1997年,马哈蒂尔穆罕默德博士将马来西亚农业大学更名为马来西亚博特拉大学,这一战略行动,目的是塑造马来西亚农业大学作为高等教育中心的地位,表明该校可以提供各领域,尤其在科学和信息技术领域的学习研究,这将促进新世纪的国家发展。

(二)留学政策

1. 入学条件

(1)本科

以总成绩80%及以上的分数,获得国家高校证书(或一般学历证书考试优等,或12

年基础教育)。

累积平均绩点3.00的认可大学学历证书且已完成该留学项目的特殊要求。每个项目有不同要求,通常是对你的申请资格、学科或成绩的综合评定,即达到马来西亚农业大学每个本科项目的要求等级(科学/艺术)。某些项目要求申请人在被录取之前参加面试。

申请者申请学术项目时,未达到英语要求者,可提出临时申请。该临时方案要求申请者在启动该项目之前达到所需英语水平。

(2)硕士

申请人应获得学士学位,且在相关学科最低绩点为3.00。如申请者未达到该项目学术资格,可服从调剂。

申请人在其本科学习计划的最后一学期,可以考虑提供他目前的成绩或同等研究生课程的入学要求。

(3)博士

申请人应具有硕士学位,且在相关学科成绩最低达到B等或者申请者应具有相关学科的硕士学位,申请者也可提交其硕士论文。

2. 专业设置

(1)本科

农学院:农业科学学士、园艺学学士、科学学士(农业)、农业学士(水产养殖)、农业学士(动物科学)。

林学院:林业科学学士、木材科学技术学学士、娱乐和公园管理学士。

医学与健康科学学院:理学学士(生物医学)、理学学士(饮食疗法)、理学学士(营养与社区卫生)、理学学士(环境与职业健康)、护理学学士。

人类生态学学院:音乐学学士(音乐表演)、理学学士(人力开发与管理)、理学学士(人类发展和信息技术)、消费者研究科学学士、经济管理学院、经济学学士学位、会计学学士、工商管理学士。

工程学院:工程学士(土木工程)、工程学士(电子电工工程)、工程学士(化学)、工程学士(农业与生物系统)、工程学士(机械)、工程学士(航天)、工程学士(食品加工)、工程专学士(计算机系统和通信)。

食品科学与技术学院:食品科学与技术学士、理学学士(食品研究)、理学学士(食品科学与管理)。

教育研究学院:科学学士(人力资源开发)、教育学士(体育)、教育学士(指导和咨询)、教育学士(作为第一语言的马来西亚语教学)、教育学士(英语作为第二语言的教学)、教育学士(家政学)、教育学士(农业科学)、教育学士(道德教育)。

设计与建筑学院:建筑学学士、园林学士、建筑学学士、设计学士(工业设计)。

现代语言与交流学院:学士通信。

艺术学学士学位:英语、马来语与语言学、马来文学、英语文学、阿拉伯语、德语。

计算机科学与信息技术学院:计算机科学学士学位、计算机系统、多媒体、软件工程、计算机网络。

环境研究学院:环境科学与技术学士、环境管理学学士。

(2)硕士

农学院:土地资源管理硕士、人工林管理硕士。

计算机科学与信息技术学院:计算机科学硕士、信息安全硕士、软件工程硕士。

兽医医药学院:兽医学硕士。

设计与建筑学院:景观设计硕士、建筑学硕士。

经济管理学院:经济学硕士。

工程学院:应急规划硕士、工程管理硕士、环境技术管理硕士、公路和运输工程硕士、创新和工程设计师、制造系统工程硕士、过程安全和损失预防硕士、遥感与地理信息系统硕士、结构工程和建筑工程硕士、水利工程硕士、水利管理硕士。

医学与健康科学学院:病理学硕士(申请入学由马来西亚卫生部负责)、医学硕士(儿科)、医学硕士(精神病学)。

现代语言与交流学院:企业传播硕士、马来语硕士。

理学院:应用统计学硕士、公共卫生学硕士。

(3)博士

兽医学博士、医学博士、公共卫生博士。

3. 学年及学费

(1)硕士留学生

医学:第一学年 7000 马来西亚林吉特,第二、三年 4100 马来西亚林吉特,第四年 3600 马来西亚林吉特。

科学:第一学年 4250 马来西亚林吉特,第二、三年 3750 马来西亚林吉特,第四年 4000 马来西亚林吉特。

社会科学:第一学年 5750 马来西亚林吉特,第二、三年 3850 马来西亚林吉特,第四年 3350 马来西亚林吉特。

(2)博士留学生

医学:第一学年 8762.50 马来西亚林吉特,第二、三年 5562 马来西亚林吉特,第四年 5000 马来西亚林吉特。

科学:第一学年 5562 马来西亚林吉特,第二、三年 5162 马来西亚林吉特,第四年 4600 马来西亚林吉特。

社会科学:第一学年 5762 马来西亚林吉特,第二、三年 4012 马来西亚林吉特,第四年 3450 马来西亚林吉特。

4. 奖学金政策

(1)研究生研究津贴计划

该计划面向所有目前马来西亚农业大学注册研究生开放。

已注册学生可在学期内任何时间提出申请。

每一申请必须获得导师或监事会主任或研究项目主任和学院院长或者科研补助金分发处主任的支持。

该计划由监事会研究资助的主任/主席/成员资助。学生是否获得补助由资助人决定。

任命期内,研究补助金额须足以支付每月津贴。

申请人奖学金/经济资助或月薪小于1000马来西亚林吉特也可申请该计划。但是,硕士生助学金加上月薪总额不应超过1500马来西亚林吉特/月,博士生不应超过1700马来西亚林吉特/月。申请人必须提供薪酬书面证明与申请表格。

研究生院下发正式通知日起,该项目申请立即生效。任何倒填日期(在支票等上签写比实际较早的日期)的申请将不予受理。

(2)奖项

成功申请者每月生活津贴由监事会研究资助的主任/主席/成员拟定。每月津贴为硕士生最高1500马来西亚林吉特;博士生每月最高1700马来西亚林吉特。

享受该项目资助学生不得减免学费,接受该计划的学生不需要协助教学、辅导及演示工作,但应协助主管领导的研究工作。

(3)申请须知

可在马来西亚博特拉大学研究生院奖学金资助中心领取申请表。

a. 研究生研究津贴计划(新申请)GS-19(a)

b. 研究生研究津贴计划(申请延期)GS-19(b)

5. 住宿情况

学生公寓坐落在绿色校园内,学生必须正式注册才可入住马来西亚博特拉大学国际公寓。马来西亚博特拉大学国际公寓有80个公寓单元楼,靠近学习区和主要大学设施,如体育运动和健康中心。

每个公寓里有两间卧室、一间书房、一间客厅、一间餐厅和一间厨房。每月租金2000马来西亚林吉特。每个公寓配有衣柜、橱柜、炉灶、冰箱、沙发、餐桌、单人床和无线网(Wi-Fi)。

在国际公寓居住期间,24小时急救反应小组将对学生突发事件、安全和利益负责。

维修及公用事业费用计入每月租金。

建议留学生至少提前一星期预订,因为公寓房间有限。

(三)学校地址及联系方式

地址:马来西亚博特拉大学 43400,沙登,雪兰莪州

官网:www. upm. edu. my/

电话:+603-8946 6998 / 6999

传真:+603-8946 6997

九、马来西亚敦胡先翁大学

(一)学校简介

马来西亚敦胡先翁大学(University Tun Hussen Onn Malaysia,UTHM)始建于1993年9月16日,坐落在马来西亚南端的柔佛州巴株巴辖。学校前身是职员训练工艺学院中心,旨在开展工程领域的综合讲座,由教育部和马来西亚工艺大学(UTM)共同管理。1996年升级为敦胡先翁科技学院,2000年改名为敦胡先翁工艺学院大学,最终于2007年更名为敦胡先翁大学。目前,学校有8000多名在校生。

学校目前有两个校区,校园设施也如其他国立大学般完善,除了有教学楼、实验室、图书馆、宿舍、回教堂、体育与休闲场所等,也备有合作社、银行、诊疗所、小型邮政局、职业辅导服务、茶餐室等。而作为大学心脏的图书馆,则拥有至少13万册的书籍与500册期刊,并提供在线数据库、电子书和电子期刊。

(二)留学政策

1. 入学条件本科

英语要求:申请者还需提供英语能力证明,雅思成绩最低6.0,或托福成绩最低500,或大学英语考试最低2级。

以下是本科各院系具体学术要求。

(1)土木与环境工程学院

申请者必须符合以下条件:

a. 参加高级证书考试,参加国际文凭考试或其他等效证书考试;

b. 数学、物理和化学至少 C 等,英语至少 C 等。

(2)电气与电子工程学院

申请者必须符合以下条件:

a. 参加高级证书考试,参加国际文凭考试或其他等效证书考试;

b. 数学、物理或化学至少 C 等,英语及格。

(3)机械与制造工程学院

申请者必须符合以下条件:

a. 参加高级证书考试,参加国际文凭考试或其他等效证书考试;

b. 数学、物理和化学至少 C 等,英语及格。

(4)技术管理与商业学院

申请者必须符合以下条件:

a. 参加高级证书考试,参加国际文凭考试或其他等效证书考试;

b. 数学、经济学/金融学至少 C 等,英语及格。

(5)计算机科学与信息技术学院

申请者必须符合以下条件:

a. 参加高级证书考试,参加国际文凭考试或其他等效证书考试;

b. 数学至少 C 等,英语及格。

2. 专业设置

(1)本科

土木与环境工程学院:土木工程(荣誉)学士学位。

电气与电子工程学院:电气工程(荣誉)学士学位。

机械与制造工程学院:机械工程(荣誉)学士、航空工程技术(荣誉)学士(专业驾驶)、航空工程技术(荣誉)学士(飞机维修)、航空工程技术(荣誉)学士(空中交通管制)。

技术管理和商业学院:技术管理(荣誉)学士学位、技术管理(荣誉)学士学位(生产和经营方向)、技术管理(荣誉)学士学位(建筑方向)、房地产管理(荣誉)学士学位、技术管理(荣誉)学士学位(家具设计及制造方向)。

技术与职业教育学院:电子电气、餐饮服务、建筑、空调和制冷、焊接和金属制造、通用加工、创意多媒体。

计算机科学与信息技术学院:软件工程、多媒体计算机、网络技术、信息安全。

科技和人类发展学院:工业统计、数学技术、食品技术、应用物理学、生物多样性和保护。

工程技术学院:环境、建筑服务、建筑、生物技术、工业自动化、电力、通信和计算机、自动化、工业纺织品、工业包装、制造、植物。

(2)硕士

全日制与非全日制课程:土木工程硕士、电气工程硕士、机械工程硕士、技术与职业教育硕士、技术教育硕士(土木工程方向)、技术教育硕士(电气工程方向)。

全日制与非全日制研究:土木工程硕士、电气工程硕士、机械工程硕士、技术和职业教育硕士、科技管理硕士、房地产及设备管理学硕士、信息技术硕士、科学硕士、工程技术硕士。

全日制与非全日制复合型:计算机科学硕士(软计算方向)、计算机科学硕士(软件工程方向)、计算机科学硕士(网络技术方向)、计算机科学硕士(信息安全方向)、铁路工程硕士、制造工程硕士、材料工程硕士。

(3)博士

全日制与非全日制研究:土木工程博士、电气工程博士、机械工程博士、技术和职业教育博士、技术管理博士、房地产及设施管理博士、信息技术博士、科学博士、教育学博士、工程技术博士。

3. 学期设置

一学年分两个学期,春季学期和秋季学期。

4. 学年及学费

(1)本科

学制:4 年。

学费:8100 ~ 10550 马来西亚林吉特。

(2)硕士

学制:2 年。

学费:20500 ~ 23000 马来西亚林吉特。

(三)学校地址及联系方式

地址:马来西亚柔佛州巴株巴辖巴力拉惹(86400)

官网:http://www.uthm.edu.my/v2/

联系电话:607 - 453 - 7000

传真:607 - 453 - 6337

邮箱:pro@uthm.edu.my

十、诺丁汉大学马来西亚分校

(一)学校简介

诺丁汉大学马来西亚分校(The University of Nottingham Malaysia)建于2000年,坐落于马来西亚首都吉隆坡,是英国高校在马来西亚及世界其他地区的首所分校,曾获得2001年度杰出企业"女王奖"和2006年度杰出行业(国际贸易类)"女王奖"。每年吸引

来自本地和70多个国家的数百名学生报读，在校学生约4600人。该校提供从本科、硕士到博士几十种学位和专业文凭课程。

马来西亚校区可授予与英国主校区相同的学位，采用全英文授课。校区配备高质量生活环境与顶尖教学、研究设施。其他校园设施包括居所、专门建造的运动中心和游泳池、学生社团建筑群、商店、图书馆。学生可乘坐巴士或火车抵达吉隆坡或周边海域，可乘坐免费校车离开学校。

（二）留学政策

1. 入学条件

（1）本科

雅思6~6.5分；已完成澳大利亚或加拿大的国际性大学入学资格课程，例如：A-level（英国高中课程）、IB（国际预科证书课程）、SATs（美国学术能力测验，包括推理测验和相关科目测试）并取得合格证书的学生具备攻读第一年学位课程的资格。并且可以通过查找合适的课程获取相关入学条件；持有其他资格证书的学生或转校生视具体情况录取。

（2）硕士

雅思6~7分，视不同专业；本科学历，学士学位，平均分83分以上；部分专业要求至少2年以上工作经验。

学生通过以下两种途径录取：

a. 学生可通过向选定的导师提交研究计划及成绩单进行预申请（可通过浏览相关院系网页上的“People”标签查找导师信息）。在获得该导师批准研究提案后提交正式申请。

b. 未选定导师的学生可立即在线提交申请。

(3)博士

获得东亚地区高校学位的学生视具体情况录取。申请哲学硕士、研究硕士、哲学博士学位的程序基本相同。学生通过以下两种途径录取:

a. 学生可通过向选定的导师提交研究计划及成绩单进行预申请(可通过浏览相关院系网页上的"People"标签查找导师信息)。在获得该导师批准研究提案后提交正式申请。

b. 未选定导师的学生可立即在线提交申请。

2. 专业设置

(1)本科

英语语言文学、创造性英语写作、国际传播学研究、电影与电视的国际传播学研究、亚洲与国际研究、商业经济与金融、银行与金融、财务、会计与管理、管理研究、应用心理学管理研究、经济学、经济与国际经济学、计算机科学、计算机科学(人工智能)、软件工程。

(2)硕士

管理心理学、职业健康与安全领导、应用心理学(研究机会)、应用心理学、工商管理硕士、企业社会责任、创业学、金融学、商务管理学、金融投资学、国际商务学、投资与伊斯兰金融学、商务学、经济学。

(3)博士

商务学、经济学教育学、政治、历史与国际关系、工程学、生物医学科学。

3. 学期设置

一学年分三个学期,秋季学期:2016 年 9 月至 2017 年 1 月;春季学期:2017 年 2 月至 2017 年 5 月;夏季学期:2017 年 5 月至 2017 年 9 月。

4. 学年及学费

(1)本科

学制:3 年。

学费:30280 ~ 50070 马来西亚林吉特。

(2)硕士

学制:1 ~ 3 年。

学费:38040 ~ 65870 马来西亚林吉特。

(3)博士

学制:1 ~ 3 年。

学费:45910 ~ 65870 马来西亚林吉特。

5. 奖学金

学校提供如下奖学金:高成就奖学金、院长卓越奖学金、毕业生奖学金、家庭奖学金 - 校友的孩子奖学金、家庭奖学金(兄弟姐妹奖学金)、家庭奖学金(配偶奖学金)、21 所高校校友(U21)机构奖学金、文学与社会科学学院教授研究生奖学金、第十五周年工商管理硕士卓越奖学金、体育与艺术奖学金。

6. 住宿情况

住宿管理办公室将在学生提交课程申请后立即处理校内住宿申请。

建议尽早提交申请以确保能入住理想的房间类型。学校确保所有首次申请的学生都可以选择校内住宿。

(1)校内住宿

学校提供多种类型的校内住宿，附近的教学设备、生活设施都十分便利。

宿舍卧室均提供网络连接且家具齐全，均聘请有宿管人员/辅导员负责学生的福利并协助解决其他相关问题和困扰。

每层楼均设有食品储藏区，并提供简单的烹调设备。另外，学校还为学生提供清洁服务和洗衣机。对于配有浴室和空调的单间，则根据分表记录的实际月使用量缴纳空调使用费。

每层楼的指定食品区只允许对食品进行简单烹调及加热。建议学生使用自带的烹调器具。不得烹调、使用或在储存区储存任何非清真食品。

(2)校外住宿

①士毛月皇后公园

学校的校外住宿点位于士毛月皇后公园地区，距校园主入口大约 2 千米，两地之间也由一座桥梁连接。

②大学城

大学城坐落于学校正大门对面，是最新的优质校外住宿选择。

那里不仅向学生提供设备齐全的宿舍，同时也提供 24 小时全天候的门卫值班及闭路电视监控。除此之外，大学城中心还为全体人员提供各种娱乐设施，是学生休闲娱乐的好去处。

③教育广场

教育广场位于士 TTS5(毛月皇后公园 5 号)，提供最新的优质校外住宿。它集新型超链接、半独立式的房屋于一体，距学校步行来回不到 3 分钟。

④出租屋

学校还提供设施齐全的出租屋，以满足学生与朋友同住的需求，分别位于 TTS2、TTS5、无线网覆盖区(TTS4)、TTS7(3B 段)以及特里斯公寓。每间宿舍可容纳 6 ~ 8 人。为加强安全系数，夜间有保安巡逻。

(3)2015—2016 年住宿费用

395 ~ 850 马来西亚林吉特。

7. 签证政策

(1)签证与移民

自 2016 年 4 月 1 日起，前来就读的国际留学生可以选择以下方法来申请签证批准函：

选项 A：通过诺丁汉大学马来西亚分校签证办公室申请；

选项 B:直接向马来西亚全球教育服务中心申请。

推荐使用选项 A 进行申请。然而,倾向于选项 B 的学生也可在需要帮助时联系诺丁汉大学马来西亚分校签证办公室。2016 年 4 月已录取者不在新规定的管理范围。

自 2016 年 4 月 1 日起,发行的所有学生通行证在就读所申请课程期间有效(不超过护照有效期)。

分校间的交流生和转校生可参考本部分内容,以了解签证申请过程,也可直接向原校区国际留学办公室寻求帮助。

(2)返校生

在读学生须在现用签证到期前至少 3 个月进行续签。自 2016 年 4 月 1 日起,在读学生可为课程学习更新学生通行证(不超过护照有效期)。

(三)学校地址及联系方式

地址:马来西亚雪兰莪州达鲁伊萨地区士毛月市武来岸(43500)

官网:www. nottingham. edu. my/

电话: +6 (03)8924 8000

传真: +6 (03)8924 8001

十一、多媒体大学

(一)学校简介

多媒体大学(Multimedia University,MMU)前身为马来西亚电讯大学,是由马来西亚政府于 1997 年批准成立的第一所正式称为 University 的私立大学。大学因其现代化的实验室和教学设施、新颖的教学方法、高素质的师资力量及学术研究活动而著称,是一所世界级的大学。同时该大学也是亚太地区硅谷——多媒体超级走廊(MSC)的成员,支持并推动着 MSC 乃至整个国家的发展,使 MSC 和美国硅谷一样的成功。因而,多媒体大学的毕业生受到国内外著名企业的垂青,被誉为“马来西亚的清华大学”,也是中国教育部和中国驻马来西亚大使馆认证院校。

学校分为两个校区，即赛柏再也校区（Cyberjaya Campus）和马六甲校区（Malacca Campus）。赛柏再也校区坐落在多媒体超级走廊所在的赛柏再也（Cyberjaya）区的中心地带，占地120公顷。校区配备了高速的ATM，多媒体教学设施，智能化的校园管理系统。该校区共有5个子学院，以及25个研发中心。该校区周围林立着几百家国际知名企业。同时校区周围拥有新兴的住宅区、超级市场等，为学生创造了便利的学习、生活环境。马六甲校区坐落于世界历史文化名城马六甲，占地52英亩（210436.53平方米），校园内有高层学生宿舍，同时校区外也有宁静的住宅区。其位置临近欣欣向荣的工业区和风景如画的旅游胜地。该校区设有预科教育中心，工程技术学院，信息科学与技术学院，商业与法律学院。拥有尖端先进的设备和经验丰富的教职员工，提供了具有世界水平的教育。

目前，多媒体大学本科在校人数达19291人，其中外国留学生2200多人。他们是来自世界各地64个国家的学生，包括伊朗、日本、中国、美国、南非、印度等国家。[1]

（二）留学政策

1. 入学条件

（1）本科

a. 通过指定单位相关基础课程，最低累计平均绩点不低于2.5，英语达到O级或同等水平；

b. 从指定单位获得相关学位；

c. 达到马来西亚多媒体英语最低要求；

d. 最低平均绩点介于2.0～2.5，但取得通过马来西亚多媒体大学相关领域学位者，可参加严格的内部评估。

（2）硕士

a. 取得多媒体大学或参议院指定单位相关本科学位，且最低平均绩点不低于2.75或同等水平；

b. 取得多媒体大学或参议院指定单位相关本科学位，最低平均绩点介于2.50～2.75，但具有1年以上工作或科研经验者，可参加严格的内部评估；

c. 取得多媒体大学或参议院指定单位相关本科学位，最低平均绩点低于2.50，但具有5年以上相关领域工作经验者，可参加严格的内部评估；

d. 达到多媒体大学最低英语水平要求。

（3）博士

a. 取得多媒体大学或参议院指定单位相关硕士学位；

b. 取得与多媒体大学或参议院指定单位非相关硕士学位，具有2年以上相关工作或科研经验者；

c. 获参议院下批其他与以上要求同等的学术资格者；

---

[1] 360百科：http://baike.so.com/doc/9424496－9764859.html.

d. 达到多媒体大学最低英语水平要求。

2. 专业设置

(1)本科

会计学(荣誉)学士、企业知识管理(荣誉)学士、商务管理(荣誉)学士(市场营销管理方向)、商务管理(荣誉)学士(国际贸易方向)、商务管理(荣誉)学士(人力资源管理方向)、商务管理(荣誉)学士(银行与金融方向)、商务管理(荣誉)学士(多媒体营销方向)、商务管理(荣誉)学士(多媒体管理方向)、分析经济学(荣誉)学士、金融工程学(荣誉)学士、金融学(荣誉)学士、电影艺术(荣誉)学士、多媒体(荣誉)学士(虚拟现实方向)、多媒体(荣誉)学士(界面设计方向)、多媒体(荣誉)学士(动画与视觉效果方向)、多媒体(荣誉)学士(广告设计方向)、多媒体(荣誉)学士(媒体艺术方向)、理学(荣誉)学士(生物信息学方向)、信息技术(荣誉)学士(人工智能方向)、信息技术(荣誉)学士(信息安全技术方向)、信息技术(荣誉)学士(信息技术管理方向)、信息技术(荣誉)学士(数据通信与网络方向)、计算机科学(荣誉)学士(信息系统方向)、计算机科学(荣誉)学士(游戏开发方向)、计算机科学(荣誉)学士(软件工程方向)、工程学(荣誉)学士(电子学专业通信方向)、工程学(荣誉)学士(机械方向)、工程学(荣誉)学士(电子学专业机器人及自动化方向)、工程学(荣誉)学士(电子学专业光学工程方向)、工程学(荣誉)学士(电子学专业纳米技术方向)、工程学(荣誉)学士(电子学专业计算机方向)、工程学(荣誉)学士(电子学专业通信方向)、工程学(荣誉)学士(电子学专业)、工程学(荣誉)学士(电气专业)。

(2)硕士

工程学硕士、理学硕士(信息技术方向)、理学硕士(创意多媒体方向)、哲学硕士(管理方向)、工程学硕士(通信方向)、电气及电子工程硕士、工程学硕士(嵌入式系统方向)、工程学硕士(现代制造管理系统方向)、计算机科学硕士(软件工程和软件架构方向)、多媒体知识管理硕士、多媒体硕士(电子学习技术方向)、工商管理硕士、高级工商管理硕士、会计硕士、理学硕士(可持续系统管理方向)、理学硕士(工程商业管理方向)。

(3)博士

工程学博士、信息技术博士、创意多媒体博士、管理学博士、工商管理博士。

3. 学期设置

每学年分为三个学期,具体如下:

第一学期 6—10 月;第二学期 11 月至第二年 3 月;第三学期 4—6 月。

4. 学年及学费

学年:文凭学位两年半,研究生学位 2 ~ 5 年。

手续费:280 马来西亚林吉特;

国际留学生签证费(包含马来西亚教育国际服务费):3420 马来西亚林吉特;

注册费用:4500 马来西亚林吉特;

押金(可退):1500 马来西亚林吉特;

智能卡:500 马来西亚林吉特;

学费:8000 马来西亚林吉特;

教材费:1000 马来西亚林吉特/ 年;

学生活动费用:110 马来西亚林吉特/年。

5. 奖学金

a. 全部学费的 10%;

b. 只对在基金会、文凭、学位和研究生课程体系内的多媒体大学本地学生或国际学生;

c. 申请者必须满足多媒体大学的最低学术要求;

d. 申请者需提交申请表和家庭关系证明文件;

此外还提供 PERMOHONAN BIASISWA YAYASAN TM 奖学金、eSILA 奖学金等。

6. 住宿情况

①赛柏再也校区

校内:每月 200~250 马来西亚林吉特(2~3 人间)。

校外:单人间每月 300~500 马来西亚林吉特;三居室未装修每月 1500~2000 马来西亚林吉特;三居室简装修每月 1800~2800 马来西亚林吉特。

②马六甲校区

校内:2~3 人间每月 200~250 马来西亚林吉特。

校外:单人间每月 250~450 马来西亚林吉特;三居室未装修每月 800~1200 马来西亚林吉特;三居室简装修每月 1200~1500 马来西亚林吉特。

③努沙再也校区

校内:2 人间每月 450~1000 马来西亚林吉特。

校外:单人间每月 400~1000 马来西亚林吉特;三居室未装修每月 1500~2000 马来西亚林吉特;三居室简装修每月 1800~3000 马来西亚林吉特。

7. 签证政策

多媒体大学签证条件如下:

a. 从移民局获取签证许可书。

b. 一旦签证申请通过,马来西亚移民局将向申请人签发签证许可书。一经收悉,我校将即刻通知申请人,申请人须向学校提供完整的联系地址和联系方式。

c. 入境签证申请:入境前,持签证许可书的申请人须就近在马来西亚大使馆或马来西亚领事馆申请入境签证。

(三)学校地址及联系方式

学校地址:赛柏再也校区:马来西亚吉隆坡州吉隆坡市赛柏再也区

马六甲校区:马来西亚马六甲州马六甲市

努沙再也校区:马来西亚努沙再也

网址:https://www.mmu.edu.my

赛柏再也校区:电话:+603 -8312 5803 / 5092
传真:+603 -8312 5080
马六甲校区:电话:+606 -252 3442 / 3443
传真:+606 -231 8255
努沙再也校区:电话:+607 -509 2177/2030

十二、沙巴大学

(一)学校简介

马来西亚沙巴大学(Universiti Malaysia Sabah,UMS)成立于1994年11月24日,其最初的学院包括科学与技术学院、商业与经济学院和社会科学学院,另外一所知识与语言学习推广中心与这三所学院相辅相成。1995年,该大学的第一批学生205名。新世纪的沙巴大学主校区位于美丽的马来西亚东海岸,坐落在马来西亚第二大洲—沙巴州的首府哥打京那巴鲁市,占地999英亩(4042809.57平方米)。学校共设有12个学院、3个研究所、7个研究中心、5个下属单位,共开设了59个学科的1800种课程,其中包括本科、硕士及博士的学位课程。目前学校共有在校生13000多名、教职员工1000多名。

马来西亚沙巴大学是一个各领域精英辈出的高等教育机构。该校专注于教学及高素质毕业生的输出,致力成为一所具有国际水准的创新型大学。通过教学、科研、出版、社会服务,该校培养具有一技之长又全面发展的高素质学生,使他们能为国家和社会创造价值,并通过他们卓越的学术成就为沙巴大学赢得国际声誉。[1]

---

[1] 360百科:http://baike.so.com/doc/110634 -116717.html.

(二)留学政策

1. 入学条件

(1)本科

沙巴大学国际本科留学生入学条件:

①获得马来西亚高级教育文凭或普通教育证书 A 级

获得普通教育证书 O 级或同等水平凭证;

获得马来西亚高级教育文凭或普通教育证书 A 级或高中毕业证书或其同等证书,至少三门课程获得 C 以上;

马来西亚大学英语测试达到 3 分(MUET)或托福笔试达到 500 分或机考试达到 213 分或网考成绩达到 79 分,或雅思(IELTS)达到 5.5 分;或沙巴大学强化英语预科成绩 B 级以上。

②毕业文凭或同等水平凭证

获得马来西亚政府或大学理事会认可的文凭或同等文凭且累积平均积点 3.00 以上;

马来西亚大学英语测试达到 3 分(MUET),或托福笔试达到 500 分或机考达到 213 分或网考达到 79 分,或雅思(IELTS)达到 5..5 分,或沙巴大学强化英语预科成绩 B 级以上。

③强化英语预科课程(IEPP)

相关英语成绩不达标的申请者需参加时长 3 个月由沙巴大学投资控股有限公司开展的强化英语预科课程。

(2)硕士

①硕士学位(研究型)

获得相关专业学士学位且累积平均积点 2.75 以上或获得沙巴大学及沙巴大学参议院认可的其他高校授予的同等学力;

获得学士学位及同等学力,累积平均积点高于 2.50 低于 2.75 且通过沙巴大学参议院内部评估;

获得学士学位及同等学力,累积平均积点低于 2.50 且有至少 5 年相关领域的工作经验。

②硕士学位(课程学习型)

获得相关专业学士学位且累积平均积点 2.50 以上或获得沙巴大学及沙巴大学参议院认可的其他高校授予的同等学力;

获得学士学位及同等学力,累积平均积点低于 2.50 且有至少 5 年的相关领域的工作经验;

申请者需同时满足相关学院/中心/机构的其他条件。

③硕士学位(混合模式)

获得相关专业学士学位且累积平均积点 2.75 以上或获得沙巴大学及沙巴大学参议院认可的其他高校授予的同等学力;

获得学士学位及同等学力,累积平均积点高于 2.50 低于 2.75 且通过沙巴大学参议院内部评估;

获得学士学位及同等学力,累积平均积点低于 2.50 且有至少 5 年的相关领域的工作经验。

(3)博士

获得沙巴大学硕士学位及沙巴大学参议院认可的其他高校授予的同等学力;

具备其他硕士学位同等资质及沙巴大学认可的相关经历。

2. 专业设置

科学与自然资源学院:保护生物学、工业化学、经济数学、计算机制图数学、环境科学、地理学、电子物理学、水产养殖、海洋科学、生物科技、国际热带森林学、自然公园与娱乐、林木种植与农林、木纤维产业与技术。

工程学院:土木工程、电气与电子工程、化学工程、计算机工程。

食品科学与营养学院:食品科学与营养、食品科技与生物加工、视频服务。

商业、经济与会计学院:创业学、规划与发展经济学、财务管理与银行学、财务经济学、宾馆管理、国际商务学、市场营销学、人力资源经济、旅游管理。

人文、艺术和遗产学院:传播学、劳资关系学、人类学与社会学、国际关系学、地理学、历史学、音乐研究、视觉艺术技术。

心理与教育学院:工业组织心理学、青年与社会发展、咨询心理学、儿童与家庭心理学、社会工作学、英语学教育、体育科学。

国际金融学院:国际商业(金融)、国际金融(国际离岸银行业务)、国际市场营销、国际金融(国际金融经济)、伊斯兰金融。

计算机与信息学学院:信息技术(软件工程)、信息技术(系统与网络管理)、科学(多媒体技术)、信息技术(电子商务)。

可持续农业学院:农业科学(农产品生产)、农业科学(园艺和景观设计)、农业科学(畜牧生产)。

3. 学期设置

每学年分为三个学期。

4. 学年及学费

学年:本科 3 ~4 年,硕士 1 ~2 年,博士 3 年。

学费:

(1)本科生

4 年 23605 ~36869 马来西亚林吉特

（2）研究生

①研究型研究生

学期费用：硕士 3150～3650 马来西亚林吉特，博士3350～3850 马来西亚林吉特。

面试费用：硕士 1000 马来西亚林吉特，博士 1500 马来西亚林吉特。

医疗保险：500 马来西亚林吉特。

人事债券：2000 马来西亚林吉特（可退还）。

②课程学习型（硕士）

学期费用：1850～2250 马来西亚林吉特。

学费：600 马来西亚林吉特/学时。

医疗保险：500 马来西亚林吉特。

人事债券：2000 马来西亚林吉特（可退还）。

5. 住宿情况

马来西亚沙巴大学为学生提供的住宿服务包括安排学生住校或帮助学生联系住所、保健服务、对残疾学生的特殊服务、职业介绍、校内商店、银行和邮局、补助和低价饮食，以及活跃的学生联合会。学校将应要求提供接机服务，同时由国际学生服务中心提供新生住宿安排和其他一系列服务。

马来西亚沙巴大学的部分学生住宿于校园及附近的宿舍，但由于这些宿舍数量有限，大多数学生选择校园以外的公寓。国际学生住宿服务中心会为新生安排临时校园住所，并帮助他们按照自己的意愿挑选长期宿舍。校园内的宿舍费用每周 180～350 澳元不等，为单身宿舍和共享设施。国际学生宿舍有单人和双人宿舍供选择，费用在 298～400 澳元，各个校园内的宿舍按地点和条件费用每周 140～240 澳元。住宿于校园以外，也有多种选择。合租宿舍 80～120 澳元，寄宿家庭 180～280 澳元，自己租公寓费用在 120～300 澳元。

6. 签证政策

学生需在到校前两周提交签证申请并附以下材料：录取通知书、护照复印件、护照照片（2 张）及 10 马来西亚林吉特的印花税。

（三）学校地址及联系方式

学校地址：马来西亚沙巴亚庇，马来西亚沙巴大学沙巴大学路（88400）

网址：www. ums. edu. my/v5/

联系电话：（+6088）320000 / 320474

传真：（+6088）320223

十三、科廷大学马来西亚分校

(一)学校简介

科廷大学马来西亚分校(Curtin University, Sarawak Malaysia)成立于1999年,是由澳大利亚著名的公立科廷理工大学在马来西亚开设的分校,是马来西亚最大、水平最高的的理工科及商科教学基地,也是科廷理工大学的第七个校园即第一所在海外设立的分校。科廷大学马来西亚分校大学,坐落在空旷平原的中部,占地约400公顷,美丽如画,可容纳6000名学生,目前每年有来自10多个国家和地区的近700名国际学生报读,在校学生2000多名,提供20多种学位和专业课程。

就读科廷大学马来西亚分校可以获得澳大利亚名校科廷理工大学的学士与硕士学位,资格及学术水平得到全球一百多所著名大学承认,教学媒介语为英语。分校有丰富的教学经验,教职员素质高,工作积极负责,教学质量一流,分校保证使学生获得与总校一样的教育水准,并获得与总校证书效力同等的学位证书。

(二)留学政策

1. 入学条件

(1)本科

申请人必须提供大学学位及英语语言能力证明。此外,申请人需要满足特定课程的必要条件,一些毕业证书课程需提供相关工作经验。科廷大学所有的课程都是英语授课，申请者必须满足科廷大学对英语语言能力的要求。

以下任何一种语言测试标准都可以作为入读的语言要求：雅思考试－写作、口语阅读和听力的综合成绩6.0分、6.0分、6.5分；托福考试（写作最低4.5分）570分（纸考）或230分（机考）或92分（网考，每部分23分）；科廷大学英语测试（CUTE）B等。

（2）硕士

申请硕士课程，申请人需具有公认学术机构的一级荣誉或二级荣誉学士学位（或同等学力）。

（3）博士

申请攻读博士学位，申请人需取得研究类硕士学位（或同等学力），或取得一级荣誉学士或公认学术机构的二等一级荣誉学位（或同等学力）。持有学士学位的人也可考虑入学，但他们必须具备卓越的学术成就、显著的工作经验和承担重大研究的能力。

2. 专业设置

（1）本科

商业与人文学院：媒体、文化与传播、工商管理学士学位、工商管理、商业学士、会计、会计与金融、会计创业、银行与金融、创业营销、金融、金融和管理、财务和营销、管理和营销、营销和公共关系、公共关系管理、旅游和酒店管理与市场营销双专业。

工程与科学学院：化学工程、土木与建造工程、电子通信工程、电力工程、计算机系统工程、环境工程、机械工程、机电工程、石油工程、计算机系统和网络、应用地质学。

（2）硕士

商业与人文学院：科学（项目管理）、政策科学、哲学硕士（研究型）、哲学硕士（硕士）。

工程与科学学院：工程（电气工程）和新兴电力系统/嵌入式流、哲学硕士（研究型）、化学工程、土木与建造工程、电气和计算机工程、机械工程、应用地质学。

（3）博士

哲学博士（研究型）、化学工程、土木与建造工程、电气和计算机工程、机械工程、应用地质学。

3. 学期设置

学期设置为两个学期，每个学期4~5个月。

4. 学年及学费

学年：本科3~4年，硕士1~5年，博士2~7年。

学费：

学期费用：课程费用2530~25240马来西亚林吉特，本科每年26016~34832马来西亚林吉特，硕士每年3519~6000马来西亚林吉特，博士每年34912马来西亚林吉特。

医疗保险（国际学生强制保险）477马来西亚林吉特/年。

住院押金（可退还）（国际学生）500马来西亚林吉特。

国际学生注册费（不退还）300马来西亚林吉特。

学生签证费（不退还）（国际学生）10马来西亚林吉特。

以上课程费用均不包括教材、住宿及其他学习资料费。

课程费用是按照每年正常全日制200学分收费，除非学校另作说明。学生每年超过200学分，将收取额外课程费用。课程费是按学期计算收取的。

如录取通知书所示，学生的学期课程费，可能会与实际课程费有所不同，是根据单位（学科）收费。指示费只是课程费的大概指南，直到学期入学完成才能确定。

5. 奖学金政策

获得奖学金需满足以下条件：

a. 非马来西亚公民；

b. 科廷理工大学马来西亚分校全日制在校学生；

c.（英国）普通教育证书A级考试2B或同等学力，加入基金80%以上或统考2A和2B；目前认证学生必须有最新80%基金或累积学分绩点3及以上；

d. 积极参与课外活动和社区活动；

e. 家庭经济背景；

f. 目前未获得其他奖学金或贷款（包括私人或政府资助）；

g. 奖励和持续时间；

h. 修完全部学位课程（3～4年，取决于课程学习）的学生有两项奖学金可申请以减免50%课程费。

6. 签证政策

留学学生有责续签签证/护照，逾期逗留将会受到相应惩罚，因此请在截止日期前至少90天到国际部申请延长通行证。马来西亚移民部负责发行管理通行证，科廷大学马来西亚分校国际部会帮助续签签证。

（三）学校地址及联系方式

学校地址：马来西亚沙捞越美里史纳汀

官网：http://international.curtin.edu.my/

联系电话：+60 85 44 3939

传真：+60 85 44 3838

十四、马来西亚北方大学

（一）学校简介

马来西亚北方大学（Universiti Utara Malaysia，UUM）创建于1984年，位于北部的吉打州，校园面积达1061公顷，整个校园被热带雨林围绕，是马来半岛最美丽的大学。学校在校学生2.5万多人，拥有15座学生宿舍楼，学术大楼、图书馆、行政大楼、大礼堂、体育

馆、购物中心等建筑物错落有序，校区内还开发了高尔夫球、露营基地、射箭场、羚鹿园等。北方大学拥有良好的求学环境与设备，是学生们向往的大学。[1]

马来西亚北方大学校园坐落在吉打州新笃，校园占地 1061 公顷，周围被茂盛的热带森林和起伏的山丘环绕，此外，两条河流—新笃河和巴达克河从校园中间穿过，为学校创造了一个愉悦、宁静、田园般的校园环境。

（二）留学政策

1. 入学条件

（1）本科

申请人必须满足以下要求：

a. 获得高中证书/高中毕业证书/其他公立学校的毕业证书（从小学到高中至少上 11 年或 12 年）；

b. 一次性获得普通教育证书（高级水平）；

c. 获得学校评议会认可的任何其他证书；

d. 必须通过托福考试，成绩至少 500 分，通过雅思考试，成绩至少 5.5 分；

e. 获得学校评议会认可的任何其他英语证书；

f. 申请人必须通过数学和英语考试，这样才有资格申请本科课程。

需要注意以下事项：

a. 大学不承认私立学校授予的任何证书；

b. 如果必要的话，申请人有可能会被要求参加面试/学校组织的入学考试；

c. 来自要求通过大学入学考试的国家的申请人必须提交考试成绩的申请表；

d. 申请人应注意，如果只满足最低入学要求，不能保证被大学录取；

e. 不符合以上任何英语要求的国际申请人须通过由马来西亚北北方大学语言中心组织的英文分级考试（ELPT）。

---

[1] 360 百科：http://baike.so.com/doc/5595022 - 5807623.html.

(2)硕士

研究型硕士申请者必须满足如下条件：

a. 获得马来西亚北方大学学士学位或大学评议会承认的其他高校的学士学位，并且累积平均积点至少2.75；

b. 获得马来西亚北方大学学士学位或大学评议会承认的其他高校的学士学位、累积平均积点为2.00～2.74，并具备相关工作经验；

c. 大学评议会承认的其他同等学力；

d. 满足大学评议会设定的英语语言要求。

授课为主的硕士和混合模式的硕士申请者要满足以下条件：

a. 获得马来西亚北方大学学士学位或大学评议会承认的其他高校的学士学位，并且累积平均积点至少2.75；

b. 获得马来西亚北方大学学士学位或大学评议会承认的其他高校的学士学位、累积平均积点为2.00～2.74，并具备相关工作经验；

c. 获得大学评议会承认的任何高校的学位证书、至少有10年的相关工作经验、年龄在35岁或35岁以上，并且通过APEL评估(7级)；

d. 大学评议会承认的其他同等学力；

e. 满足大学评议会设定的英语语言要求。

(3)博士

哲学博士的申请人必须满足如下条件：

a. 获得马来西亚北方大学硕士学位或大学评议会承认的其他高校的硕士学位；

b. 大学评议会承认的其他同等学力；

c. 满足大学评议会设定的英语语言要求。

2. 专业设置

(1)硕士

阿旺赫沙列文理学院：信息和通信技术、信息技术、智能系统、教育硕士、教育管理、校长学、当代马来语研究、咨询、心理学、社会工作、修正学、管理沟通、媒体管理、多媒体研究、交流、统计、决策学、数学、数据分析、历史、伊斯兰研究。

查里沙菲政府学院：社会学、旅游和酒店管理、国际商务、战略研究、政治学、国际关系、国家意识研究。

阿不杜拉商学院：工商管理硕士、金融、保险、银行学、职业安全与健康管理、管理、伊斯兰金融、伊斯兰银行、经营管理、技术管理、会计学、国际会计学。

(2)博士

阿旺赫沙列文理学院：应用语言学、传播学、通信、计算机科学、当代马来语言研究、咨询、决策学、教育学、历史、信息技术、伊斯兰教研究、数学、媒体管理、多媒体、心理学、社会工作、社会研究、统计学。

查里沙菲政府学院：环境研究、国际商务/研究、法学、国家意识研究、政治科学、公共/发展管理、社会学、战略研究、旅游和酒店管理、伊斯兰耶路撒冷研究、边境管理、和平与冲突转化。

阿不杜拉商学院:商业信息系统、规划和管理、领导力、创新和改变、消费者和市场分析、财务分析和政策、可持续和社区发展。

3. 学期设置

本科 7 ~8 个学期,硕士全日制 3 ~6 个学期,博士全日制 4 ~10 个学期。

4. 学年及学费

学年:本科 3 ~4 年,硕士 1 ~5 年,博士 2 ~7 年。

博士总费用 7551 美元。

5. 住宿情况

学校提供除 Tradewinds 宿舍和 Maybank 宿舍外的学生宿舍供学生居住,宿舍提供各种住宿设施。学生可以下载申请表,并将其提交给学生住宿中心作进一步的行动。住宿费每学期 450 马来西亚林吉特。

6. 签证政策

申请者须提交下列文件

a. 学校的录取通知;

b. 2 张护照照片(3.5cm ×5cm);

c. 1 份完整护照复印件(包括特别通行证/出口图章,在适用情况下,护照有效期至少 12 个月(从入境的预期日期算起);

d. 经核证无误的学位证书的复本;

e. 由机构提交的个人担保表格,个人债券的数额是按申请人所在国家规定的,并作为保证金支付给该机构;

f. 撒哈拉以南的非洲学生须提供无异议证书(如果可以)。

(三)学校地址及联系方式

学校地址:马来西亚吉达州新笃马来西亚北方大学(06010)

官网: www. uum. edu. my

联系电话: +604 -928 4000

传真: +604 -928 3053

学校邮箱:servicedesk@ uum. edu. my

十五、拉曼大学[1]

(一)学校简介

拉曼大学(Universiti Tunku Abdul Rahman,UTAR)位于马来西亚首都吉隆坡,成立于2002年6月,是拉曼大学教育基金会创办的一所非盈利高等教育机构。拉曼大学的建校宗旨是成为一所世界知名大学,在提升教育水平的同时,并对社会产生持续影响。拉曼大学的建校目的是为学生提供优质的且收费合理的高等教育。

2002年6月建校伊始,拉曼大学只有一个校区和411名在校生,随着学校的快速发展,目前,拉曼大学拥有雪兰莪州的双溪龙校区和霹雳州的金宝校区,在校生超过25000人。迄今为止,拉曼大学已有超过43000名毕业生,毕业后6个月内,学校毕业生的就业率为97%。

拉曼大学现下设9个学院、4个中心和3个研究院,向学生提供110多门学术课程。在工程和建筑环境、信息和通信技术、生命和物理科学、医学和医疗科学、农业和食品科学、精算学、数学和进程管理、会计学、商学和经济学、艺术、社会科学和教育学,以及创意产业和设计领域拥有预科、学士、硕士和博士学位授予权。

拉曼大学致力于通过自己的研究、开发和商业化(RDC)进程促进不同领域地研究和学术地发展,商业化进程将使拉曼大学成为在教学和科研上领先的大学,具体表现在拉

[1] 原始资料主要由拉曼大学直接提供。

曼大学成立了27个研究中心和全球研究网络，全球研究网络为拉曼大学的全体教职员工提供平台，邀请了来自世界各地的学者、研究人员和技术人员。拉曼大学的本科生研究计划（URS）也开始允许本科生系统地接受拉曼大学的结构化项目，以发现他们在科研项目实施过程中出现的问题并达到培养他们的目的。

迄今为止，拉曼大学已经建立了9条合作线，与银行和金融、环境工程和绿色科技、创意产业、建设管理、医学、经济学、土木工程、农业科学、化学产业进行了密切合作。

为了促进国际交流、研究和培训，到目前为止，拉曼大学已经和210多个国家与地区的高等教育机构或组织以及本地和外国的行业合作伙伴建立了正式的合作关系。

（二）留学政策

1. 入学条件

（1）本科

a. 通过中国全国高等院校统一入学考试（高考），获得高中毕业证书或获得专科学校学位（中专）或获得职业院校学位（高职）或获得大学/学院/广播电视大学/行政干部培训学院/高等教育自学考试专科学位。

b. 英语水平要求：雅思5.5分或托福550分，没有获得英语语言测试成绩的申请人首先需参加英语强化课程（EEP）。

（2）硕士

a. 学士学位课程平均分在满分85%以上；

b. 或具有学士学位、CGPA平均累积积分达到2.75；

c. 或具有学士学位、CGPA平均累积积分为2.50～2.75，经受严格的内部评估；

d. 或具有学士学位、CGPA平均累积积分为2.00～2.50，至少五年的相关工作经验，经受严格的内部评估；

e. 雅思6.5分或托福580分，没有获得英语语言测试成绩的申请人首先需参加英语强化课程（EEP）。

（3）博士

a. 获得硕士学位或同等学力；

b. 雅思6.5分或托福580分，没有获得英语语言测试成绩的申请人首先需参加英语强化课程（EEP）。

2. 专业设置

（1）本科

a. 会计学、商业与经济：会计、银行与金融、建筑与财产管理、企业管理、创业、金融、国际商务、市场营销学、金融经济学、全球经济学。

b. 精算科学、数学及程序管理：精算科学、计算机应用数学、金融数学、物流与国际航运、统计计算学、运筹学。

c. 农业与食品科学：农业科学、食品科学。

d. 艺术、社会科学与教育：汉语研究、英语、广告、新闻、中国媒体新闻、公共关系、企业传播学、早期教育、心理学、英语教育。

e. 创新产业与设计：广播学、媒体与创新研究、数字动漫、游戏设计、游戏开发、图表设计与多媒体。

f. 工程学与建筑环境学：建筑、生物医学工程、化学工程、土木工程、电子与电气工程、电子与通信工程、电子工程、环境工程。

g. 信息与通信技术：商业信息与系统、传播学与网络、计算机网络、计算机科学、信息系统工程、软件工程。

h. 生命与身体科学：生物化学、生物科技、化学、微生物学、物理学。

i. 医药与卫生科学：医药、中国医药、护理学、物理疗法、生物医药科学。

（2）硕士

信息系统硕士、数学硕士、工程硕士、工商管理硕士、项目管理硕士、中文学硕士、传播学硕士、心理学硕士、理学硕士、文学硕士、工程科学硕士、医学硕士、哲学硕士。

（3）博士

哲学博士：理学、工程学、中文学研究、医学、社会科学、计算机科学。

3. 学期设置

实行三学期制：第一学期1—5月；第二学期5月至次年10月；第三学期10月至次年1月。

4. 学年及学费

（1）本科

①商学专业

学制：3～4年。

学费：50000～60000马来西亚林吉特。

②艺术/社会科学/教育学/创新研究/设计学

学制：3年。

学费：48000～51000马来西亚林吉特。

③科学/信息与通信技术/工程学/数学

学制：3～4年。

学费：51000～60000马来西亚林吉特。

d. 医药学和卫生学

护理、物理疗法、中医药学，学制4年，学费76000～98000马来西亚林吉特。

MBBS（临床医学学士），学制5年，学费310000马来西亚林吉特。

（2）硕士

①授课式硕士或混合模式硕士

学制：1～1.5年。

学费：16000～33000马来西亚林吉特。

②研究型模式

学制:2~3 年。

学费:16000 马来西亚林吉特。

(3)博士

学制:3~4 年。

学费:21000~22000 马来西亚林吉特。

5. 住宿情况

拉曼大学会帮助国外留学生在校区附近找到合适的居住地,比如霹雳州的金宝校区以及雪兰峨州的双溪隆校区。

留学生可以选择不同的住宿类型,包括单层房屋、双层房屋、公寓和套间。

拉曼大学校区附近的可居住地有金宝校区、西湖之家、KT 管理学生宿舍、马苏瑞花园、金宝小路、金宝普达娜花园,房租 200~400 马来西亚林吉特/月,依住宿条件而定。还有双溪隆校区、双溪龙镇、皇冠城、敦胡先翁镇、无拉港、加影,房租 200~600 马来西亚林吉特/月,依住宿条件而定。

6. 签证政策

国际申请人必须持有效的学生证明,方可在马来西亚留学。马来西亚教育全球服务中心(EMGS),是马来西亚高等教育部的附属机构,也是一个被授权处理国际学生在马来西亚申请学生证明的一站式机构。除了拉曼大学的入学考试,国际申请人的申请必须得到马来西亚教育全球服务中心(EMGS)的批准。

申请人首先必须提出申请并获得录取通知书,才能获取拉曼大学的学生证明或签证。申请人应在入学前 4 个月提前申请,以获得足够的处理时间。

(三)学校地址及联系方式

金宝校区:马来西亚霹雳州金宝班达尔大学路(31900)

双溪龙城市校区:马来西亚雪兰莪州蕉赖班达尔双溪路(43000)

官网:www. utar. edu. my

邮箱:international@ utar. edu. my

金宝校区电话: +605 -468 8888 / +6016 -2233 557

双溪龙校区电话: +603 -9086 0288 / +60162233 559

十六、莫纳什大学马来西亚分校

(一)学校简介

莫纳什大学马来西亚分校(Monash University Malaysia)位于首都吉隆坡,莫纳什大学

马来西亚分校是马来西亚的第一所外国大学校园,与双威教育集团合作经营。学校为来自70多个不同国家的学生提供了一个独特的、具有国际化和丰富文化的学习环境,拥有来自世界各地的高质量的教职工。学校设有文学与社会科学学院、商学院、工程学院、信息技术学院、Jeffrey Cheah 医学与健康科学学院、药学院、理学院7个学院,提供全方位的课程和研究生课程。

作为一个全球化的大学,莫纳什大学马来西亚分校与世界上100多所大学建立了合作伙伴关系,在澳洲、亚洲、非洲三大洲都建立了分校区,国际流动性计划是其课程的一部分。

莫纳什大学马来西亚分校与各个行业和政府建立了紧密的联系,通过与合作伙伴合作,为学生创造更多的实习机会。学校处于研究和教育的最前沿,寻求现实世界的解决方案,以解决国家和国际的优先事项。校园致力于对社会产生积极的影响,改善人类的状况。

学校建立了6个跨学科研究平台,使该地区的科学家在以下关键领域应对全球挑战:热带医学和生物学、先进工程、清真生态系统、亚洲社会经济转型、莫纳什市大脑研究所、多学科健康和人口监测点,以及东南亚共同体天文台。

莫纳什大学马来西亚分校拥有完备的餐饮设施、食品店、健身房和室外游泳池,学生可以利用许多俱乐部和社团,举办比赛或文化节等多种活动。

(二)留学政策

1. 入学条件

(1)本科

①学术入学条件

本科学士学位规定获得大学预科资格的最低分数。一些课程也可能有先决条件。计算入学分数的方法是基于一系列的大学预科资格证明。另一种申请就读学士学位可供选择的途径是获得高等教育文凭。申请者可通过此项为期一年的项目，进入文学与社会科学学院、商学院、信息技术学院及理学院共4个学院学习，并取得进行所选学位第二年学习的资格。

②英语语言能力

莫纳什大学所有学术项目要求申请者具备良好的英语语言能力。申请者可通过下列方式证明自己的英语语言能力：学习英语12年或同等学力或就读于英语作为工作语言的学校或参加英语能力测试或参加莫纳什英语桥项目，若申请者一定时期内达到多项英语语言能力要求，仅须提供最新英语语言能力证明。

③年龄要求

申请者注册时年龄须为17岁（含）以上。

特殊情况除外：申请者注册时须16周岁（含）以上，且在维多利亚州教育证书课程中达到澳大利亚12年级全国统一入学级别（ENTER）至少95分的水平。或者，申请者注册时16周岁（含）以上，未在维多利亚州教育证书课程中达到澳大利亚12年级全国统一入学级别（ENTER）至少95分的水平，但获得相关院系领导的批准。或者，申请者未满16周岁，但已在维多利亚州教育证书课程中达到全国统一入学级别至少95分的水平且获得相关院系领导的批准。

延期保留：若申请者未满足年龄要求，但已获得入学资格，其资格可以延期保留。当年龄符合要求时，可入学就读。此项适用于特殊情况。

（2）硕士

①学术入学条件

研究生课程学位通常规定，申请者须完成本科或硕士学习并通过考核，有时还需附上研究结果并完成预科科目的学习。

②英语语言能力

莫纳什大学所有学术项目要求申请者具备良好的英语语言能力。申请者须同时提交入学申请与充分的文件材料，证明自己的英语语言能力，以便日后录取和申请奖学金。具体要求如下：

雅思（仅限学术英语）：总分6.5分（单科均不低于6.0分）。

托福（笔考）：总分577分以上，写作考试5.0分。

托福（网考）：总分91分以上，写作考试25分，口语、阅读、听力22分。

皮尔森学术英语考试：总分58分以上，口语交际50分及以上。

剑桥英语：总分176分以上所有技能不低于169分（注册前超过两年的测试将不被接受）。

③年龄要求

申请者注册时年龄须为17岁（含）以上。

特殊情况除外：申请者注册时须16周岁（含）以上，且在维多利亚州教育证书课程中达到澳大利亚12年级全国统一入学级别（ENTER）至少95分的水平。或者，申请者注册时16周岁(含)以上,未在维多利亚州教育证书课程中达到澳大利亚12年级全国统一入学级别(ENTER)至少95分的水平,但获得相关院系领导的批准。或者,申请者未满16周岁,但已在维多利亚州教育证书课程中达到全国统一入学级别至少95分的水平且获得相关院系领导的批准。

延期保留:若申请者未满足年龄要求,但已获得入学资格,其资格可以延期保留。当年龄符合要求时,可入学就读。此项适用于特殊情况。

(3)博士

①学术入学条件

哲学博士,哲学硕士以及其他研究型学位都通常规定,申请者须获得学士或硕士学位,并附上研究材料及结果。

②英语语言能力

莫纳什大学所有学术项目要求申请者具备良好的英语语言能力。申请者须同时提交入学申请与充分的文件材料,证明自己的英语语言能力,以便日后录取和申请奖学金。具体要求如下:

雅思(仅限学术英语):总分6.5分(单科均不低于6.0分)。

托福(笔考):总分577分以上,写作考试5.0分。

托福(网考):总分91分以上,写作考试25分,口语、阅读、听力22分。

皮尔森学术英语考试:总分58分以上,口语交际50分及以上。

剑桥英语:总分176分以上所有技能不低于169分(注册前超过两年的测试将不被接受)。

③年龄要求

申请者注册时年龄须为17岁(含)以上。

特殊情况除外:申请者注册时须16周岁(含)以上,且在维多利亚州教育证书课程中达到澳大利亚12年级全国统一入学级别(ENTER)至少95分的水平。或者,申请者注册时16周岁(含)以上,未在维多利亚州教育证书课程中达到澳大利亚12年级全国统一入学级别(ENTER)至少95分的水平,但获得相关院系领导的批准。或者,申请者未满16周岁,但已在维多利亚州教育证书课程中达到全国统一入学级别至少95分的水平且获得相关院系领导的批准。

延期保留:若申请者未满足年龄要求,但已获得入学资格,其资格可以延期保留。当年龄符合要求时,可入学就读。此项适用于特殊情况。

2. 专业设置

(1)本科

文学与社会科学学院:文学与社会科学学士、传播与媒体研究学士、文学学士(荣誉学位)、通信学士(荣誉学位)。

商学院:商科与商业学士、商科与商业学士(荣誉学位)、双学位－商科与商业学士及传播学士。

工程学院:工程学士。

信息技术学院:计算机科学学士。

Jeffrey Cheah 医学与健康科学学院:医学学士与外科学士(荣誉学位)、心理学与商科学士、心理学与商科学士(心理学)(荣誉学位)、医学学士(荣誉学位)、心理学学士。

药学院:药学学士。

理学院:理学学士、医学生物学学士、食品科学与技术学士、理学学士(荣誉学位)。

(2)硕士

文学与社会科学学院:传播与媒体研究硕士、文学硕士。

商学院:商科与商业研究生文凭、工商管理硕士、国际商务硕士、哲学硕士。

工程学院:高级工程硕士(能源与可持续发展)、工程学硕士。

信息技术学院:商务信息系统硕士、哲学硕士。

Jeffrey Cheah 医学与健康科学学院:生物医学硕士。

理学院:理学硕士。

3. 学期设置

实行三学期制:第一学期 2—5 月;第二学期 6—10 月;夏季学期 11 月至次年 2 月。

4. 学年及学费

(1)本科

①文学与社会科学学院

学制:一般学位 3 年,荣誉学位 1 年。

学费:37400 马来西亚林吉特。

②商学院

学制:一般学位 3 年,荣誉学位 1 年,双学位 4 年

学费:38500 马来西亚林吉特。

③工程学院

学制:4 年。

学费:48400 马来西亚林吉特。

④信息技术学院

学制:3 年。

学费:40700 马来西亚林吉特。

⑤Jeffrey Cheah 医学与健康科学学院

学制:一般学位 3 年,荣誉学位 1 年(医学学士与外科学士的荣誉学位是 5 年)。

学费:37312 ~ 106700 马来西亚林吉特。

⑥药学院

学制:4 年。

学费:53900 马来西亚林吉特。

⑦理学院

学制：一般学位3年，荣誉学位1年。

学费：45100马来西亚林吉特。

（2）硕士

①文学与社会科学学院

学制：全日制1.5年，非全日制2年。

学费：研究学位44308马来西亚林吉特；课程学位52470马来西亚林吉特。

②商学院

学制：全日制1年或1.5年，非全日制3年。

学费：研究学位37312～44308马来西亚林吉特；课程学位58300～72600马来西亚林吉特。

③工程学院

学制：课程学位，全日制1.5年，非全日制3年；研究学位，全日制2年，非全日制4年。

学费：研究学位44308马来西亚林吉特；课程学位52800马来西亚林吉特。

④信息技术学院

学制：课程学位，全日制1.5～2年（视预科资格而定），非全日制4年；研究学位，全日制2年，非全日制4年。

学费：研究学位44308马来西亚林吉特；课程学位58300马来西亚林吉特。

⑤Jeffrey Cheah医学与健康科学学院

学制：全日制2年，非全日制4年。

学费：44308马来西亚林吉特。

⑥理学院

学制：全日制2年。

学费：44308马来西亚林吉特。

（3）博士

①文学与社会科学学院

学制：全日制3年（6学期），非全日制6年（12学期）。

学费：44308马来西亚林吉特。

②商学院

学制：全日制3年（6学期），非全日制6年（12学期）。

学费：44308马来西亚林吉特。

③工程学院

学制：全日制3年（6学期），非全日制6年（12学期）。

学费：44308马来西亚林吉特。

④信息技术学院

学制:全日制 4 年,非全日制 8 年。

学费:44308 马来西亚林吉特。

⑤Jeffrey Cheah 医学与健康科学学院

学制:全日制 3 年,非全日制 6 年。

学费:44308 马来西亚林吉特。

⑥理学院

学制:全日制 3 年,非全日制 6 年。

学费:44308 马来西亚林吉特。

5. 奖学金政策

(1)本科

莫纳什大学马来西亚分校针对本科生设置公正奖学金、学术奖学金、莫纳什医学学士奖金、莫纳什药学卓越奖学金、心理学学士奖学金。

(2)硕士

莫纳什大学马来西亚分校针对硕士生设置荣誉学位奖学金、校友奖学金、专业辅导硕士奖学金、高级工程硕士(能源与可持续发展)奖学金、研究学位奖学金。

(3)博士

莫纳什大学马来西亚分校针对博士生设置研究学位奖学金。

6. 住宿情况

申请者可选择校内、校外住宿,但校方建议入住莫纳什双威校内小区,享受便利。由于校外住宿通常实行租金年缴制度,几乎所有的留学生和交换生均申请校内住宿。

(1)莫纳什双威校内小区住宿——校内住宿

此处提供的校内住宿信息仅适用于留学生和交换生。莫纳什双威校内小区的详细信息及申请流程将付在交换或留学录取通知中。

在已完成住宿申请后,所有留学生和交流生将确保入住莫纳什双威校内小区。由于莫纳什留学办公室负责安排校内住宿,所有申请及支付事宜只能通过莫纳什留学办公室办理。

申请者确定校内住宿后,莫纳什双威校内小区将为其提供良好的校内留学体验。申请者可入住拥有每单元 8 间单间的 22 层 A 楼。A 楼每单元设有公共浴室/厕所,内设 3 个淋浴喷头,2 个马桶。B 楼通常为长期租赁,不供交换生和留学生选择。单间租金为 5750 马来西亚林吉特/学期,需先缴纳押金 1500 马来西亚林吉特,办理费用为 300 马来西亚林吉特。所有费用均以马来西亚林吉特计算,租金一学期一付,收到交换或留学录取通知后,尽快支付给莫纳什大学马来西亚分校。租金包含水电费 200 马来西亚林吉特/月。押金可退(根据学期情况而定),办理费不退。莫纳什大学分校间交换生只需交纳押金和办理费。

(2)校外住宿

选择校外住宿者应在离开其祖国前安排好住宿,建议在未亲自考察住宿情况前,不与房东签订协议或付款。

选择校外住宿者可在抵达马来西亚前提前了解相关信息，建议将寻找范围缩小至雪兰莪州的班达尔双威镇，便于乘车至校区。

为了便于乘车至校区，建议申请者选择新开通的快速公交双威线沿线区域居住。此条线路设有 7 个站点，包括莫纳什大学、双威医疗中心及双威水上乐园等站点。另外，也可乘此线路去往实达再也火车站，轻松往来于首都吉隆坡。快速公交运行时间为每天早上 6:00 至中午 12:00，全年运行。

7. 签证政策

（1）学生通行证

所有就读于马来西亚的国际留学生均需获得学生通行证。马来西亚移民局发行并管理此通行证，但通行证的申请则需通过莫纳什大学马来西亚分校。

学生通行证有效期为 1 年，就读时间短于一年的则视情况调整，就读时间多于两学期的，学生通行证需进行年审。

若无学生通行证，学校无法提供莫纳什大学学号，申请者也无法以留学生身份在马来西亚留学。另外，由于来自不同国家，或许申请者需办理入境签证。

新留学生的学生通行证审核批准期为 6 周，马来西亚其他高校的转校生审核批准期为 8 周。申请者收到录取通知后，请尽快申请学生通行证，以便开启莫纳什大学马来西亚分校学习之旅。

（2）入境签证

国际留学生还需在进入马来西亚留学前获得单程入境签证。为了便于申请单程入境签证，需向学生所在国最近的马来西亚大使馆/领事馆提交以下材料：IM47 签证申请表格、录取通知书（莫纳什大学马来西亚分校提供）、学生通行证/签证获批函（马来西亚移民局签发）、落地签证获批函（马来西亚移民局签发）、健康检查及保险。

（3）健康检查

根据马来西亚学生通行证（签证）规则，国际留学生须在马来西亚进行健康检查，并一次性缴纳医疗保险。初到马来西亚时，作为学生通行证批准过程一部分，建议申请者在马来西亚教育全球服务机构（EMGS）专家门诊进行健康检查。

（三）学校地址及联系方式

地址：马来西亚雪兰莪州 Jalan Lagoon Selatan　Bandar Sunway（47500）

官网：http://www.monash.edu.my/

联系电话：+60 3 5514 6000

传真：+60 3 5514 6001

邮箱：mum.info@monash.edu

十七、英迪国际大学

(一)学校简介

英迪国际大学(INTI University & College,INTI)横跨马来西亚中部、北部和东部,始建于1986年,目前是马来西亚民办高等教育产业中最受推崇和认可的一所大学,拥有超过25年的卓越教育,现已成为优质教育的重要提供者,莘莘学子走出校门后纷纷取得成功。在过去的三十多年里,为了保证学生能够学到真正的技能,以及培养其制胜精神,英迪国际大学与很多世界一流高校及重点企业建立了良好合作关系。劳瑞德国际大学联盟为在英迪国际大学学习带来很大便利。劳瑞德国际大学联盟是全球最大、发展最快的私立大学联盟,为英迪国际大学提供获取世界一流的全球资源、实践、教学法、国际师资以及管理设施的渠道。

英迪国际大学下属设有5个校区,分别是汝来校区、梳邦校区、吉隆坡校区、槟榔屿校区、沙巴校区。学校致力于为所有的学生准备21世纪所必需的技巧,包括沟通、合作、批判性思维、创新,以使学生能够获得成功。学校提供全球公认的世界一流的教育,具有马来西亚高等教育部(MOHE)和马来西亚资格机构(MQA)认证的100多种项目,为学生提供必要的技能、知识和经验,使其在一个快速变化的世界中取得成功。

(二)留学政策

1. 入学条件

高中3年入学考试(12年);

职业高中/职业中学(11年或12年学校教育);

高中2年(11年学校教育)。

2. 专业设置

(1)大学预科和基础

基础商业信息技术、理科预修、文科预修。

(2)本科

a. 商务:商业文凭、会计文凭、工商管理(荣誉)学士学位、国际商务(荣誉)学士学位、会计(荣誉)学士学位、市场营销(荣誉)学士学位、人力资源(荣誉)学士学位、金融(荣誉)学士学位、财务规划(荣誉)学士学位、会计(荣誉)学士学位。

b. 大众传媒:大众传媒(荣誉)学士学位。

c. 工程学:机械工程大专、土木工程大专、工程量估计文凭、机械工程(荣誉)学士学位、土木工程(荣誉)学士学位、工程量估计(荣誉)学士学位。

d. 计算机:信息与通信技术文凭、计算机科学(荣誉)学士学位(计算机网络/网络安全/软件工程)、信息技术(荣誉)学士学位(商务智能)。

e. 生物科技:生物科技(荣誉)学士学位。

f. 健康科学:传统中国医学(荣誉)学士学位、物理治疗(荣誉)学士学位。

(3)硕士

工商管理硕士学位。

3. 学期设置

实行三学期制:第一学期1—4月;第二学期5—7月;夏季学期8—12月。

4. 学年及学费

(1)大学预科

学制:1年。

学费:18500~18800马来西亚林吉特。

(2)本科

①商务

学制:文凭课程2年,学位课程3~4年。

学费:文凭课程33700马来西亚林吉特,学位课程70360~82425马来西亚林吉特。

②大众传媒

学制:3年。

学费:66550马来西亚林吉特。

③工程学

学制:文凭课程2.5年,学位课程4年。

学费:文凭课程41200~41500马来西亚林吉特,学位课程81800马来西亚林吉特。

④计算机

学制:文凭课程2年,学位课程3年。

学费:文凭课程35230马来西亚林吉特,学位课程66500马来西亚林吉特。

⑤生物科技

学制:3 年。

学费:72000 马来西亚林吉特。

⑥健康科学

学制:4 ~5 年。

学费:95500 ~ 142215 马来西亚林吉特。

(3)硕士

学制:全日制 1 年,非全日制 2 年。

学费:32500 马来西亚林吉特。

5. 住宿条件

学校为学生提供学生公寓,坐落在校园内,为了提供舒适的生活环境,学生公寓有单人间或双人间可供选择。

宿舍分为双人间(亚里士多德楼、达尔文楼、爱因斯坦楼、弗莱明楼、牛顿楼、巴斯德楼、东古阿普杜勒拉赫曼楼及莎士比亚楼)和单人间(甘地楼、海森堡楼、詹纳楼、凯恩斯楼及孟德尔楼),装有空调的豪华单人间或双人间(贝多芬公寓及莎士比亚公寓),以及装有空调和未装空调的单/双人间(孔子公寓),学生在学校和公寓内可享受如下设施:24 小时免费上网、每一层楼都有公共浴室及卫生间、每一层楼都有饮水装置(贝多芬楼除外)、活动室供讨论或小组合作的公共区、餐厅、自修室、配有电视的休息室、简易厨房、24 小时保安值守、学生中心(迷你超市、移动电话及配件、英迪书店、自助餐馆、面包店、理发店、自助取款机、零售店、室内体育场)、投币洗衣机。

每套公寓都会提供学习桌椅、床及床垫、软质纤维绝缘板、衣柜、吊扇、提供热水的浴室及卫生间(仅限于贝多芬楼及莎士比亚楼)、迷你冰箱(仅限于贝多芬楼及莎士比亚楼)、电热水壶(仅限于贝多芬楼及莎士比亚楼)、鞋架(仅限于贝多芬楼及莎士比亚楼)、书架(仅限于贝多芬楼及莎士比亚楼)。

6. 签证政策

申请之后学校会发放录取通知书,收到后,学校会在马来西亚代为递交你的签证到马来西亚全球服务(EMGS)机构。此过程为 1 ~2 个月。在收到马来西亚移民局下发的学生签证批准通知后,在签证通知原件下发之前,须交预付款 16000 马来西亚林吉特。只申请单程签证的学生,在入境之前须带上签证批准通知书原件及护照就近到马来西亚大使馆/领事馆申请单程签证(价格会有所变动,学校不能提前告知)。

(三)学校地址及联系方式

地址:马来西亚森美兰州汝来 Persiaran Perdana BBN(71800)

官网:www. newinti. edu. my

联系电话:(606)798 200

传真:(606)799 7536

十八、双威大学

（一）学校简介

双威大学（Sunway University，Sun－U，原名双威学院）是因意识到高等教育对民族进步至关重要而成立。最早成立于1987年，2011年，双威大学正式成为一所大学，随着学校的快速发展，双威大学已经成为一个拥有最先进的建筑与尖端的学术设施的大学。

双威大学位于马来半岛西海岸中部的雪兰莪州，设有双威大学商学院、科学技术学院、文科学院、美国教育中心、创新和产业联系中心、英语语言研究中心、旅游，酒店和烹饪管理中心、晶体材料研究中心、双威社会创业研究所、Jeffrey Cheah东南亚研究所。

双威大学校园设施堪称马来西亚学院之最。校园全天覆盖无线网络，教室、图书馆、咖啡厅等地皆可使用。双威大学重视学生安全，设立了24小时安保人员。双威大学大多数项目具有实习部分，成功地弥合了学生生活和工作世界之间的差距。学校有超过90个国家代表，让你成为一个增长和多样化的全球社会的一部分。双威大学的愿景是成为国际一流的大学，使命是培养全面发展，致力于知识的发现、发展、传播和应用，以符合社会和国际社会的需要。其教育目标是使学生成为独立的、积极追求知识的终身学习者，将其应用到经济、政治、社会和文化发展中；使学生拥有有助于适应快速变化的经济、社会和技术世界的能力；培养学生较强的领导能力和沟通能力，为职业生涯做好准备，使他们能够领导生产，使生活过得充实而有意义；塑造其价值的完整性，并成为具有道德、责任、关心和责任的社会成员。

（二）留学政策

1. 入学条件

（1）本科

攻读本科课程，学生应具备 GCE A 级 10 分，或经认证的相当于 12 年的最低 70% 的成绩；

英语要求：双威大学 IEP 等级达到 4 级 65%；或剑桥英语达到 O 级（1119）；或达到雅思 6.0 分；或达到托福纸考 550 分或机考 213 分或网考 80 分；或 PTE 学术英语考试总体 50 分（每个技能最低 46 分）；或 PTE 学业成绩每个技能达到 46 分；或大学预科英语课程达到满意程度。

（2）硕士

攻读研究生课程的学生应有公认的学历，以及两年以上的工作经验；

英语要求：达到雅思 6.0 分；或达到托福纸考 550 分或机考 213 分或网考 80 分或同等水平；或 PTE 学术英语考试总体 50 分（每个技能最低 46 分）；或 PTE 学业成绩每个技能达到 46 分。

（3）博士

具有相关领域硕士学位或同等学力；

英语要求：哲学博士（计算机）、物学哲学博士要求达到雅思 6.0 分，或达到托福纸考 550 分或机考 213 分或网考 80 分或同等水平，或 PTE 学术英语考试总体 50 分（每个技能最低 46 分）；哲学博士（商业）要求达到雅思 7.0 分，或达到托福纸考 600 分或机考 250 分或网考 100 分，PTE 学术英语考试总体 64 分（每个技能最低 58 分），或同等学力。

2. 专业设置

（1）本科

商学院：精算学（荣誉）、会计金融学（荣誉）、工商管理（荣誉）、财务分析（荣誉）、金融经济学（荣誉）、市场营销（荣誉）、商学（荣誉）。

科学技术学院：心理生物学、医药生物技术、计算机科学、信息系统学（商业分析）、信息系统学、信息技术（计算机网络与安全）、信息技术、心理学。

文学院：传媒学、数字电影制作（荣誉）、现代音乐（音频制作）。

（2）硕士

计算机科学（研究）、信息系统学、生命科学、心理学。

（3）博士

哲学博士（计算机）、物学哲学博士、哲学博士（商业）。

3. 学期设置

一般情况实行两学期制：第一学期 1—6 月；第二学期 7—12 月。

本科文凭学制入学时间：1 月、5 月、8 月；

本科学位入学时间：1 月、5 月、8 月；

研究生学位入学时间:5 月、8 月。

4. 学年

本科文凭学制:2.5 年。

本科学制:3 年(全日制)。

硕士学制:2 年(全日制),3 年(非全日制)。

博士学制:3 年(全日制),4 年(非全日制)。

5. 奖学金政策

双威大学为学生设立多种奖学金,具体有:Jeffrey Cheah 新生奖学金、Jeffrey Cheah 持续型奖学金、双威大学和兰卡斯特大学校长奖学金、双威大学杰出奖学金、Jeffrey Cheah 基金奖学金、Jeffrey Cheah 社区奖学金、Jeffrey Cheah 旅游基金(给哈佛学习的东南亚学生)、双威运动奖学金、双威音乐达人奖学金、Jeffrey Cheah 基金—双威团体奖学金,以及当地媒体资助的奖学金,如星洲日报教育基金、星报奖学金基金、马来西亚高校奖学金计划、Biasiswa 双威每日新闻报提供的奖学金。

6. 住宿情况

双威大学为学生提供宿舍。蒙纳士宿舍具有空调、浴室等基本设施,单人间租金 3450 马来西亚林吉特/季度;单人套间 4950 马来西亚林吉特/季度。双威大学住所具备空调、覆盖无线的自习室、自助洗衣机、便利店等众多基础设施,分为 2 人间、4 人间。2 人间(带空调)2340 马来西亚林吉特/季度,4 人间(靠门)1140 马来西亚林吉特/季度,4 人间(靠窗)1350 马来西亚林吉特/季度。

(三)学校地址及联系方式

地址:马来西亚雪兰莪州 No. 5, Jalan University, Bandar Sunway, 47500

官网:http://sunway. edu. my/

联系电话: +66(0)2599 0000 ext. 2

学校邮箱:info@ sunway. edu. my

十九、林国荣创意科技大学

(一)学校简介

林国荣创意科技大学(Limkokwing University of Creative Technology, LUCT),成立于 1991 年,位于马来西亚首都吉隆坡近郊,是一所隶属于林国荣国际教育集团的在马来西亚居领导地位的私立学院。学院距吉隆坡国际机场 60 分钟车程,距世界著名的双峰塔 40 分钟,交通便利,便捷的公路网和轻快铁(LRT)穿行其间,周边商业中心和服务设施林立,能满足学校的各种需求。

该校是第一家拥有马来西亚多媒体超级走廊资格的高校，下设3家分院，每年有来自20多个国家和地区的近千名学生报读，在校学生近3000名，提供10多种学位和专业课程，包括世界著名大学的学士学位课程，并可将学分转移至澳大利亚继续深造，资格及学术水平受到世界承认（全球超过50所著名大学的认可）。该校拥有十多年的教学经验，教职工素质高，工作积极负责，教学质量一流。国际留学生占总学生人数的60%，中国学生占40%[1]。

（二）留学政策

1. 专业设置

（1）本科

文学（荣誉）学士学位（园林建筑学方向）、文学（荣誉）学士学位（城市规划与设计方向）、文学学士学位（室内设计方向）、土木工程学士学位、（建筑学）理学学士学位、理学（荣誉）学士学位（建筑工程管理专业）、伊斯兰银行及金融（荣誉）学士学位、银行与金融（荣誉）学士学位、商业创新（荣誉）学士学位、运动、健康与健身管理（荣誉）学士学位、旅游管理（荣誉）学士学位、商学（荣誉）学士学位（会计学方向）、商学（荣誉）学士学位（创业学方向）、商学（荣誉）学士学位（酒店管理方向）、商学（荣誉）学士学位（人力资源管理方向）、商学（荣誉）学士学位（国际贸易方向）、商学（荣誉）学士学位（物流管理方向）、商学（荣誉）学士学位（市场营销方向）、商学（荣誉）学士学位（不动产金融方向）、工商管理（荣誉）学士学位、文学（荣誉）学士（工业设计方向）、创意影像文学（荣誉）学士学位（数码摄影方向）、设计学（荣誉）学士学位（专业设计方向）（视觉传达）、交通设计（荣誉）学士、计算机科学（荣誉）学士、移动计算机技术计算机科学（荣誉）学士学位、商务信息技

---

[1] http://www.limkokwingchina.com/detail.asp? id=115.

术理学(荣誉)学士学位、理学(荣誉)学士学位(电子商务方向)、理学(荣誉)学士学位(游戏技术方向)、理学(荣誉)学士学位(信息与视觉运算方向)、理学(荣誉)学士学位(信息与通信技术方向)、理学(荣誉)学士学位(信息技术方向)、理学(荣誉)学士学位(多媒体软件工程方向)、理学(荣誉)学士学位(科技创业方向)、文学(荣誉)学士学位(动画专业)、创意多媒体文学(荣誉)学士学位、游戏艺术发展文学(荣誉)学士学位、文学(荣誉)学士学位(游戏设计专业)、文学(荣誉)学士学位(动态图像与视觉效果专业)、文学(荣誉)学士学位(广播电视新闻专业)、文学(荣誉)学士学位(数字电视和电影专业)、文学(荣誉)学士学位(会展管理专业)、文学(荣誉)学士学位(专业沟通方向)、文学(荣誉)学士学位(数字媒体专业)、文学(荣誉)学士学位(会计与金融专业)(3+0)、文学(荣誉)学士学位(工商管理专业)(3+0)、文学(荣誉)学士学位(平面设计专业)(3+0)、文学(荣誉)学士学位(商务信息技术专业)(3+0)、文学(荣誉)学士学位(计算机技术专业)(3+0)。

(2)硕士

文科硕士学位(创新管理专业)、工商管理硕士学位(实业学方向)、工商管理硕士(财务与金融方向)、文科硕士学位(国际当代艺术与设计实践专业)、传媒学硕士、工商管理硕士(通信与公共关系方向)、建筑学硕士、文科硕士学位(时尚品牌管理专业)、数字电影与电视硕士、管理学博士、商务管理(商务创新)文科硕士学位、项目管理硕士、工商管理硕士(综合管理方向)、工商管理硕士(人力资源管理方向)、工商管理硕士(项目管理方向)、信息系统硕士、理科硕士(计算机网络专业)、理科硕士(软件工程专业)、理科硕士(软件管理专业)、工商管理硕士(多媒体管理方向)、工商管理硕士(体育管理方向)、工商管理硕士(旅游休闲管理方向)。

2. 入学条件

(1)本科

a. 获得高中文凭,成绩 A 等;

b. 如已达到入学条件,还需有学生签证。

(2)硕士

a. 获得大学本科文凭,成绩 A 等;

b. 如已达到入学条件,还需有学生签证。

3. 学期设置

(1)本科

总学制为 3 年,每年 2 个学期。少量专业(如:文学(荣誉)学士学位(动态图像与视觉效果专业))学制为 4 年,每年 2 个学期。

(2)硕士

总学制为 2 年,每年 2 个学期。

4. 奖学金政策

该校的奖学金主要有林国荣基金奖学金,该奖学金覆盖全校所有大文凭课程和学位课程 20% 的学生，一年评比一次，马来西亚学生和留学生均可申请。

5. 住宿情况

该校宿舍分为 A、B 两区，皆提供单人间和双人间两种房型，其中 A 区单人间住宿费为每人 1150 马来西亚林吉特，双人间住宿费为 500 马来西亚林吉特；B 区宿舍单人间每人 650 马来西亚林吉特，双人间 400 马来西亚林吉特。

6. 签证政策

马来西政府决定，2014 年 1 月 1 日起，所有持有学生证的留学生必须有学习签证才能到马来西亚学习。因此，所有留学生都必须获得签证才能进入马来西亚。护照的有效期至少为 18 个月（即一年半）。

申请学生证时，应整理好所有相关证件并将其发送给学校的市场顾问，市场顾问会将其递交到马来西亚移民局处理。注意：签证批准通知书审核时间为 6 ~ 8 周。

移民局审核通过后，学校就发签证批准通知书。所有新生必须就近到马来西亚大使馆（最好到你所在的国家大使馆）申请"单程签证"。

签证批准通知书有效期仅为 6 个月。学生须申请到"单程签证"并在签证批准通知书到期前一个月抵达马来西亚。

一旦申请到"单程签证"，须在出国前 7 个工作日告知学校行程安排，并带上签证批准通知书复印件一份。

在签证批准通知书到期前的 23 天，学生须交护照到签证处。如果递交护照时间少于 23 天，须交罚金 1800 马来西亚林吉特。

应马来西亚政府要求，留学生须做两项体检/医学检查。第一次健康体检：出国前留学生需在各自国家进行体检，学生需请医生填写体检表，并立即将复印件发送到学校。在到达马来西亚时，体检表原件需交予大学签证处。第二次体检：到达马来西 7 天内，所有留学生须进行第二次体检，并将此次体检表全部填完。

（三）学校地址及联系方式

地址：马来西亚赛城

联系电话：+（603）8317 8888

传真：+（603）8317 8888

网站：http://www.limkokwingchina.com/

二十、世纪大学

（一）学校简介

马来西亚世纪大学（SEGi University College），是马来西亚国内私立高等教育院校的

典范，耗资3亿马来西亚林吉特兴建，占地10英亩(40468.56平方米)，坐落在哥打白沙罗，校内设有学术、研究和休闲设施，为该分校区的12000名学生提供全面舒适的学习环境。学校共有27000名学生。

该学校第一家Systematic学院坐落在吉隆坡市中心，以提供专业资格为主。2007年，世纪集团耗资3亿元人民币建设世纪大学旗舰校园，即马来西亚世纪大学KD总校，这所旗舰校园开启了世纪大学新的里程碑，占地60英亩(242811.38平方米)的院校坐落在吉隆坡哥打白沙罗。2008年，学校获得马来西亚高等教育部MQA颁发的证书，升格为大学。从学院升格为大学是一个质的提升，他的基本要求有学校规模、课程的广泛程度、学生人数、教师人数、教师中的硕士、博士人数等。至此，世纪大学可以提供自己的本科及硕士学位，为学生提供更多求学选择。2010年，经世纪大学授权在中国(济南)成立官方办事处，主要负责世纪大学总校与中国院校的合作办学工作。

学校能在校园内满足学生们所需，附近有曲线广场与万达广场等购物广场，公共交通服务设施也十分便利，世纪大学是学生们理想的求学环境。

多年来，世纪大学与世界各国顶尖大学建立联络网，达成合作关系，其中包括英国的阿伯泰大学、桑德兰大学、圣马克与圣约翰大学、蒂赛德大学及约克圣约翰大学；美国的上爱荷华大学及澳大利亚的南昆士兰大学等。

(二)留学政策

1.入学条件

学校的入学方式灵活，免托福、雅思成绩，无须考试，高中以上(包括中专、职高等同学力)都可以申请，部分学生可免预科。各类大专生可根据具体情况减免学分插班入学。马来西亚学校一年多次开学，语言学校更可随时入学。

2. 专业设置

(1)本科

英文课程:英语和公共关系学(荣誉)、英语和公共关系学(荣誉)。

商业与会计:商学(物流与连锁管理)(世纪大学总院)、商学(人力资源管理)(世纪大学总院)、商学(工商管理)(世纪大学总院)、商学(会计与金融)(世纪大学总院)、商学(市场管理)(世纪大学总院)、会计(世纪大学总院)、商务管理(工商管理)(世纪大学总院)、商务管理(金融)(世纪大学总院)、商务管理(市场管理)(世纪大学总院)、商务管理(人力资源管理)(世纪大学总院)、会计(世纪大学总院)、商业管理专业(世纪大学总院)、商务管理(吉隆坡世纪学院)、人力资源管理(吉隆坡世纪学院)市场行销(吉隆坡世纪学院)、会计与金融(吉隆坡世纪学院)、商业心理学(吉隆坡世纪学院)、管理学(吉隆坡世纪学院)、大众传媒(吉隆坡世纪学院)、心理学(吉隆坡世纪学院)、市场学(吉隆坡世纪学院)、金融(吉隆坡世纪学院)。

酒店与旅游管理专业:酒店管理(世纪大学总院)、酒店管理(世纪大学总院)、国际旅游与酒店管理(吉隆坡世纪学院)。

英语与公共关系专业:大众传播学(世纪大学总院)、英文与社会关系(世纪大学总院)、传播与新媒体(世纪大学总院)、企业媒体(世纪大学总院)、大众传播学(荣誉)(世纪大学总院)、英文与社会关系(世纪大学总院)、传播与新媒体(荣誉)(世纪大学总院)、企业媒体(世纪大学总院)、管理学(吉隆坡世纪学院)、市场学(吉隆坡世纪学院)、金融学(吉隆坡世纪学院)、大众传媒(吉隆坡世纪学院)、心理学(吉隆坡世纪学院)。

幼儿保育与教育专业:英语教育(世纪大学总院)、教育咨询(世纪大学总院)、学前教育(世纪大学总院)、特殊教育(世纪大学总院)。

创意与设计专业:室内设计(世纪大学总院)、数码影像(世纪大学总院)、视觉艺术设计(世纪大学总院)、多媒体设计(世纪大学总院)、美术设计(世纪大学总院)。

(2)硕士

MBA 国际商务,工商管理,企业管理(世纪大学总院)、MBA 国际商务,工商管理,企业管理(世纪大学总院)、MBA 人力资源管理(世纪大学总院)、MBA 金融(世纪大学总院)、MBA 市场(世纪大学总院)、MM 管理学(世纪大学总院)、财政金融(世纪大学总院)、MBA 国际商务(吉隆坡世纪学院)、MAB 工商管理(吉隆坡世纪学院)、MED 教育硕士(吉隆坡世纪学院)、资讯系统管理(世纪大学总院)、信息科技(世纪大学总院)、MSc 机械工程/化学工程/电子工程/土木工程(世纪大学总院)、MSc 视觉科学(世纪大学总院)、MBA 人力资源、工商管理、金融、市场营销、企业管理、信息科技(吉隆坡世纪学院)。

(3)博士

工商管理:DBA 工商管理(世纪大学总院)、PHD 管理类(世纪大学总院)、PHD 教育类(世纪大学总院)、PHDIT 类(世纪大学总院)、PHD 工程类(世纪大学总院)、PHD 环境科学类(世纪大学总院)。

3. 学期设置

实行两学期制，每年多次开班，如1月、2月、7月、9月等。

4. 学年及学费

(1)本科

学年:3～4年。

学费:每年12765～24000马来西亚林吉特(专业不同，收费不同)。

(2)硕士

学年:1～2年。

学费:每年12600～29300马来西亚林吉特(专业不同，收费不同)。

(3)博士

学年:3年。

学费:每年13100～17000马来西亚林吉特(专业不同，收费不同)。

5. 住宿情况

在住宿方面，学生可以选择传统的校内住宿或现代的公寓合住校外住宿的方式。广泛的住宿方式可供选择，肯定可以满足学生的不同需求。坐落在校园附近的宿舍住宿费非常合理，世纪学生服务中心(SSC)也随时提供友善的帮助，如咨询或提供相关信息，协助学生找到理想的居住环境。

(1)学生宿舍大楼

世纪的学生宿舍大楼位于主要院校内，提供学生便利且舒适的环境。学生居住在设有冷气设备的房间内，房内也备有睡床、桌椅、橱柜及风扇。公用的设施有电视、休息室、厕所、食堂、便利商店及洗衣机。

(2)私人住宿

想在校内居住的学生也可以选择私人住宿，学生服务中心也提供私人住宿的列表供学生参考。学生也可通过报章分类广告获取更多选择。私人住宿的地区没有受到任何的局限，不过院方鼓励学生可以住在校园附近。私人住宿租金都直接缴付给业主，学生可以选择单人房、双人房，备有部分或设备齐全的家具。

(三)学校地址及联系方式

1. 世纪大学总部

地址:Jalan Teknologi, Kota Damansara, 47810 Petaling Jaya, Selangor

电话:603 6145 1749 (国际学生)

2. 梳邦再也世纪学院

地址:Persiaran Kewajipan USJ 1, 47600 UEP Subang Jaya, Selangor.

电话:1800888622(免付费热线)

3. 吉隆坡世纪学院

地址:33－35 Jalan Hang Lekiu, 50100 Kuala Lumpur.

电话:1800888028（免付费热线）

4. 槟城世纪学院

地址:Wisma Greenhall,43,Green Hall,10200 Penang.

电话:017 320 3038（WhatsApp / SMS 专用）

5. 砂拉越世纪学院

地址:211 Jalan Bukit Mata Kuching,93100 Kuching,Sarawak.

电话:1300 88 7344（免付费热线）

邮箱:tommyzhangdk@ segi. edu. my

电话:(006)0166188801/(006)0361452777

网址:http://www. segi. edu. my/en

二十一、思特雅大学

(一)学校简介

思特雅大学(UCSI University)是马来西亚顶尖的高等学府之一,分别在吉隆坡、丁加奴和古晋设有分校。以“无畏、坚毅、诚信和精进”为办学原则。该校各科系有先进的设备以满足学生的需求,并提供广泛的学术课程供学生选择,从医学、药学、护理学、工程与建筑到音乐、多媒体、教育、人文和礼待等课程应有尽有。

由于校内拥有超过1万名来自世界80多个国家的学生,思特雅大学已成为一个多元文化大熔炉,培养了学生对多元文化的欣赏和包容精神。

(二)留学政策

1. 入学条件

(1)本科

a. 最低录取条件:参加本地高考;

b. 学术要求:根据不同专业,累计平均分数2.0~2.5分;

c. 英语要求:雅思国际英语测试得分5.5分;托福考试笔试550分,机考213分,网考79~80分。

(2)硕士

a. 最低录取条件:获得各学科的本科文凭或国际文凭。

b. 英语要求:雅思国际英语测试6.0分;托福考试(机考)213分,(笔试)550分;此处列出的是基本的入学条件及不同专业入学条件范围,某些专业可能还会有工作年限等具体要求,详情见其官方网站。

(3)博士

a. 最低录取条件:获得国际文凭(硕士);

b. 学术要求:所学科目全部达到4分以上;

c. 英语要求:托福至少(笔试)550分或在4个环节的组合(线上)中至少79分,每个环节不少于17分;雅思至少6.0分;以英语为教学媒介语的本科生学士学位。不符合上述要求的申请者将会被大学要求修读英语强化班。

2. 专业设置

(1)本科

护理学荣誉学士、商业资讯系统荣誉理学士、计算机学荣誉理学士、网络与移动计算荣誉学士、英语与通信荣誉文学士、大众传播荣誉文学士、心理学荣誉文学士、早教学荣誉文学士、教育学与英文荣誉文学士、药剂学荣誉学士、生物科技荣誉理学士、食品科学与营养学荣誉理学士、化学工程荣誉工程学士、通信与电子工程荣誉工程学士、土木工程荣誉工程学士、电机与电子工程荣誉工程学士、机械工程荣誉工程学士、机械电子工程荣誉工程学士、石油工程荣誉工程学士、建筑学荣誉理学士、室内建筑荣誉文学士、节目策划与旅游管理文凭、礼待管理荣誉文学士、商务管理荣誉文学士、精算学与金融荣誉理学士、精算学与金融荣誉理学士、金融与投资荣誉理学士、金融经济荣誉学士、石油与天然气管理荣誉工商管理学士、精算学荣誉理学士、物流管理荣誉文学士、供应链经营管理荣誉学士。

(2)硕士

健康老化、医学美学与再生医学理学硕士、药剂化学理学硕士、药剂科技理学硕士、食品科学理学硕士、生物科技与商业管理理学硕士、研究型应用科学理学硕士、生物科技理学硕士、工商管理硕士、石油与天然气管理工商管理硕士、工商管理硕士(蓝海策略)、物流管理理学硕士、科技企业理学硕士。

（3）博士

医学博士、哲学博士（科学）、工商管理博士。

3. 学年及学费

（1）本科

根据专业不同，分别分为 3 年制和 4 年制，其中 3 年制每学期 14 周，每个小学期 7 周。

学费为 67300 ~ 174248 马来西亚林吉特不等。

（2）硕士

根据专业不同，最少 1 年（3 个学期），最多 3 年（9 个学期）。

学费为 45350 ~ 70350 马来西亚林吉特不等。

（3）博士

根据专业不同，最少 3 年。

学费为 78950 ~ 391425 马来西亚林吉特。

4. 奖学金政策

（1）本科

a. 水平奖学金

该奖学金主要针对研读剑桥 A 水平项目的入学新生。新生须在 IGCSE O 水平考试中相关科目成绩至少获得 5A * 。

条款与条件：获得 5A * 以上的新生每个学期须不低于 3Bs，或 70% 通过，否则将取消该奖学金。奖学金根据三个学期平均分发。同时也要遵纪守法，按时上课。

b. 校奖学金

该奖学金主要针对被思特雅大学录取进修学位的留学生（包括预科）。目前，一年中学术成绩突出、有很大进步的学生可申请该奖学金。该奖学金还为学术成绩优异，并积极参加课外活动的学生减免部分学费。

条款与条件：获得奖学金的学生每个学期的总平均分至少保持在 3.00 以上，否则将取消奖学金。同时也要遵纪守法，按时上课。

5. 生活与住宿费用

思特雅大学提供宿舍，学生可自行选择。

大学附近的带基础设施的 3 人间大约 15000 马来西亚林吉特一年。如与人合租可大大降低租金。作为一个伊斯兰和多元文化的国家，马来西亚提供了当地和国际美食，价格非常合理。

6. 签证政策

在申请学生签证时，其护照必须具有至少 18 个月的时效性。在未入境马兰西亚前，你需要获得一封由马兰西亚移民局发出的批准函。在未申请学生证前，必须转发所有相关的文件至国际市场营销办公室。大学将帮助申请学生准证/签证。在文件齐全的条件下，从提交到审批通过将需要 6 ~ 8 周的时间。一旦获得批准，马来西亚移民局发出签证批准函(VAL)。在申请获得入境签证进入马来西亚之前,向最邻近的马来西亚大使馆、高级专员公署征求意见。

建议获得签证批准函后再进入马来西亚留学,以避免不必要的麻烦。

(三)学校地址及联系方式

(1)思特雅大学吉隆坡分校(南翼)

地址:No. 1, Jalan Menara Gading, UCSI Heights (Taman Connaught), Cheras 56000 Kuala Lumpur, Malaysia

联系电话:(+603)9101 8880

传真:(+603)9102 2614

邮箱:amd@ siu. ac. th

(2)思特雅大学吉隆坡分校(北翼)

地址 Address:Lot 12734, Jalan Choo Lip Kung, Taman Taynton View, 56000 Cheras Kuala Lumpur, Malaysia

联系电话:(+603)9101 8880

传真:(+603)9102 3606

邮箱:amd@ siu. ac. th

(3)思特雅大学砂拉越分校校园

地址 Address:Lot 2498, Block 16, Kuching Central Land District, Jalan Tun Jugah, 93350 Kuching, Sarawak, Malaysia

联系电话:+6082 -455 255

传真:+6082 -455 015

(4)思特雅大学登加楼分校校园

地址 Address:Bukit Khor, PT 11065, Mukim Rusila, 21600 Marang, Terengganu Darul Iman, Malaysia

联系电话:+609 -628 1880 / +609 -628 1889

传真:+609 -628 1885

二十二、泰莱大学

(一)学校简介

泰莱大学(Taylor's University)是泰莱教育集团的成员之一,泰莱教育集团旗下还包括泰莱学院、泰莱国际学院、吉隆坡花园国际学校、马来西亚澳洲国际学校、莱仕国际学校及布城新加坡莱仕国际学校。自 1969 年创立以来,泰莱大学成为马来西亚最成功且

最负盛名的私立高等教育机构。

泰莱大学不同的研究项目、多样化的课程选择及教学方法、与国际知名大学的持续合作、强大的行业联系、最新的设施和配置完善的校园，是其不断为学生提供优质服务的保障。在2008年和2009年，泰莱大学从100多所教育机构中脱颖而出，连续两年被评为马来西亚最受喜爱的私立大学。迄今，逾70000名泰莱毕业生在各自领域施展才华，他们的成就是泰莱永久的宝贵传承。

(二)留学政策

1. 入学条件

(1)本科

a. 不同专业国际文凭大学预科课程六科总分位于24~30分；

b. 拥有其他资格证书的学生视具体情况而定；

c. 英语要求：雅思6分；托福(网考)79分。

(2)硕士

a. 个人陈述；

b. 面试；

c. 英语要求(仅适用于硕士课程)：留学生雅思成绩不得低于6.5分。

2. 专业设置

(1)本科

室内设计文学学士(荣誉)、平面媒体设计(荣誉)、互动多媒体设计(荣誉)、建筑学学士(荣誉)、工料测量(荣誉)、食物营养科学理学学士(荣誉)、生物医学学士(荣誉)、生物技术理学学士(荣誉)、法学学士、基础教育专业教育学学士(荣誉)、企业管理商科学士(荣誉)、人力资源管理商科学士(荣誉)、国际商业商科学士(荣誉)、国际商业与市场营销商科学士(荣誉)、市场营销商科学士(荣誉)、会计金融(荣誉)、银行金融(荣誉)、财经专业商科学士（荣誉）、化学工程学、电器与电子工程、机械工程专业工程学学士、广告学（荣誉）、传播学（荣誉）、公共关系（荣誉）、公共关系与项目管理（荣誉）、公共关系与市场营销专业大众传媒学士（荣誉）、旅游与娱乐管理（荣誉）、项目管理专业国际旅游管理学士（荣誉）、国际酒店管理学士（荣誉）、烹饪艺术与餐饮管理（荣誉）、心理学学士（荣誉）、计算机科学学士（荣誉）、计算机安全与取证专业计算机科学学士（荣誉）、软件工程学士（荣誉）、网络技术专业信息技术学士（荣誉）。

（2）硕士

哲学硕士（食品研究）、工商管理（MBA）、交流硕士、金融硕士、管理硕士、国际接待管理硕士、教学硕士、法学硕士。

3. 学费

（1）本科：根据专业不同，其学费为 126362 ~ 556810 美元不等。

（2）硕士/博士研究生：根据专业不同，其学费为 8095 ~ 19333 美元不等。

4. 学年及学期设置

实行两学期制

（1）本科：3 ~ 4 年。

（2）硕士：2 年。

5. 奖学金政策

（1）本科生奖学金及助学金

学校为欲申请者及在校学生提供多种奖学金。

（2）研究生奖学金及助学金

泰勒大学提供一系列奖学金支持国内外研究生在研究项目。奖学金的授予是以包括学术成就、领导素质、学术能力、表达能力和写作能力在内的评价体系为基础，泰勒大学发展的战略重点也是奖项授予的关键。

所有奖学金都有其特定的条款和条件，申请人在申请时应向泰莱大学研究生院进行说明。

5. 住宿

泰勒大学的宿舍管理系统（THM）在为 1400 多名国内外学生提供优质、安全、环境优美的校内外住宿方面已有超过 10 年的经验。通过独特的牧教关怀计划，致力于为学生提供健康的生活体验，该计划的重点是助学生融入新的宿舍环境。

（1）校内（湖畔校区的 U 宿舍）

位于泰莱大学湖畔校区一栋 6 层建筑共有 890 个床位，126 间公寓及 116 个独立卫生间，内部环境雅致。

24 小时多极保安服务、宿管服务、上门维修、客房服务、娱乐区、学习区、班车服务。

(2)校外(多舍址)

公寓位于学校附近、24 小时保安服务、上门维修服务、客房服务。

6. 签证

在泰莱大学学习期间,所有留学生须持有效学生签证。持外交签证、拥有马来西亚身份证的马来西亚永久居民(PR)、人才移民及通过马来西亚第二家园计划(MM2H)并有家属准证者(持有居留学习证明/移民署文件)的申请者不用申请学生签证。申请者需在泰莱大学国际处进行申请。若马来西亚移民局和教育部(MOE)有任何政策上的变化,学生应遵守相关规定。

(三)学校地址及联系方式

地址:马来西亚雪兰莪州梳邦再也市 47500,泰莱一道

联系电话:603 - 5629 5000

传真:603 - 5629 5001

邮箱:admissions@ taylors. edu. my

官网:http://university. taylors. edu. my

二十三、南方大学学院

(一)学校简介

南方大学学院(Southern University College,SUC)的前身为南方学院,简称南方大学,创立于 1990 年,为马来西亚第一所民办非营利高等学府。南方大学坐落于马来西亚柔

佛新山士古来区,位于“马来西亚依斯干达”(Iskandar Malaysia)经济特区内,占地25英亩(101171.41平方米),为慈善老人萧畹香先生之献地,注册学生7000名。创校最初的宗旨是让中学毕业生无须远渡重洋到国外深造,能在本地接受高等教育,所以于1975年成立宽柔专科部。1986年,宽中董事会正式向教育部申请于宽柔专科部的基础上成立一所民办学院。在华社人士的坚持和极力争取之下,终于在1990年获教育部批准创办南方学院,而经历了22年的苦心经营,马来西亚高等教育部正式批准升格,南方大学学院正式成立。

随着经济特区内的建设发展,南方大学在未来将成为国家重点发展院校之一,并逐渐走向国际舞台。南方大学的校园风景宜人,富有浓厚的中国传统色彩及多元文化气息,体现“一个马来西亚”的精神。

目前,南方大学共有5个学院:人文与社会学院、商业管理学院、艺术与设计学院、电机与电子工程学院及中医药学院。学校计划开办教育学院及研究生与研究学院,为未来十年内发展成著名国际大学做好准备。

(二)留学政策

1. 入学条件

(1)本科

①学士课程

a. 马来西亚高等教育文凭(STPM)——至少2科及格且CGPA2.0;

b. 独中统考(UEC)——至少5个B;

c. 任何其他马来西亚政府认可的同等学力。

②大学基础课程

a. 马来西亚教育文凭(SPM)——至少5科C且国语及历史及格;

b. 独中统考(UEC)——至少4个B;

c. 任何其他马来西亚政府认可的同等学力。

(2)硕士

①工商管理硕士

a. 本科以上学历的有2.50;

b. 学士学位GPA低于2.50,但具有5年以上工作经验。

②中文文学硕士

a. 大学学士学位,具有CGPA 2.75或同等成绩;

b. 大学学士学位,未达CGPA 2.75或同等成绩,但具有5年相关工作经验或有相关研究著作;

c. 拥有受承认的机构的学术资格;

d. 其他相关同等资格;

e. 申请入学时,必须提呈大约2000字的研究计划书,包含研究目的、资料、方法、参考书等。

③翻译学硕士

a. 大学学士学位，具有 CGPA 2.75 或同等成绩；

b. 大学学士学位，未达 CGPA 2.75 或同等成绩，但具有 5 年相关工作经验或相关研究著作及其他领域之学士学位，须拥有优良的英文及第二种语言（如马来文、淡米尔文、中文、法文、德文、韩文、日文、希腊文、俄文或越南文）之听说读写能力；

c. 非英文为母语者，其英文能力须达到雅思至少 6.5 分，及书写成绩至少须达 6.5分。

2. 专业设置

（1）本科

会计、市场营销、金融与投资、商业管理、旅游管理、人力资源管理、企业管理、市场行销、物流管理、金融分析、工程与资讯学院、软件工程、电子工程、资讯科技、电脑科学、电机与电子工程、电脑绘制、工业设计、广告设计、视觉艺术、多媒体、中文、学前幼儿教育。

（2）硕士

商业管理硕士、中文文学硕士、翻译学硕士、专业与推广学部、国际商业行政硕士课程、中国哲学（中华文化）硕士班（与中国华侨大学合作）、艺术教育学硕士班（与台湾彰化师范大学合作）。

3. 学期设置

第一学期：2016 年 1 月 18 日至 2016 年 3 月 28 日。

第二学期：2016 年 4 月 11 日至 2016 年 8 月 06 日。

第三学期：2016 年 8 月 29 日至 2016 年 12 月 24 日。

4. 学年及学费

本科：文凭课程 3 ~ 4 年；学位课程 2 ~ 3 年。

学费（预估总费用）：学位课程 109000 ~ 135000 马来西亚林吉特；文凭课程 73000 马来西亚林吉特。

5. 奖学金政策

大学基础班奖学金、专业文凭班奖学金、学士课程奖学金、课外活动优异奖学金、友族奖学金。

具体条件：

a. 马来西亚公民及国际生；

b. 经济需要援助者；

c. 身心健康，品行良好，活跃于课外或社团活动；

整体成绩达专业文凭或学士课程各科系之最低申请标准，具体如下；

①大学基础课程奖学金

高中统考（含技职科）证书 5 科最优成绩积分不超过 14 点（1 科 A2 及 4 科 B3）；

马来西亚教育文凭（SPM）5 科最优成绩积分不超过 10 点（5 科 A－）。

②专业文凭班奖学金申请者

a. 高中统考(含技职科)证书5科最优成绩积分不超过14点(1科A2及4科B3);

b. 马来西亚教育文凭(SPM)5科最优成绩积分不超过10点(5科A-);

c. 本校证书班毕业学业成绩累计学分积分点(CGPA)至少达3.2。

③学士课程奖学金

a. 高中统考(含技职科)证书5科最优成绩积分不超过14点(1科A2及4科B3);

b. 马来西亚高级教育文凭(STPM),A水平(A-Level);

c. 本校大学基础课程班;

d. 专业文凭班,其CGPA或GPA至少达3.2。

④课外活动优异奖学金申请者

a. 高中统考(含技职科)证书5科最优成绩积分不超过21点(2科B3及3科B5);

b. 马来西亚教育文凭(SPM)5科最优成绩积分不超过点17(1科A及4科B);

c. 曾代表学校、州或国家参与各项比赛并表现优异者(须校方推荐及检附相关证书、奖状或证明文件)。

6. 住宿条件

学生宿舍落成于2001年,坐落在校园主楼附近,步行大约1分钟便可抵达主楼课室,非常方便。全院宿舍共有4栋。每栋5层楼,男女宿舍各有两栋。每栋楼有60间三人房。每层楼设有公共的卫生间、洗漱间和浴室,干净宽敞,每日都有清洁人员打扫清理。

学生宿舍除了为学生提供住宿服务,也希望学生通过宿舍生活体验愉快且融洽的团体生活及培养自治、自律的能力。

(三)学校地址及联系方式

地址:Southern University College,Jalan Selatan Utama,Off Jalan Skudai,81300 Skudai,Johor

总机:General Line:+607 5586605

传真:+607 5563306

邮箱:marketing@ sc. edu. my

二十四、伯乐学院

(一)学校简介

伯乐学院(KDU University College)成立于1983年,现共有3个校区包括哥打白沙罗(吉隆坡),第十三区(吉隆坡),以及槟城校区,是马来西亚私立高等教育的先驱。一直以来,伯乐学院就是马来西亚私立教育领域的一所创造性的领导院校。伯乐学院的办学宗旨是为学生提供优越的学习经历,培养学生成为独立自主的终身学习者。伯乐学院与

行业专家以及富有声望的大学进行密切合作，开设职业培训、文凭课程、学位及硕士等水平的多元化课程。伯乐学院以培养了遍及各行各业的4.6万多名毕业生为豪，并以其高标准的学术而受到世界各行各业、各高校的广泛认可。

伯乐学院旨在创建一个人们志同道合、协作共赢、追求卓越、永不止步的国度。与包括学生、高校和社会团体在内的关键团体一起，伯乐学院已经变得越来越强大。伯乐学院旨在激励人们追求卓越，完成使命，旨在为学生提供有利的环境，优越的学习经历，让学生充分发挥自己的潜力，成为全面发展，成功的人，成为对社会有所贡献的人。

在伯乐学院，学生可获得研究理论和实践经验。因为该校的大多数课程要求学生在实践中学习自己选择的领域。学生将获得国际经验，因为学校的合作院校的讲师也参与课程讲授的过程。伯乐学院的学生活动和设施选择多样化，校园生活充实，俱乐部和社团活动丰富多彩。

（二）留学政策

1. 入学条件

（1）本科

①预科（文学与技术）

最低学术要求：SPM O 水平5分以上（含英语和数学）；统考3分以上（含英语和数学）

其他由马来西亚教育部或马来西亚资格认证机构 Senarai Nilai Taraf Kelayakan Akademik 等组织认定的资历，视为等效（需提供审查和批准认证的成绩单）。

另外，继续研读计算机科学或软件工程学位的学生需提供高级数学或专业游戏开发技术的学分；继续研读会计课程的学生需提供数学专业的学分。

英语要求：雅思5.5分；或托福笔试550分或机考213分或网考79分。另外，若英语水平未达要求，将被要求参加伯乐学院所设英语课程。

②会计学位

最低学术要求:SPM O 水平 3 分以上（含英语和数学）;统考 3 分以上(含英语和数学)。

其他由马来西亚教育部或马来西亚资格认证机构 Senarai Nilai Taraf Kelayakan Akademik 等组织认定的资历,视为等效(需提供审查和批准认证的成绩单)。

英语要求:雅思 5.5 分;或托福笔试 550 分,机考 213 分,网考 79 分。另外,英语水平未达要求,将被要求参加伯乐学院所设英语课程。

③工商管理学位

最低学术要求:统考 3 分以上（含英语和数学）。

其他由马来西亚教育部或马来西亚资格认证机构 Senarai Nilai Taraf Kelayakan Akademik 等组织认定的资历,视为等效(需提供审查和批准认证的成绩单)。

英语要求:雅思 5.5 分;或托福笔试 550 分,机考 213 分,网考 79 分。另外,英语水平未达要求,将被要求参加伯乐学院所设英语课程。

④商业学士(荣誉学位)

最低学术要求:GCE(普通教育证书)A 等/STPM(马兰西亚高等教育文凭)达到 2 级;统考最低 5 分;学位累计平均绩点 2.0;预科学习累计平均绩点 2.0。

其他由马来西亚教育部或马来西亚资格认证机构 Senarai Nilai Taraf Kelayakan Akademik 等组织认定的资历,视为等效(需提供审查和批准认证的成绩单)。

英语要求:雅思 5.5 分;或托福考试(笔试)550 分,机考 213 分,网考 79 分。另外,若英语水平未达要求,将被要求参加伯乐学院所设英语课程。

⑤会计学位(荣誉学位)

最低学术要求:GCE 普通教育证书 A 等达到 3D;STPM 达到3C + 或累计平均绩点 2.33;统考最低 5 分(含数学);学位累计平均绩点 2.5;预科学习累计平均绩点 2.5。

其他由马来西亚教育部或马来西亚资格认证机构 Senarai Nilai Taraf Kelayakan Akademik 等组织认定的资历,视为等效(需提供审查和批准认证的成绩单)。

英语要求:雅思 5.5 分;或托福考试(笔试)550 分,213 分(机考),79 分(网考)。另外,若英语水平未达要求,将被要求参加伯乐学院所设英语课程。

⑥商务法律学士(荣誉学位)

最低学术要求:GCE(普通教育证书)A 等/STPM 达到 2 级;统考最低 5 分;学位累计平均绩点 2.0;预科学习累计平均绩点 2.0。

其他由马来西亚教育部或马来西亚资格认证机构 Senarai Nilai Taraf Kelayakan Akademik 等组织认定的资历,视为等效(需提供审查和批准认证的成绩单)。

英语要求:雅思 5.5 分;或托福笔试 550 分,机考 213 分,网考 79 分。另外,若英语水平未达要求,将被要求参加伯乐学院所设英语课程。

⑦文学学士(银行与金融方向)(荣誉学士)

最低学术要求:GCE(普通教育证书)A 等/STPM 达到 2 级;STPM 最低 5 分;学位累

计平均绩点2.0;预科学习累计平均绩点2.0。

其他由马来西亚教育部或马来西亚资格认证机构 Senarai Nilai Taraf Kelayakan Akademik 等组织认定的资历,视为等效(需提供审查和批准认证的成绩单)。

英语要求:雅思5.5分;或托福笔试550分,机考213分,网考79分。另外,若英语水平未达要求,将被要求参加伯乐学院所设英语课程。

⑧表演艺术

最低学术要求:SPM O水平(乙级考试)3学分以上;统考3学分以上。

其他由马来西亚教育部或马来西亚资格认证机构 Senarai Nilai Taraf Kelayakan Akademik 等组织认定的资历,视为等效(需提供审查和批准认证的成绩单)。

英语要求:雅思5.5;或托福笔试550分,机考213分,网考79分。另外,若英语水平未达要求,将被要求参加伯乐学院所设英语课程。

⑨创业设计

最低学术要求:SPM O水平(乙级考试)3学分以上;统考3学分以上。

其他由马来西亚教育部或马来西亚资格认证机构 Senarai Nilai Taraf Kelayakan Akademik 等组织认定的资历,视为等效(需提供审查和批准认证的成绩单)。

英语要求:雅思5.5;或托福笔试550分,机考213分,网考79分。另外,若英语水平未达要求,将被要求参加伯乐学院所设英语课程。

⑩大众传媒

最低学术要求:SPM O水平(乙级考试)3学分以上;统考3学分以上。其他由马来西亚教育部或马来西亚资格认证机构 Senarai Nilai Taraf Kelayakan Akademik 等组织认定的资历,视为等效(需提供审查和批准认证的成绩单)。

英语要求:雅思5.5;或托福笔试550分,机考213分,网考79分。未达英语水平要求者,须参加英语等级考试,并根据该成绩参加相应的英语强化课程。学生须在大众传媒学士学位授予仪式之前完成英语强化课程。

⑪传媒学学士(荣誉学位)

最低学术要求:普通教育证书达到A等/STPM达到2级;统考5学分以上(含英语);学位累计平均绩点2.0;预科学习累计平均绩点2.0。

其他由马来西亚教育部或马来西亚资格认证机构 Senarai Nilai Taraf Kelayakan Akademik 等组织认定的资历,视为等效(需提供审查和批准认证的成绩单)。

英语要求:雅思5.5分;或托福笔试550分,机考213分,网考79分。未达英语水平要求者,须参加英语等级考试,并根据该成绩参加相应的英语强化课程。学生须在传媒学士学位(荣誉学位)授予仪式之前完成英语强化课程。

⑫计算机研究

最低学术要求:SPM O水平(乙级考试)5学分以上(含英语和数学);统考3学分以上(含英语和数学)。

其他任何由马来西亚教育部或马来西亚资格认证机构 Senarai Nilai Taraf Kelayakan

Akademik 等组织认定的资历,视为等效(需提供审查和批准认证的成绩单)。

英语要求:雅思 5.5;或托福笔试 550 分,机考 213 分,网考 79 分。另外,若英语水平未达要求,将被要求参加伯乐学院所设英语课程。

⑬计算机科学(荣誉学位)

最低学术要求:GCE(普通教育证书)A 等/STPM 达到 2 级;统考最低 5 分;学位累计平均绩点 2.0;预科学习累计平均绩点 2.0。

其他任何由马来西亚教育部或马来西亚资格认证机构 Senarai Nilai Taraf Kelayakan Akademik 等组织认定的资历,视为等效(需提供审查和批准认证的成绩单)。

另外,除以上要求外,学生须获得 SPM 等级或同等水平高级数学学分。

⑭软件工程学(荣誉学位)

最低学术要求:GCE(普通教育证书)A 等/STPM 达到 2 级;统考 5 学分以上(含高级数学);学位要求累计平均绩点 2.0;预科学习要求累计平均绩点 2.5。

其他任何由马来西亚教育部或马来西亚资格认证机构 Senarai Nilai Taraf Kelayakan Akademik 等组织认定的资历,视为等效(需提供审查和批准认证的成绩单)。

另外,除以上要求外,学生须获得 SPM 等级或同等水平高级数学学分。

⑮工程学预科

最低学术要求:SPM O 水平(乙级考试)5 学分以上(含英语、数学及一门理科学科);统考 3 学分以上(含英语、数学及一门理科学科)。

英语要求:雅思 5.5 分;或托福笔试 550 分,机考 213 分,网考 79 分。另外,若英语水平未达要求,将要求参加伯乐学院所设英语课程。

⑯电气电子工程

最低学术要求:SPM O 水平(乙级考试)3 学分以上(含数学、理科学科);统考 3 学分以上(含英语、数学及一门理科学科)。

英语要求:雅思 5.5 分;或托福笔试 550 分,机考 213 分,网考 79 分。另外,若英语水平未达要求,将被要求参加伯乐学院所设英语课程。

⑰通信与计算机工程学

最低学术要求:SPM O 水平 3 学分以上(含数学、理科学科);统考 3 学分以上(含英语、数学及一门理科学科)。

英语要求:雅思 5.5 分;或托福笔试 550 分,机考 213 分,网考 79 分。另外,若英语水平未达要求,将要求参加伯乐学院所设英语课程。

⑱工程学士(荣誉学位)(电气电子工程方向)

最低学术要求:GCE(普通教育证书)A 等,其中数学和物理在 2E 以上;STPM 数学和物理在 2C 以上;统考 3 学分以上(含数学和物理);相关领域学位要求累计平均绩点2.0;相关预科/入学考试要求累计平均绩点 2.0。

其他由马来西亚教育部或马来西亚资格认证机构 Senarai Nilai Taraf Kelayakan Akademik 等组织认定的资历,视为等效(需提供审查和批准认证的成绩单)。

英语要求:雅思 5.5 分;或托福笔试 550 分,机考 213 分,网考 79 分。另外,若英语水平未达要求,将要求参加伯乐学院所设英语课程。

⑲机械工程(荣誉学位)

最低学术要求:GCE(普通教育证书)A 等,其中数学和物理在 2E 以上;STPM(大马高等教育文凭),其中数学和物理在 2C 以上;统考 5 学分以上(含数学和物理);相关领域学位要求累计平均绩点 2.0;相关预科/入学考试要求累计平均绩点 2.0。

其他由马来西亚教育部或马来西亚资格认证机构 Senarai Nilai Taraf Kelayakan Akademik 等组织认定的资历,视为等效(需提供审查和批准认证的成绩单)。

英语要求:雅思 5.5 分;或托福笔试 550 分,机考 213 分,网考 79 分。另外,若英语水平未达要求,将被要求参加伯乐学院所设英语课程。

⑳国际酒店管理

最低学术要求:SPM / GCE O 水平(普通教育证书乙级考试)3 学分以上;统考 3 学分以上。

其他由马来西亚教育部或马来西亚资格认证机构 Senarai Nilai Taraf Kelayakan Akademik 等组织认定的资历,视为等效(需提供审查和批准认证的成绩单)。

英语要求:雅思 5.5 分;或托福笔试 550 分,机考 213 分,网考 79 分。另外,若英语水平未达要求,将被要求参加伯乐学院所设英语课程。

㉑餐饮艺术

最低学术要求:SPM /GCE O 水平(乙级考试)3 学分以上;统考 3 学分以上。

其他由马来西亚教育部或马来西亚资格认证机构 Senarai Nilai Taraf Kelayakan Akademik 等组织认定的资历,视为等效(需提供审查和批准认证的成绩单)。

英语要求:雅思 5.5 分;或托福笔试 550 分,机考 213 分,网考 79 分。另外,若英语水平未达要求,将被要求参加伯乐学院所设英语课程。

㉒餐饮管理(荣誉学位)

最低学术要求:普通教育证书 A 等/马兰西亚高级教育文凭 2 级。统考最低 5 分。学位累计平均绩点 2.0。预科学习累计平均绩点 2.0。

其他由马来西亚教育部或马来西亚资格认证机构 Senarai Nilai Taraf Kelayakan Akademik 等组织认定的资历,视为等效(需提供审查和批准认证的成绩单)。

英语要求:雅思 5.5 分;或托福笔试 550 分,机考 213 分,网考 79 分。

另外,若英语水平未达要求,将被要求参加伯乐学院所设英语课程。

㉓酒店管理(荣誉学位)

最低学术要求:普通教育证书 A 等/马兰西亚高级教育文凭 2 级;统考最低 5 分;学位累计平均绩点 2.0;预科学习累计平均绩点 2.0。

其他由马来西亚教育部或马来西亚资格认证机构 Senarai Nilai Taraf Kelayakan Akademik 等组织认定的资历,视为等效(需提供审查和批准认证的成绩单)。

英语要求:雅思 5.5 分;或托福笔试 550 分,机考 213 分,网考 79 分。另外,若英语水平未达要求,将被要求参加伯乐学院所设英语课程。

(2)硕士

①设计硕士(创新方向)

最低学术要求:相关领域学士学位,且累计平均绩点不低于2.67或同等水平;累计平均绩点2.0,同时具有3年相关领域工作经历者,有入学资格;所有申请者须在入学前参加面试和学习历程报告。

②酒店工商管理硕士

最低学术要求:学士学位,且累计平均绩点不低于2.5。另外,累计平均绩点低于2.5,但具有5年相关领域工作经历者,有入学资格。

③理学硕士(研究组)

最低学术要求:相关领域学士学位,且累计平均绩点不低于2.67或同等水平;累计平均绩点介于2.50~2.75者,须参加内部评估,根据具体情况录取;累计平均绩点低于2.5,但具有5年相关领域工作经历者,有入学资格;二级(荣誉学位)及以上。

英语要求:雅思5.5分;或托福笔试550分,机考213分,网考79分。另外,若英语水平未达要求,将被要求参加伯乐学院所设英语课程。

④文学硕士(研究组)

最低学术要求:相关领域学士学位,且累计平均绩点不低于2.67或同等水平;累计平均绩点介于2.50~2.75者,须参加内部评估,根据具体情况录取;累计平均绩点低于2.5,但具有5年相关领域工作经历者,有入学资格;二级(荣誉学位)及以上。

2. 专业设置

(1)本科

预科(文学与技术)、会计学位、工商管理学位、商业学士(荣誉学位)、会计学位(荣誉学位)、商务法律学士(荣誉学位)、文学学士(银行与金融方向)(荣誉学士)、表演艺术、创业设计、大众传媒、传媒学学士(荣誉学位)、计算机研究、计算机科学(荣誉学位)、软件工程学(荣誉学位)、工程学预科、电气电子工程、通信与计算机工程学、工程学士(荣誉学位)(电气电子工程方向)、机械工程(荣誉学位)、国际酒店管理、餐饮艺术、餐饮管理(荣誉学位)、酒店管理(荣誉学位)。

(2)硕士

设计硕士(创新方向)、酒店工商管理硕士、理学硕士(研究组)、文学硕士(研究组)。

3. 学期设置

实行两学期制。

2016年入学日期:1月11日、3月14日、5月5日、9月1日。

4. 学年及学费

(1)本科

①预科(文学与技术)

学制:1年。

学费:22930 马来西亚林吉特。
②会计学位
学制:2 年。
学费:40040 马来西亚林吉特。
③工商管理学位
学制:2 年。
学费:40040 马来西亚林吉特。
④商业学士(荣誉学位)
学制:3 年。
学费:62770 马来西亚林吉特。
⑤会计学士(荣誉学位)
学制:3 年。
学费:70750 马来西亚林吉特。
⑥商务法律学士(荣誉学位)
学制:3 年。
学费:62770 马来西亚林吉特。
⑦文学学士(银行与金融方向)(荣誉学士)
学制:3 年。
学费:65390 马来西亚林吉特。
⑧表演艺术
学制:2 年。
学费:43840 马来西亚林吉特。
⑨创业设计
学制:2 年。
学费:43960 马来西亚林吉特。
⑩大众传媒
学制:2 年。
学费:43960 马来西亚林吉特。
⑪传媒学学士(荣誉学位)
学制:3 年。
学费:65530 马来西亚林吉特。
⑫计算机研究
学制:2 年。
学费:41840 马来西亚林吉特。
⑬计算机科学(荣誉学位)
学制:3 年。

学费:55060 马来西亚林吉特。
⑭游戏开发(荣誉学位)
学制:3 年。
学费:68430 马来西亚林吉特。
⑮软件工程学(荣誉学位)
学制:3 年。
学费:55015 马来西亚林吉特。
⑯工程学预科
学制:1 年。
学费:22990 马来西亚林吉特。
⑰电气电子工程
学制:2 年。
学费:41060 马来西亚林吉特。
⑱通信与计算机工程学
学制:2 年。
学费:41060 马来西亚林吉特。
⑲工程学士(电气电子工程方向)(荣誉学位)
学制:4 年。
学费:80520 马来西亚林吉特。
⑳机械工程(荣誉学位)
学制:4 年。
学费:79520 马来西亚林吉特。
㉑国际酒店管理
学制:2 年。
学费:50220 马来西亚林吉特。
㉒餐饮艺术
学制:2 年。
学费:52344 马来西亚林吉特。
㉓餐饮管理(荣誉学位)
学制:3 年。
学费:96591 马来西亚林吉特(烘焙和糕点);68531 马来西亚林吉特(意大利菜)。
㉔酒店管理(荣誉学位)
学制:3 年。
学费:96627 马来西亚林吉特。

(2)硕士

①设计硕士(创新方向)

学制:1 年。

学费:43700 马来西亚林吉特。

②酒店工商管理硕士

学制:1 年。

学费:48325 马来西亚林吉特。

③理学硕士(研究组)

学制:4 ~ 12 学期。

学费:32200 马来西亚林吉特。

④文学硕士(研究型)

学制:4 ~ 12 学期。

学费:28200 马来西亚林吉特。

5. 奖学金政策

赵姝平奖学金 100% 学费减免。

大学预科奖学金 20% ~50% 学费减免。

伯乐学院高成就三等奖学金 30% 和 50% 学费减免。

副校长奖学金每学期 50% 的学费减免。

圆梦奖学金 50% 学费减免。

国际奖学金 30% 学费减免。

(三)学校地址及联系方式

校园地址:伯乐学院格林玛丽校区伯乐学院槟城校区伯乐学院哥打白沙罗校区

官网:http://www. kdu. edu. my/

联系电话: +603 5565 0538

学校邮箱:best@ kdu. edu. my

二十五、亚太科技大学

(一)学校简介

亚太科技大学(Asia Pacific University of Technology and Innovation,APU)是马来西亚首屈一指的私立大学,是一所集科技、创新和创造力为一体的大学,旨在为全球商务和社会培养专业的毕业生,并在其中发挥重要作用。亚太科技大学获得了许多国家和国际奖项,并赢得了令人称羡的声誉。目前,学校有来自超过 110 个国家的 11000 名学生。学校

位于首都吉隆坡近郊的马来西亚高科技园区内，毗邻国家体育场，距吉隆坡国际机场40分钟车程，距世界著名的双峰塔40分钟，交通便利，便捷的公路网穿行其间，周边商业中心和服务设施林立，能满足您的各种需求。

亚太科技大学的前身是建于1993年的亚太信息技术学院（APIIT），2004年发展为亚太大学学院（UCTI）。亚太科技大学为社会培养合格毕业生的方法非常有效，使得该校毕业生备受雇主的青睐。

亚太科技大学在马来西亚大学排名榜中名列前茅，被马来西亚教育部（MOE）和马来西亚学术资格鉴定中心（MQA）评定为"2011马来西亚大学SETARA排名"五级（优秀）大学之一。在2014年11月17日公布的"2013马来西亚大学SETARA排名榜"中，亚太科技大学依然名列五级大学之一。

（二）留学政策

1. 入学条件

（1）本科

雅思：6.0分。

托福：网考79~80分，纸考550分，机考213分。

亚太科技大学承认的其他英语证书或英语水平证明等同于上述英语水平。

若申请人达不到上述英语水平，则需参加亚太科技大学英语分级考试。若考试成绩不合格，则需在预科和学位课程开始之前参加亚太科技大学英语强化课程（IEP）。

（2）硕士

母语非英语的申请人需提供适当的英语语言技能证明，如雅思6.0分以上或托福550分以上。

2. 专业设置

(1)本科

计算机与技术学院:信息系统安全、数据库管理、云计算、网络计算、移动技术、商务信息系统、计算机科学、智能系统(荣誉)、网络技术、科技创业。

工商管理学院:电子商务、国际商务管理、营销管理、人力资源管理、媒体信息、社交媒体。

会计、金融与定量研究学院:法务会计、外汇和投资、税务、金融规划、投资和风险管理、精算学专业。

(2)硕士

工商管理硕士(MBA)、工商管理硕士(欧亚商务方向)、技术管理硕士、信息技术管理硕士、软件工程硕士、移动计算机系统硕士、计算机科学硕士、数据科学与商务分析硕士、全球营销管理硕士、国际商务交流硕士、金融硕士、房地产硕士(金融与投资方向)、伊斯兰银行和金融学硕士、会计硕士、哲学硕士(工程学方向)。

3. 学期设置

各专业开课时间不同,具体请查看学校官网相关专业学期设置。

4. 学年及学费

(1)本科

学制:1~3年。

学费:22800~25900马来西亚林吉特/年。

(2)硕士

学制:1~2年。

学费:27800~42400马来西亚林吉特/年。

5. 奖学金政策

(1)大学奖学金

留学生新生可申请大学奖学金。申请标准包括学术成就、经济需要、社区参与、体育成绩、导师或雇主的推荐。

(2)马来西亚国际奖学金

马来西亚国际奖学金是由马来西亚政府设立的奖学金,目的是吸引世界各地的优秀人才到马来西亚进行高级学术研究。具有优秀科研成果和合作课程的国际留学生都可以申请此项奖学金,并在任何入选和确立的马来西亚公立和私立大学进行深造。此奖学金仅限硕士和博士申请。

6. 住宿情况

(1)住宿类型

豪华公寓、不配厨房的高档公寓、配厨房的高档公寓、超高档公寓、超级公寓。

(2)费用

每一个学生的住宿费为每月270~1900马来西亚林吉特不等,根据房间的大小和提供的设施情况而定。

(3)校外住宿

除了我们提供的宿舍,学生还可以寄宿在私人住宅和公寓内。除非有朋友或亲戚帮助准备住宿之处,否则必须在开学前至少2~3周到达吉隆坡,因为找到一个合适的住宿之处可能是很烦琐和耗时的。

可以选择与别人合租一个房间,或者自己租住一个单间,或者与朋友合租一套住宅或公寓。

(三)学校地址及联系方式

地址:马来西亚吉隆坡(57000)武吉加里尔马来西亚科技园区亚太科技大学

官网:www. apu. edu. my

联系电话: +603 8996 1000

邮箱:info@ apu. edu. my

第八章　缅　甸

一、缅甸概况

缅甸全称缅甸联邦(The Union of Myanmar),位于中南半岛西北部,在青藏高原与马来半岛之间,国土面积约68万平方千米,是中南半岛面积最大的国家。缅甸北部、东北部与中国为邻,东南部与老挝、泰国交界,南面是印度洋的孟加拉湾与安达曼海,西部、西北部与印度、孟加拉国相接。缅甸人口有5000多万,民族众多,人口最多的缅族约占总人口的58%。缅甸是著名的佛教国家,全国约90%人口信奉佛教,其余人口信奉基督教或伊斯兰教。缅甸经济落后,以农业为国民经济基础,受国内政局不稳与民族问题的困扰,经济发展缓慢,是世界上比较贫穷的国家。缅甸政治现处于从军人政权向民主政体转型的过程中,首都内比都位于仰光以北390千米处,仰光、曼德勒分别是缅甸第一、二大城市,仰光也是全国的经济文化中心。

二、高等教育总体特色与优势[1]

缅甸高等教育主要由国家教育部下属的位于仰光的下缅甸高等教育司和位于曼德勒的上缅甸高等教育司分别对下、上缅甸的高等教育事务进行管理。缅甸高等教育的宗旨是使每一位缅甸公民都能接受平等的高等教育,并始终坚持朝着这个目标奋斗,近年来,缅甸高等教育发展获得初步成效,高等教育入学率普遍提高,高等教育质量得到提升,高等教育多样性得到优化,不断为缅甸社会经济事业的发展贡献力量。

缅甸高等教育整体上正在经历质量转型,国家的三十年教育长期发展计划要求将缅甸的高等教育由扩宽学习宽度向深掘学习深度转变。在本科教育层次上,各高等教育机构已经开展了多样化课程设置。66所教育部直属高等教育机构为因应时代发展而设置的课程数量都得到了大大增加。除本科生和研究生教育外,缅甸高等教育机构还提供一

---

[1] 部分资料来源于缅甸教育部网站 http://www.myanmar-education.edu.mm/dhel/promoti-of-accessibility-quality-and-diversity-in-higher-education/

些远程和关于人力资源发展的项目。

缅甸高等教育特色在于其远程教育和人力资源项目的发展，缅甸拥有诸如远程教育学习中心、资源中心，计算机培训中心等各类隶属于教育部的远程教育机构接近500个，远程教育（本科层次）学生人数达284244人。

三、高等教育管理机构简介❶

缅甸教育部是缅甸教育的管理机构，其功能和目标在于建立一个能够面对时代发展变化带来的诸多机遇和挑战的普遍广泛的教育体系。教育部分别制定有短期和长期的教育发展计划，用于优化教育标准和建设一个终生学习社会，这些发展计划不仅用于提高缅甸高等教育质量和增加高等教育种类，而且旨在提高基础教育和高等教育的入学率。缅甸教育部始终将对每个地区的人民提供平等的教育视为重要目标，全国划为24个教育发展区，确保教育发展惠及每一个地区，随着高等教育机构由1988年的32所增加到2012年的163所，现在的24个发展区，每区都有至少拥有一所文理科大学、一所有学历授予权力的技术机构以及一所计算机科学技术机构。

四、主要高校国内排名情况简介

根据缅甸国家教育部提供的信息，上、下缅甸主要高校国内排名情况如下。

上缅甸高校排名

序号	高校名称		上缅甸排名
	英　文	中　文	
1	Mandalay University	曼德勒大学	1
2	Taunggyi University		2
3	Sagaing Institute of Education		3
4	Magway University		4
5	Monywa University		5

❶ 部分资料来源于缅甸教育部网站 http://www.myanmar-education.edu.mm/dhel/promoti-of-accessibility-quality-and-diversity-in-higher-education/

下缅甸高校排名

序号	高校名称		下缅甸排名
	英 文	中 文	
1	Yangon University	仰光大学	1
2	Yangon Institute of Economics	仰光经济大学	2
3	Yangon Institute of Education	仰光教育学院	3
4	Mawlamyine University		4
5	Yangon University of Distance Education	仰光远程教育大学	5

五、仰光经济大学

(一)学校简介

仰光经济大学(Yangon University of Economics)位于仰光,是一所公立大学,归缅甸教育部管辖,成立之初是一个专业研究所,目的是培养经济学家、统计学家、会计师和管理人员,并对与缅甸经济有关的经济、商业和统计问题进行研究。

仰光经济大学的前身是1924年的仰光学院。1940年,经济学系开始将商学建设成为一个学科。1953年,经济学系开始设立统计特别课程。1955年,独立的商学系成立。1964年新的教育体制引进到缅甸,所有这些经济系被合并重组成为如今的仰光经济学院。1988年,管理学系和应用经济学系成立。仰光经济大学现在有五大系,即经济学系、应用经济学系、统计学系、商学系、管理学系。学校的其他辅助系包括缅甸语系、英语系、数学系、地理系。

仰光经济大学成立了由校长、前校长和系主任组成的行政委员会。现共有385名全职工作人员,其中171名从事教学和科研工作。其余是行政人员和工作人员。

该校每年约有8579名学生登记入册,其中1200人是新生。学校提供了经济学、统计学、商学和管理学的荣誉学士学位、硕士学位和毕业文凭。目前,仰光经济大学提供9个本科学位、9个硕士学位、11个研究生文凭学位、3个博士学位。这所大学已经培养了60000多名经济学、统计学、商务和商学毕业生。

（二）留学政策

1. 入学条件

（1）经济学系

①日间课程——发展研究硕士

发展研究硕士（2015—2016 年）

入学条件：获得任何社会认可的高校的学士学位；至少 2 年全职工作经验；目前在职的，需提供雇主出示的书面许可；需完成全日制课程；不能参加其他高校提供的其他课程；由 2 名推荐人提供推荐信，最好有一人是资深学者。

申请清单：填妥的申请表格；2 封装在密封信封中的推荐信（最好其中一封来自资深学者）；学位证书复印件；工作经验证明信；国民登记证复印件；2 张护照尺寸的照片；雇主的许可信（只适用于目前在职人员）；大学最后一年的成绩单/等级证明；乡镇和平发展局提供的个人档案。此外，信息不完整或不正确的申请将不被发展研究硕士项目接纳。

申请表、信息单和审查费为 650 缅甸元。

②夜间课程 - 高级发展研究硕士高级发展研究硕士（2015—2016 年）

入学条件：获得任何社会认可的高校的学士学位；至少 8 年全职工作经验的公务员和企业经理人；年龄在 30 岁或以上（1985 年 9 月 2 日前出生）；需完成两年的全日制课程；不能同时参加其他高校提供的其他课程；通过高级发展研究硕士入学考试；通过面试。

申请清单：2 封装在密封信封中的推荐信（最好其中一封来自资深学者）；学位证书复印件；国民登记证复印件；个人档案、当前职位和工作经验证明信；2 张近期的护照尺寸的照片；雇主的许可信（只适用于目前在职人员）；大学最后一年的成绩单/等级证明。

（2）商务系

①银行和金融硕士

潜在的候选人需要满足三个条件才能被录取：

a. 在任何承认的大学获得第一学位；

b. 在银行和金融相关领域，有至少三年的工作经验；

c. 能修完所有课程。

这个项目的学制为三年，其中前两年上课，最后一年准备和提交论文。除周末和公共假期外，每天上午（7：00 至 9：00）上课。每一学年分为四个阶段，每个阶段末进行考试。完成四个学分单位将被授予一个模块，两年的课程期间要修满 96 个学分。在完成所有必需的课程并提交论文后，学生才能获得学位证书。

②营销文凭

潜在的候选人需要满足两个条件才能被录取：

a. 在任何承认的大学获得第一学位；

b. 能修完所有课程。

这个项目的学制为一年，其中前九个月上课，最后三个月准备期末论文。除周末和公共假期外，每天下午（5:30 至 7:30 ）上课。每个阶段末进行考试。完成两个学分单位将被授予一个模块，一年课程间要修满 30 个学分。在完成所有必需的课程并提交论文后，学生才能获得学位证书。

（3）统计系

日间课程——调查研究文凭。

（4）管理系

①日间课程——工商管理硕士

工商管理硕士入学条件：获得任何社会认可的高校的学士学位 ；至少 2 年全职工作经验；目前在职的，需提供雇主出示的书面许可；需完成全日制课程；不能参加其他高校提供的其他课程；由 2 名推荐人提供推荐信，最好有一人是资深学者。

申请清单：填妥的申请表格；2 封装在密封信封中的推荐信（最好其中一封来自资深学者）；学位证书复印件；工作经验证明信；国民登记证复印件；个人档案、当前职位和工作经验证明信；2 张护照尺寸的照片；雇主的许可信（只适用于目前在职人员）；大学最后一年的成绩单/等级证明；乡镇和平发展局提供的个人档案另外，信息不完整或不正确的申请将不被工商管理硕士项目接纳。

申请表、信息单和审查费为 6500 缅甸元。

②夜间课程 - 高级工商管理硕士（2015—2016 年）

入学条件：获得任何社会认可的高校的学士学位；至少 8 年全职工作经验的公务员和企业经理人；年龄在 30 岁或以上（1985 年 9 月 2 日前出生）；需完成两年的全日制课程；不能同时参加其他高校提供的其他课程；通过高级工商管理硕士入学考试；通过面试。

申请清单：填妥的申请表格；2 封装在密封信封中的推荐信（最好其中一份来自资深学者）；学位证书复印件；国民登记证复印件；个人档案、当前职位和工作经验证明信；2 张近期的护照尺寸的照片；大学最后一年的成绩单/等级证明。

（5）应用经济学系

①日间课程 - 公共管理硕士（2015—2016 年）

入学条件：获得任何社会认可的高校的学士学位；至少 2 年全职工作经验 ；目前在职的，需提供雇主出示的书面许可；需完成全日制课程；不能参加其他高校提供的其他课程；由 2 名推荐人提供推荐信，最好有一人是资深学者。

申请清单：填妥的申请表格；2 封装在密封信封中的推荐信（最好其中一份来自资深学者）；学位证书复印件；工作经验证明信；国民登记证复印件；2 张护照尺寸的照片；雇主的许可信（只适用于目前在职人员）；大学最后一年的成绩单/等级证明；乡镇和平发展局提供的个人档案。

另外，信息不完整或不正确的申请将不被公共管理硕士项目接纳。

申请表、信息单和审查费为 6500 缅甸元。

②夜间课程——高级公共管理硕士(2015—2016 年)

入学条件:获得任何社会认可的高校的学士学位;至少 8 年全职工作经验的公务员和企业经理人;年龄在 30 岁或以上(1985 年 9 月 2 日前出生);需完成两年的全日制课程;不能同时参加其他高校提供的其他课程;通过高级公共管理硕士入学考试;通过面试。

申请清单:填妥的申请表格;2 封装在密封信封中的推荐信(最好其中一份来自资深学者);学位证书复印件;国民登记证复印件;个人档案、当前职位和工作经验证明信;2 张近期的护照尺寸的照片;大学最后一年的成绩单/等级证明;此外,信息不完整或不正确的申请将不被高级公共管理硕士项目接纳。

申请表、信息单和审查费为 6000 缅甸元。

2. 专业设置

学校专业有:发展研究学、高级发展研究学、银行和金融学、工商管理、高级工商管理、公共管理学、高级公共管理学等。

3. 学年及学费

学校硕士研究生学制为 1 ~ 3 年。

(三)联系方式

网站:www. yueco. edu. mm

第九章　菲律宾

一、菲律宾概况

菲律宾全称菲律宾共和国(The Republic of Philippines),位于西太平洋边缘,西邻南中国海,北与中国台湾隔海相望,南、西南通过浅海与印度尼西亚、马来西亚为邻,是一个拥有7000多个岛屿的群岛国家,国土总面积约30万平方千米,海岸线总长约1.8万千米。菲律宾总人口1亿多,是世界上人口增长较快的国家,民族众多,人口较多的民族主要有他加禄人、伊洛戈人、比萨扬人和比科尔人等。菲律宾大部分人口信奉天主教,被称为"亚洲唯一的天主教国家"。在东南亚国家中,菲律宾经济发展水平居于中游,近年来虽然经济发展迅速,但贫富分化比较严重,存在数量庞大的贫困人口。菲律宾政治上实行总统制民主,首都马尼拉是全国政治、经济、文化中心,也是全国重要的交通枢纽和贸易港口。

二、高等教育总体特色与优势

菲律宾高等院校分为公立和私立。全国公开的菲律宾公立高等院校一共有656所,占了全国高校的28.53%。其中547所是国立大学或学院,95所是地方大学或学院,1所是高等教育委员会直管机构,5所为特殊高校,8所为政府学校。私立高校占全国高校的71.47%,一共有1643所,其中1296所是非教派高校,347所是教派高校[1]。

在东南亚国家中,菲律宾高等教育相对比较发达,最大特色是健全的高等教育质量认证体系。

全权承担菲律宾高等教育质量认证职责的是独立于高等教育委员会之外的菲律宾国家认证协会(Federation of Accrediting Association of the Philippines,FAAP)。FAAP包括四个机构,分别对不同类别的高等院校进行评估认证:菲律宾学校、学院、大学认证协

[1] 资料来源于网站 http://www.ched.gov.ph/index.php/higher-education-in-numbers/higher-education-institutions/。

会（PAASCU），菲律宾教会学校、学院、大学认证协会（ACSCU－AA），菲律宾学院，以及大学协会认证委员会（PACU－COA），菲律宾特许学院，以及大学认证协会（AAC-CUP）。其中前三个机构对不同类别的私立高等教育机构进行认证，最后一个针对公立高等院校进行认证。认证的内容包括具体课程或项目，以及整个高等教育机构。对具体课程或项目的认证需要从课程或项目的目标、教职员工、图书馆、实验室、学生指导、组织管理以及学校社区等方面进行评估认证。认证共分为四级，以第四级为最高，每一级别都有不同的标准。对高等教育机构的认证则在课程或项目认证的基础上对整个机构进行全面的评估认证，只有获得第三级认证以及大部分项目都获得认证的高等教育机构才有资格获得 FAAP 认证❶。

菲律宾高等教育总体优势：教育水平高；教学严谨；英语授课、英语环境；费用低廉；手续简便、快捷；100%签证率；无语言要求；学制灵活；学历、学位国际认可等❷。

三、高等教育管理机构简介

菲律宾的高等教育管理机构为高等教育委员会，是根据 1994 年高等教育法而创立的，由总统办公室直接管辖，它由一个主席和四个委员来领导，每个委员都有四年的任期。

菲律宾高等教育委员会为一个部级机构，专门管理公、私立高等学校，内设各学科技术小组，学科组提出各学科教育的最低标准，其主要职能为制定宏观计划及政策、管理高等教育发展基金，根据国家发展教育的战略目标对高等教育机构进行管理活动，包括以合理化为目标对机构的设立、机构类型的转化进行管理，对高等教育机构内部管理进行监督，撤回认证评估，暂停项目以及控制着私立高等教育机构的设立与关闭等❸。

国立大学或学院由中央政府进行管理和财政补贴，并且拥有自己的章程。国立大学的最高政策制定机构是 The Board of Trustees（BOT），国立学院的最高政策制定机构是 The Board of Regents（BOR），但两者都为菲律宾高等教育委员会统管。地方的大学和学院由地方政府单独通过决议或法令建立。特殊的高等教育机构是提供高等教育项目相关的公共服务的公共组织，它的运行和管理规则有特殊的法律予以指导。私立高等教育学校是由公司建立，并由公司的法律和一般规定来进行管理。非教派的私立高校合并、所属和运行由私人实体组织进行，不隶属于任何宗教组织。具有宗派背景的私立高校通常是非营利性的，它的合并、所属和运行由宗教组织管理。

菲律宾高等教育委员会是菲律宾高等教育系统的关键领导机构，与其他主要的高等

---

❶ 参见菲律宾高等教育质量保障体系。

❷ 资料来源于网页 http://www.fmprc.gov.cn/ce/ceph/chn/zfgx/234/123/t252893.htm。

❸ 杨林，蔡昌卓. 东盟教育[M]. 桂林：广西师范大学出版社，2009.

教育机构在建设国家人力资本和创新能力上通力合作,将菲律宾发展成为国际社会中负责任的一员。菲律宾高等教育委员会的宗旨是:提升高等教育的质量,使高等教育的机构和项目达到国际标准,毕业生和专业人才得到国际上的承认;确保所有人能接受高等教育;保证和保护学术自由,促进学习和研究,发展负责任、有效率领导和高水平专业人士的教育,繁荣历史文化。

四、主要高校国内排名情况简介

综合 QS World University Rankings、QS University Rankings:Asia 2015、Ranking Web of University 等网站的数据,菲律宾主要高校国内排名情况如下。

序号	高校名称		国内排名
	英 文	中 文	
1	University of the PhilippineS, diliman	菲律宾大学	1
2	Ateneo de Manila University	马尼拉雅典耀大学	2
3	Silliman University	菲律宾西利曼大学	4
4	De La Salle University	马尼拉德拉萨大学	7
5	University of Santo Tomas	圣托马斯大学	8
6	Mindanao State University	棉兰老国立大学	17
7	University of San Carlos	圣卡洛斯大学	19
8	Mapua Institute of Techgnology	玛布亚科技学院	24
9	Central Mindanao University	棉兰老中央大学	26
10	Technological University of the Philippines	菲律宾科技大学	28

五、菲律宾大学

(一)学校简介

菲律宾大学(The University of the Philippines ,UP)是第一所由菲律宾立法机构建立的大学,也是菲律宾规模最大的综合性国立大学,主校址位于马尼拉市,拥有全国规模最大的校园和现代化教学设备,创建于 1908 年 6 月 18 日。该校的第一任校长是美国人默

里·巴特利博士,其创建宗旨是提供文学、哲学、科学和艺术的高等教育,并施以学生专业知识和技术的训练。菲律宾大学的校训是"荣耀与卓越",这主要是基于菲律宾大学在各种国际排名上所处的地位,它所培养的毕业生经常通过一流的专业考试,以及它培养了这个国家绝大多数艺术家和部分科学家来确定的。[1]

在一个多世纪的发展史中,它形成了6所独立自治分校(马尼拉分校、迪里曼分校、米沙鄢分校、洛斯巴尼奥斯分校、棉兰岛分校、碧瑶分校)、12个校区和一所开放大学,总共有57个学院,提供413门学位课程。该校现约4135名教职人员、57000名学生。[2]

在菲律宾大学的6个分校中,马尼拉分校以医学为主,是菲律宾重要的医学院,注重生物、医学、护理方面的教育,设置有9个学院,开设医药、牙医、护理、公共卫生、医务人员等相关专业,提供了25个本科专业和33门研究生课程。迪里曼分校不仅是该校的行政管理中心,也是一所包含人文科学、社会科学、自然科学、技术科学、经济管理科学在内的综合性大学。迪里曼分校共开设296门研究生和本科课程,还开办多个研究中心。米沙鄢分校是菲律宾大学成立的第三个分校,以渔业和水产养殖等专业为主,设有生物学、渔业、海洋科学、信息技术等相关专业,其海洋科学研究所对渔业、水产养殖业的研究获得了全国科研机构的认可。洛斯巴尼奥斯分校是菲律宾大学建成的第一个以农林学校为主分校。该分校的研究机构致力于研究自然资源的有效利用和可持续发展,是公认的亚洲水稻农业研究中心。棉兰岛分校设置有信息技术、自然科学管理、信息沟通、艺术和文学等方面的院系和课程。碧瑶分校设有生物学、物理学、数学等院系,主要的专业有人

---

[1] 李眔鹰,王喜娟.东盟著名大学巡礼[M].桂林:广西师范大学出版社,2012.

[2] 李眔鹰,王喜娟.东盟著名大学巡礼[M].桂林:广西师范大学出版社,2012.

类学、科迪勒拉研究、种族文化研究、社会发展研究。[1]

无论学生年龄、性别、国籍、宗教信仰、政治立场如何，菲律宾大学向任何具备入学资格的学生提供文学、哲学、科学与艺术等学科学习，并为之提供专业技能培训。

(二)留学政策

1. 入学条件

(1)本科

a. 在进行中等教育的国家完成高中学习(含所在国规定取得相关学士学位须1～2年的大学预科学习者)。

b. 通过大学资格国内或国际管理考试，如普通教育证书考试(GCE)、学术能力测验(SAT)：GCE成绩3门普通级通过，2门高分通过；SAT成绩中阅读(口语)和数学总分不低于1200分；国际预科文凭。

c. 若申请人母语或中学教育授课语言为非英语，那么托福考试笔试成绩不低于500分，机考成绩不低于173分，网考成绩不低于61分。

(2)硕士

硕士学位入学要求如下：

a. 经认证的高等教育硕士学位或同等学力，GWA成绩每科不低于3.00；

b. 具备进修的智力和资质；

c. 语言能力；

d. 提供其他相关合格证明，如健康证明，还需符合学校和学院及培养单位或研究生委员会、研究生办公室所做相关要求；

e. 入学申请需提供正式申请表、成绩单复印件、两位原来所在学校相关研究领域教授或专家亲笔推荐信。

(3)博士

博士学位入学要求如下：

a. 直博者需提供学士学位，经认证的高等教育硕士学位或同等学力，GWA成绩每科不低于3.00；

b. 具备进修的智力和资质；

c. 语言能力；

d. 健康证明，还需符合学校和学院及培养单位或研究生院、研究生委员会所做相关要求；

e. 入学申请需提供正式申请表、成绩单复印件、两位原来所在学校相关研究领域教授或专家亲笔推荐信。

---

[1] 李袅鹰，王喜娟. 东盟著名大学巡礼[M]. 桂林：广西师范大学出版社，2012.

2. 专业设置

（1）本科

人类学、应用物理学、应用心理学、建筑学、艺术教育学、艺术历史学、艺术研究（艺术历史）、艺术研究（跨学科）、艺术研究（菲律宾艺术）、生物学、广播传播学、建筑工程学、商务管理、商务管理与会计、商务经济学、商务经济学（UPEPP）、工商管理、化学工程、化学、土木工程、服装技术、社区发展、传播学研究、社区研究、社区营养学、比较文学、计算机科学、创意写作、经济学、电力工程、电子与传播学工程、初等教育、英语研究：语言、英语研究：文学、欧洲语言、家庭生活与儿童成长、菲律宾语、电影学、食品技术、地质测量工程、地理学、地质学、历史学、家政学、酒店、餐厅制度化管理、工业设计、产业工程、室内设计、新闻学、景观建筑学、图书馆与信息科学、语言学、材料工程、机械工程、数学、冶金工程、采矿工程、分子生物学与生物技术、音乐、绘画、哲学、物理教育、物理学、政治学、心理学、公共行政管理、雕塑学、中等教育、社会工作学、社会学、言语交际学、体育学、体育研究统计学、戏剧艺术、旅游学、视觉传播学。

（2）硕士

人类学、应用数学、应用数学、菲律宾语、考古学、建筑学、艺术历史、艺术理论与批评、亚洲研究、生物学、工商管理、化学工程、化学、土木工程、临床心理学、传播学、社区发展、比较文学、计算机科学、创作与音乐表演艺术、创意写作、人口统计学、发展经济学、发展心理学、儿童早期发展、经济学、教育学、电力工程、英语研究（英美文学）、英语研究（语言）、民族音乐学、环境工程、环境科学、运动与体育科学、家庭生活与儿童发展、菲律宾语、金融、美术、食品科学、食品服务管理、测量工程地质学、地理学、德语、外国语言与文学、历史学、家政学、人类运动、工业工程、产业关系、室内设计、国际研究、伊斯兰研究、新闻学、图书馆学、图书馆与信息科学、语言学、管理学、海洋生物学、海洋生物技术、海洋物理科学、海洋科学、材料科学与工程、数学、媒体研究、机械工程、冶金工程、气象学、微生物学、分子生物学与生物技术、博物馆研究、音乐、营养学、文学、人格学、菲律宾心理学、菲律宾研究、哲学、物理学、政治学、人口研究、心理学、公共行政学、公共管理学、区域发展规划、社会发展学、社会心理学、社会工作学、社会学、西班牙语、言语交际学、统计学、技术管理、戏剧艺术、热带园林学、城市与区域规划、志愿机构管理、妇女与发展、威卡研究。

（3）博士

人类学、应用数学、考古学、生物学、化学工程、化学、土木工程、临床心理学、传播学、对比文学计算机科学、创意写作、发展心理学、经济学、教育学、电力工程、英语研究：英美文学、英语研究：语言、环境工程、环境科学、菲律宾语、测量工程地质学、外国语言与文学、历史学、家政学、语言学、海洋生物学、海洋生物技术、海洋物理科学、海洋科学、材料科学与工程、数学、媒体研究、机械工程、气象学、分子生物学与生物技术、博物馆研究、音乐、人格学、菲律宾心理学、菲律宾研究、哲学、物理学、政治学、社会心理学、社会学、统计学、城市与区域规划、威卡研究。

3. 学期设置

每学年分为两学期,含入学报名和期末考试阶段,每学期至少16周。每学期上课时间至少100天。第二学期后设暑期小学期。暑期小学期的上课安排与第一学期一样。第一学期开学时间为8月,第二学期开学时间为1月,学年中期为6月。

4. 学年及学费

学年:学制年限视专业而定。2年以下的只发毕业证书;2年以上的根据学制的长短可以分别获得协士(准学士)、学士、硕士、博士学位。协士学位只授予2年制毕业生,获得该学位后即可就业,也可继续修学士学位。学士学位课程一般要修4~5年,获得学士学位证书后,继续学习研究生课程1~2年,可获得硕士学位。有些硕士学位课程要求写论文,有的则只要求修完规定的课程即可,在此基础上再进行2~3年的研究,写出论文,就可以授予博士学位。医学、药学、兽医学等学科一般学制为6年,有的长达10年,只授予博士学位。[1]

学费:入学费用(如学费、杂费、学生基金)12项为4661.50~31490.50比索。需另缴押金100比索、报名费30比索。

实验室费用为每个实验室学科150~1800比索不等,费用的多少由学校来定。根据政府的管理规定,付费方式可为现金支付、邮政汇票、电报或电汇汇票、保付支票、经纪人支票。个人支票不予受理。

5. 奖学金政策

(1)ST系统

社会性学费系统(ST系统)根据学生家庭的支付能力评估,为学生提供相应额度的学费减免。该评估内容为学生家庭收入和社会经济状况。

(2)学生/研究生助学金

学生可通过担任学生助理以补贴其学费、书本费、生活费、交通费和住宿费等费用。研究项目和类似的学术活动也需要学生助理服务。而担任学生助理的前提为学生须具有所要求的学术背景和满足资格条件,如特定课程成绩或技能。研究生助学金的授予对象为具有优秀学术成果的研究生。

6. 住宿情况

13号UPD学生宿舍在学生的总体发展中起着重要作用。这些学生宿舍为学生提供一个有利于知识、身体、情感、精神方面发展的良好环境,有助于学生在社会文化方面的追求。它们就像生活的实验室,学生们能够整合共享学术和非学术的学习经验。其他大学都没有这样一个对学生的潜在影响远远超出了居住范围的住宿系统。这些学生宿舍的内置活动项目和服务对学校课程进行补充,我们坚持"宾至如归"的基本理念,从而让学生收获丰富的团体生活经历。

---

[1] 杨林,蔡昌卓. 东盟教育[M]. 桂林:广西师范大学出版社,2009.

7. 签证政策

a. 菲律宾大学录取通知书原件和两份复印件(印有清晰的菲律宾大学公章);

b. 6 份个人履历表,由本人亲笔英文及本国文字签名,并盖个人印章,在个人履历表和照片原件上印上指纹;

c. 成绩记录单或在校记录(原件一份、复印件两份),并在有效期内得到菲律宾大使馆和申请人本国或合法居住国的领事馆认证;

d. 经公证的书面证明,以银行存款余额证明书的形式证明申请人具备完全的经济能力;

e. 需提供具有申请人姓名、照片、签证日期、出生地等信息的签证页。

(三)学校地址及联系方式

学校地址:菲律宾奎松城菲律宾大学迪里曼校区,奎松厅,North Wing Mezzanine

邮箱:upsio@ upd. edu. ph

电话:(632)926 - 1572;(632)436 - 7537;and (632)981 - 8500

网址:http://www. up. edu. ph/

六、马尼拉雅典耀大学

(一)学校简介

马尼拉雅典耀大学(Ateneo de Manila University,ADMU)以其成立 150 年来所形成的学术领域和服务方面的优秀传统为傲。在 1901 年,马尼拉雅典耀大学(私立大学)被正式建立。马尼拉雅典耀大学是亚洲历史上最为悠久的耶稣教会下辖高等院校，坐落于马尼拉大都会区奎松市，现有约 20000 人。学校追求的卓越精神来源于古罗马雅典娜神殿，这样的精神贯穿于学校的成长历程。学校在艺术、科学、法律、管理、教育、医学和政治等领域开设小学、高中、本科和研究生项目等，使得学校成为一所积极向上的大学，获得广泛的认可。

马尼拉雅典耀大学力图维护、扩展和传播真理，并将真理用于人类发展和环境保护。作为一所菲律宾高校，马尼拉雅典耀大学致力于发掘并丰富菲律宾文化，为社会提供有用之才，开展多样化合作活动，为实现菲律宾的发展做贡献。作为一所天主教大学，马尼拉雅典耀大学着力于培养耶稣基督的教学人才。该校忠于天主教教义，信奉天主教，向菲律宾社会传播天主教信仰。作为一所耶稣教会大学，马尼拉雅典耀大学追求道德和智慧的人文发展，以实现耶稣教会自由教育的目标。

满怀依纳爵式精神，马尼拉雅典耀大学致力于让学生随处可见上帝，追求更大的上帝荣辉，追求人类更好的服务。

作为一所教学机构，马尼拉雅典耀大学行使其大学的职能，发挥教学、研究的作用，服务社会，努力实现以上目标。

（二）留学政策

1. 入学条件

（1）本科

a. 申请表；

b. 密封的中学成绩单和校长推荐表；

c. 密封的推荐表两份；

d. 个人陈述；

e. 致谢信；

f. 奖学金/财政援助问卷（如有）；

g.（本地和留学申请者）马尼拉雅典耀大学入学测试准考证。

（2）硕士

a. 本科学士学位；

b. 本科总体平均成绩不低于 85% 或 B；

c. 本科修满 18 门以上课程，或具有研究生所修专业领域同等水平；

d. 入学测试合格分数将由 S. J. 心理学服务中心的 Fr. Jaime Bulatao 确定；

e. 申请者还须符合相关部门及项目办公室规定的所有项目准入要求。

（3）博士

a. 本科学士学位；

b. 本科总体平均成绩不低于 85% 或 B；

c. 本科修满 18 门以上课程，或具有研究生所修专业领域同等水平；

d. 入学测试合格分数将由 S. J. 心理学服务中心的 Fr. Jaime Bulatao 确定；

e. 申请者还须符合相关部门及项目办公室规定的所有项目准入要求；

f. 博士学位项目申请者需具有相关部门授予的该博士项目相关领域学士学位及硕士学位，并符合该部门其他要求。

2. 专业设置

（1）本科

科学与工程学院：应用物理学、应用物理学（仪器方向）、应用物理学（材料方向）、生物学、应用数学/金融数学方向、计算机科学、化学、计算机工商、计算机科学、电子工程、环境科学、保健学、生命科学、管理信息系统、数学、物理。

社会科学学院：中文研究、传播学、发展研究、东南亚外交与国际关系研究、经济学、经济学（荣誉学位）、欧洲研究、历史学、管理经济学、政治学、政治学（全球政治方向）、政治学（公共管理方向）、心理学、社会科学。

人文学院：艺术管理、创意写作、信息设计、戏剧艺术、文学学士（菲律宾语）、人文学、多学科研究、文学（英语）、文学（菲律宾语）、哲学。

（2）硕士

科学与工程学院：生物教育硕士、环境管理硕士、信息技术硕士、科学教育硕士、应用数学硕士，金融数学方向、生物学硕士、物理学硕士、物理教育硕士、化学科学、数学硕士、大气科学理学硕士、生物学理学硕士、化学学理学硕士、化学学理学硕士（直接项目）、化学教育学理学硕士、计算机科学理学硕士、计算机科学理学硕士（直接项目）、电子工程理学硕士、环境科学理学硕士、环境科学理学硕士（直接项目）、数学理学硕士、数学教育理学硕士、数学教育理学硕士（论文）、物理学理学硕士、科学教育理学硕士。

社会科学学院：应用社会学和人类学、传播学（非论文）、传播学（论文）、经济学（论文）、经济学（非论文）、教育学/基本教育教学方向（论文）、教育学/基本教育教学方向（非论文）、教育学，教育行政管理方向、教育学/信息技术综合方向、教育学/阅读教学方向、历史（方向 1：论文）、历史（方向 2：非论文）、日语研究、日语研究政治学，国际政治方向、新闻学、政治学，全球政治方向（非论文）、政治学，全球政治方向（论文）、心理学，应用社会心理学（非论文）、心理学，应用社会心理学（论文）、心理学，咨询心理学（非论文）、心理学，咨询心理学（论文）、心理学，发展心理学（非论文）、心理学，发展心理学（论文）、心理学，产业组织心理学（非论文）、心理学，产业组织心理学：组织发展方向（非论文）、心理学，组织发展方向、心理学，战略性人力资源管理方向（非论文）、心理学，战略性人力资源管理方向（论文）、社会学、教育学硕士，教育管理方向、教育学硕士，指导与咨询历史、理学硕士，社会发展方向。

人文学院：人类学、圣经释义学、英语语言与文学教学（方向 1：论文）、英语语言与文学教学（方向 2：非论文）、文学与文化研究、文学与文化研究哲学、文学（菲律宾语）、文学（菲律宾语），创意写作方向、文学（菲律宾语）/教学文学方向、文学（菲律宾语）——无论文方向、文学（菲律宾语）——直接项目、文学（菲律宾语）——论文方向、教牧学（非论文)、教牧学:家庭牧师与咨询(非论文)、教牧学:牧师管理(非论文)、教牧学:社会司法宣传(非论文)、教牧学:灵性与撤离指导(非论文)、牧师学研究硕士、哲学(方向1:论文)、哲学(方向2:非论文)、宗教教育(非论文)、宗教教育(FIRE)、教学哲学(非论文)、神学研究、神学研究(FIRE)。

(3)博士

科学与工程学院:化学博士(标准项目)、化学博士(直接项目)、计算机科学博士、数学博士(标准项目)、数学博士(直接项目)、物理学博士。

社会科学学院:经济学(加速追踪)、经济学(常规跟进项目)领导学研究/组织发展方向、心理学/临床心理学方向、心理学/社会组织心理学、社会学。

人文学院:圣经释义学、经济学(加速跟进项目)、英语语言和文学、哲学、神学。

3. 学期设置

马尼拉雅典耀大学的普通学期是8月到次年5月,6月和7月为短暂的假期。学期的具体设置依学院而不同。

4. 学年及学费

学年:学制年限视专业而定。2年以下的只发毕业证书;2年以上的根据学制的长短可以分别获得协士(准学士)、学士、硕士、博士学位。协士学位只授予2年制毕业生,获得该学位后即可就业,也可继续修学士学位。学士学位课程一般要修4~5年,获得学士学位证书后,继续学习研究生课程1~2年,可获得硕士学位。有些硕士学位课程要求写论文,有的则只要求修完规定的课程即可,在此基础上再进行2~3年的研究,写出论文,就可以授予博士学位。医学、药学、兽医学等学科一般学制为6年,有的长达10年,只授予博士学位。[1]

学费:

学费64325比索;

基本费用12271比索;

其他费用12497比索。

实验室使用费或超出费用等额外费用则根据学生学习项目而定。学杂费可通过主要银行网上支付渠道或柜台交易缴费。学生可分2期或4期付款。

5. 奖学金政策

马尼拉雅典耀大学提供以下奖学金:

(1)马尼拉雅典耀大学新生精英奖学金(AFMS)

马尼拉雅典耀大学新生精英奖学金为一年一次的奖学金,授予对象为该大学入学考试成绩优异的新生,且在其高中表现突出,有着广阔前景。该奖学金包括获得者的本科全额学费减免和费用资助。

---

[1] 杨林,蔡昌卓.东盟教育[M].桂林:广西师范大学出版社,2009.

(2)院长嘉勉奖学金

洛约拉学校院长嘉勉奖学金授予对象为洛约拉学校中参加马尼拉雅典耀大学新生入学考试,学业以及课外活动中成绩排名靠前的新生。

该奖学金获得者每人获得50000比索。洛约拉学校承认这些学生的守信品质,奉献精神以及促进大学社区乃至菲律宾发展的巨大潜力。洛约拉学校希望通过这些学生来继续发扬其在学术和服务上帝、服务民族的精益求精传统。

(3)运动员奖学金

运动员奖学金的授予对象为在体育和学习方面表现优异的学生运动员。除了经济困难外,申请者须具有出色的体育能力,并在体育赛事中获奖。申请者须填写大学运动员办公室下发的运动员奖学金申请表,并获得该校体育教练和项目负责人的推荐。

(4)政府及私人奖学金

所有申请者需参加政府机构、私人团体或DOST－SEI、CHED、GSIS等基金会的资格测试,获得者可凭该奖学金来马尼拉雅典耀大学上学。

6. 住宿情况

马尼拉雅典耀大学提供三种住宿条件供留学生选择:

(1)校内宿舍

马尼拉雅典耀大学有三栋宿舍楼:Cervini楼(女生宿舍)、Eliazo楼(男生宿舍)、新大学宿舍楼。每学期(5个月)收取一次住宿费。目前收费标准为约36000比索/学期。宿舍入住预订等相关事项由国际关系办公室酌情处理。

(2)校外宿舍

有校外宿舍一共男女生分租。根据住宿条件,租金为每月5000～8000比索。校外宿舍列表可到学院学生事务办公室的助理院长处或国际项目处领取。

(3)校外公寓/公寓套房

校区附近有许多校外公寓或公寓套房可供学生选择。大部分公寓离学校仅5～10分钟的步程。未装修的套房租金为约250美元/月。精装修半独立式套房租金为每月300～500美元。月租金不含水电费等费用(如电费、水费、电话费、有线电视费)。

7. 签证政策

不同签证的留学生需提供以下文件:

(1)特殊学习签证:以离境日期为起始,具有至少6月有效期的护照原件,马尼拉雅典耀大学出具的支持函,附2cm×2cm照片原件(非扫描),白色背景,不戴眼镜。

(2)学生签证:以离境日期为起始,具有至少6月有效期的护照原件,马尼拉雅典耀大学出具的支持函,附2cm×2cm照片原件(非扫描),白色背景,不戴眼镜。

(3)签证费用:特殊学习签证(有效期1年)费用为252.50美元;学生签证(有效期6个月)的费用分为两种,一种是无临时身份证(停留时间少于59天者)的费用99.00美元,一种是临时身份证(停留时间多于59天者,有效期1年)的费用60.00美元。

（三）学校地址及联系方式

学校地址：菲律宾奎松市洛约拉高地卡提浦南大道马尼拉雅典耀大学洛约拉高地校区

邮箱：oir@ ateneo. edu

电话：(+632)426 -5907

网址：http://www. admu. edu. ph/

第十章　新加坡

一、新加坡概况

新加坡全称新加坡共和国(The Republic of Singapore),位于马来半岛南端,濒临马六甲海峡,北隔狭窄的柔佛海峡与马来西亚为近邻,南面经过新加坡海峡与印度尼西亚隔海相望,由一座本岛和一些小岛组成,大体可视为一个城市国家,总面积约 700 平方千米。新加坡处于太平洋与印度洋的交通咽喉上,是世界海空航线枢纽。新加坡总人口约 550 万,华族、马来族、印度族是人口最多的三大族群,华人约占 75%、马来人约占 13%、印度人约占 9%。新加坡是东南亚最发达的国家,人民生活富足,实际已进入发达国家行列。新加坡政治上实行议会内阁制,人民行动党长期执政,首都新加坡市是全国政治、经济、文化中心,也是世界最大的港口之一和重要的国际金融中心。

二、高等教育总体特色与优势❶

新加坡高等教育萌芽于 20 世纪初,即 1905 年建立的海峡殖民地及马来联邦国立医科大学。新加坡在发展本国经济的同时,十分重视从本国的实际需要出发来发展高等教育,使高等教育对新加坡社会经济水平地进一步提高起了很大的促进作用。新加坡经济发展起来后,政府更加关注教育,不断追加教育投资,尤其是高等教育投资,形成了经济与高等教育互动发展的良性循环。近年来,新加坡的高等教育有了长足而稳健地发展,不断致力于提高高等教育的质量,增强国际竞争力。

从整体上看,新加坡高等教育水平较高,处于东南亚国家前列。新加坡高等教育大都效仿英美模式,同时具有自己的特色。新加坡高等教育的学位分 5 级:普通学士学位、荣誉学士学位、硕士学位、博士学位和专门学科博士学位。

新加坡高等院校分国立(公立)、私立两类,院校类别主要有大学、专科学院和教师培

❶ 部分内容参考徐天伟.面向东盟的云南高等教育国际化发展战略研究[M].北京:中国社会科学出版社,2015.

训性质的教育学院等。政府投资并经营的国立高等院校有 4 所大学和 5 所理工学院，即新加坡国立大学、南洋理工大学、新加坡管理大学、新加坡科技设计大学、新加坡理工学院、南洋理工学院、淡马锡理工学院、新加坡共和理工学院和义安理工学院。新加坡公立院校享受政府补贴，学生花费低，条件比较好，还可以申请奖学金或助学金。新加坡私立院校一般都与国外院校联合办校，或者是国外院校在新加坡的分校，根据学校的教育质量，有名的院校收费要高一些，学费通常比国立院校贵一倍以上。

在文凭颁发上，新加坡高等院校有自己的特色，新加坡教育系统中有权授予本科学士学位及以上文凭证书的教育机构只有 4 所国立大学。新加坡的 5 所国立理工学院可以颁发大专文凭，成绩优异的学生毕业后可以进入大学完成本科或更高的学历课程。新加坡国立教育学院（附属于南洋理工大学）可以颁发教师资格证书和教育文凭、授予教育学硕士及博士学位。其他的私立院校则不能颁发大专以上的学历证书。

三、高等教育管理机构简介❶

新加坡行使高等教育管理权的机构为新加坡教育部。新加坡教育部的职责是制定和执行教育政策，管理新加坡政府资助的各所小学、中学、大学和一个中央研究所。

新加坡教育部有学术研究部、新加坡教师学院、通信和互动集团、课程规划与发展部、课程政策办公室、教育技术部、财务部、采购部、高等教育行动科、人力资源集团、人力资源战略与领导司等。

学术研究部制定、实施和审查的大学、理工学院和工艺教育学院下的 RIE 总体规划学术研究和科研人才的政策资金支持。学术研究部还监督卓越研究中心的进度、成绩和管理科研经费，其中包括教育部学术研究基金和研究奖学金，此外还制定有关社会科学和人文科学的研究政策，构成学术研究理事会和社会科学研究理事会的秘书处。

新加坡教师学院的主要功能是培养职业精神气质、促进协作敬业的教师主导文化、建立持续学习和改进的文化、推动专业发展。

通信和互动集团包括通信事业部、研究部、规划办公室和行政办公室。通信事业部促进教育政策和计划的实施，与学校和教育部的其他利益相关方的进行有效沟通。规划办公室确保通信和参与教育部制定实施良好的政策。行政办公室协调后勤规划和管理主要的部级通信平台和处理相关事务。

课程规划与发展部的任务是开发课程，以满足国家、社区和个人的需要。课程规划与发展部的功能在于设计和审查教学大纲和监督其执行情况，评估教学方法，推广符合课程教学目的的学习方法，生产已经经过批准的教材，督促学校图书馆、教育部语言中心就有关课程问题提供专家意见。

---

❶ 部分资料来源于新加坡教育部官网 https://www.moe.gov.sg/about/org-structure。

课程政策办公室的功能是制定和审查国家课程政策，促进健全的、平衡的、有目的、有效的课程教学和评估。

教育技术部的任务是利用信息和通信技术来丰富学习和教学，其功能在于使信息和通信技术成为21世纪学习的助力，监督信息和通信技术。

财务部门负责制定与高等院校资金相关的各项政策，包括学生金融和财政援助计划政策、管理教育部年度预算、教育部基金、慈善机构筹款事宜。

采购部负责所有采购政策，管理各类合同，负责基础设施、咨询服务等项目招标。

高等教育行动科保证高等教育质量、服务质量的有效性，以及制定应急计划，管理有关教育机构和教育部下辖法定机构，负责高等教育政策的制定、实施和审查有关大学、理工学院的政策，管理技术教育、民办教育研究所和艺术机构。

人力资源集团负责招聘和任用，为教育官员、行政人员、教育工作者联盟、学校与总部部门建立人事管理事项。

人力资源战略与领导司审查和制定人力资源政策、人力资源规划、人才管理和领导继任计划。

四、主要高校国内排名情况简介

综合 QS World University Rankings 和 Ranking Web of University 网站的数据，新加坡主要高校国内排名情况如下。

序号	高校名称		性质	国内排名
	英　文	中　文		
1	National University of Singapore	新加坡国立大学	公立	1
2	Nanyang Technological University	新加坡南洋理工大学	公立	2
3	Singapore Management University	新加坡管理大学	公立	3
4	Ngee Ann Polytechnic	义安理工学院	公立	4
5	Singapore University of Technology and Design	新加坡科技设计大学	公立	5
6	Singapore Polytechnic	新加坡理工学院	公立	6
7	Nanyang Polytechnic	南洋理工学院	公立	11
8	Temasek Polytechnic	淡马锡理工学院	公立	12
9	Singapore Republic Polytechnic	新加坡共和理工学院	公立	13
10	Singapore Institute of Management	新加坡管理学院	私立	14

续表

序号	高校名称		性质	国内排名
	英　文	中　文		
11	Management Development Institute of Singapore	新加坡管理发展学院	私立	15
12	LASALLE College of the Arts	新加坡拉萨尔艺术学院	私立	17
13	Nanyang Academy of Fine Arts	新加坡南洋艺术学院	私立	19
14	TMC Academy	新加坡 TMC 学院	私立	20
15	Kaplan Learning Institute	新加坡楷博金融学院	私立	22

五、新加坡国立大学

（一）学校简介

新加坡国立大学（National University of Singapore，NUS）是一所以亚洲为中心的世界级顶尖大学，它是新加坡首屈一指的一流院校。它的教育与研究项目以亚洲前景和技术为重点，并为此指出了一条全球道路。

新加坡国立大学的主校区位于肯特岗，位于新加坡西南部，离市中心 12 千米。学校设有 17 所学院，分布在新加坡肯特岗、武吉知马和欧南园 3 个校区。这些学院为学生开设了强调多学科课程的基础课程和丰富的跨学科课程。新加坡国立大学的教育改革项目包括交换生项目、国大海外分校企业见习项目，以及与世界顶尖大学开设的双学位和联合学位项目，这些项目为学生领悟自我潜力提供了机遇与挑战。在这里，学生将体验到充满艺术、文化和运动气息的活力四射的校园生活。该校有来自100个国家的留学生,多样化的社会和文化观念使得这所校园变得更加丰富多彩。

新加坡国立大学设有3所卓越研究中心及26所大学研究机构和中心。此外,国大也是新加坡第五所卓越研究中心的合作伙伴,并与16所国家级研究机构与中心紧密联系。该校的研究活动是十分强有力,且具有战略意义的。学校在工程、生命科学与生物医学、社会科学与自然科学等领域的研究实力是备受公认的。近年来,主要的研究重点在以下几个领域:量子技术、癌症与转化医学、互动数码媒体及环境与水。同时,国大致力于营造一个支持的、创新的环境,以促进该区创意产业的发展。

(二)留学政策

1. 入学条件

(1)本科

a. 已经完成或正在完成高中学习,即到当年的7月完成至少12年的普通教育;

b. 通过中国大学入学考试或高考;

c. 申请新加坡国立大学的学生需提交如下材料:申请材料清单、国家级高中考试结果(如试用)、高中成绩单、附加成绩(申请表中注明的分数)如雅思、托福、SAT和SAT科目考试成绩等、护照/出生证/身份证(清楚地反映你的全名和出生日期)、医疗报告(如果你有或有任何疾病或残疾,如适用)、刑事记录(如适用)。

(2)硕士

课程型项目:候选人需具备在相关学科的学士学位或同等学力,此外,项目要求考生通过一个具体的标准来证明研究生学习的准备:常见的分班考试(如:GRE、GMAT)或者在相关领域内的项目管理编班考试(也包括一个结构化面试,以测试候选人的理解领域)。特殊情况下,具有其他资格和经验的候选人以案例为基础可以进行考虑,但须经研究生委员会批准(BGS)。

研究型项目:候选人必须具备一定的学习成绩,在研究生普通入学考试中取得一定的成绩(如:GRE、GMAT)或通过招生考试和面试。

研究型的硕士入学条件通常需要一个良好的荣誉学位或同等学力,有关学院也允许具有一个相关的研究或以案例为基础的工作经验的良好的学士学位入学,但须经研究生委员会批准(BGS)。

(3)博士

需要具有一个相关学科的良好的硕士学位,或至少一个二级荣誉学位或相关学科的同等学力。

2. 专业设置

(1)本科

文学与社会科学学院:汉语言、汉语研究、日语研究、马来语研究、南亚研究、东南亚研究、英语语言、英语文学、历史、哲学、戏剧研究、通信与新媒体、经济、地理、政治学、心理学、社会工作、社会学、地理环境研究。

商业与会计学院：工商管理（会计）、工商管理。

计算机学院：商务分析、计算机科学课程、信息安全、信息系统、计算机工程。

牙科学院：牙科。

设计与环境与学院：建筑、工业设计、项目和设施管理、房地产。

工程学院：工程学、生物医学工程、化学工程、土木工程、工程科学、环境工程、电气工程、工业和系统工程、材料科学。

法学院：法学。

医学院：医学。

护理学院：护理学。

音乐学院：音乐。

理学院：应用数学、应用数学专业的数学建模和数据分析、应用数学的运筹学与金融数学专业、化学、化学（含材料化学专业）、化学（含药物化学专业）、化学（与环境和能源专业化）、计算生物学、数据科学和分析、食品科学与技术、生命科学、生命科学（与生物医学科学专业）、生命科学（与环境生物学专业）、生命科学（特殊分子细胞生物学）、数学、物理、物理（特殊天体物理学）、物理（物理中具有技术专业化）、定量金融、统计、统计（与专业统计）、统计（在金融和商业统计专业）、药学、生物学环境研究。

（2）硕士

①文学与社会科学学院

课程型项目：研究生文凭课程、文学硕士（汉语研究、语言研究、文学研究和东南亚研究）、心理学硕士（临床）、联合国墨尔本大学心理学硕士（临床）、理学硕士（应用地理信息系统）、社会科学硕士（应用经济学）、社会工作硕士。

研究型项目：文学硕士（汉语研究、英语、文学、历史、通信和新媒体、日语研究、马来语研究、哲学、南亚研究、东南亚研究）、社会科学硕士（经济学、地理学、政治学、心理学、社会工作、社会学）。

②商业与会计学院

课程型项目：工商管理硕士、房地产专业化 MBA、李光耀公共政策学院双学位、新加坡国立大学——巴黎高等商学院 MBA 双学位、新加坡国立大学——北京大学 MBA 双学位、S3 Asia MBA、亚太行政 MBA、亚太行政 MBA（中文）、UCLA - NUS 行政 MBA、LKYSPP 公共行政与合作管理硕士（中文）、科学管理硕士、科学商业分析硕士、工商管理（会计）、工商管理。

③计算机学院

研究型项目：计算机硕士。

④牙科学院

研究型项目：口腔颌面外科、预防牙科、口腔修复学专业硕士。

⑤设计与环境与学院

课程型项目:理学硕士(建筑性能和可持续性、项目管理、房地产、环境管理和综合可持续设计)、建筑学硕士、文科硕士(城市设计)、建筑景观美化硕士、城市规划硕士。

研究型项目:文学硕士(建筑、工业设计)、理学硕士(建筑、房地产和城市经济学)。

⑥工程学院

课程型项目:理学硕士(化学工程、土木工程、电气工程、环境工程、岩土工程、水利工程和水资源管理、工业与系统工程、知识产权管理、管理技术、材料科学与工程、机械工程、海洋技术、安全,健康和环境技术、系统设计与管理);NUS - TUD 双硕士学位课程——理学硕士(水利工程与水资源管理)、理学硕士(土木工程)双学位课程;理学硕士(国防技术和系统),这个项目是与海军研究院(NPS)、蒙特雷,美国合作设立的,并由淡马锡国防系统研究所指导。

研究型项目:工程硕士(生物医学工程,化学和生物分子工程、土木和环境工程,电气和计算机工程,工程和技术管理,工业与系统工程、材料科学与工程、机械工程)。

⑦法学院

课程型项目:海事法律和仲裁的研究生文凭、法律硕士(有或没有专业化)—亚洲法律研究,公司及金融服务法,知识产权与技术法律,国际商事仲裁和争端解决,国际法和比较法,海商法,法律硕士(国际商法),双学位硕士——MPP/MPA。

⑧李光耀公共政策学院

公共政策硕士、公共行政硕士、公共管理硕士、公共行政与管理硕士(汉语)与商学院合作。

⑨苏瑞福公共卫生学院

课程型项目:应用流行病学研究生文凭、公共卫生硕士。

研究型项目:理学硕士。

⑩理学院

课程型项目:理学硕士(化学、应用物理、数学、制药科学和技术、定量金融学、物理和统计)、工业化学联合硕士——新加坡国立大学和慕尼黑工业大学(TUM)、科学通信联合培养理学硕士——新加坡国立大学和澳大利亚国立大学(ANU)。

研究型项目:理学硕士(生物科学、化学、数学、药学、物理、统计和应用概率)。

⑪Yong Loo Lin 医学院

课程型项目:研究生文凭(家庭医学、家庭实践皮肤病、老年医学、心理健康、职业医学、缓和医学)、考试型医学硕士(麻醉科、放射诊断学、急救医学、家庭医学、内科、产科、妇科、眼科、整形外科、耳鼻咽喉科、儿科医学、精神病学、外科手术)、理学硕士(听力学)、理学硕士(语音和语言病理学)。

研究型项目:理学硕士(麻醉、解剖、生化、放射诊断学、医学、微生物学和免疫学、产科、妇科、眼科、整形外科、耳鼻咽喉科、儿科、病理学、药理学、生理学、心理医学和外科手术)、理学硕士(传染病,疫苗和药物发现)与伯尔尼大学联合培养、临床调查硕士。

⑫系统科学研究所

课程型项目:研究生文凭(系统分析)、软件工程专业科技硕士(由 ISS、ECE 部门与计算机学院联合提供)、企业商业分析专业科技硕士(由 ISS、ISE 部门与 ETM 部门联合提供)、信息技术领导力专业科技硕士(由 ISS 与计算机学院联合提供)。

⑬风险管理研究所

课程型项目:理学硕士(金融工程)。

⑭亚太物流研究所

课程型项目:NUS - GeorgiaTech 物流和供应链管理(DMP)双学位项目(新加坡国立大学物流与供应链管理与乔治亚理工学院工业工程硕士)、供应链管理理学硕士(ISE 工程学院工程系、新加坡国立大学商学院决策科学系与亚太物流研究所联合提供)。

(3)博士

文学与社会科学学院:哲学博士(汉语研究、经济学、英语和文学、地理、历史、通信与新媒体、日语研究、马来语研究、哲学、政治学、心理学、社会工作、社会学、南亚研究和东南亚研究)。

商业与会计学院:战略和政策、决策科学、财务、会计、管理与组织、市场营销专业哲学博士。

计算机学院:计算机科学与信息系统专业哲学博士。

牙科学院:口腔颌面外科,预防牙科,口腔修复学专业哲学博士。

设计与环境与学院:哲学博士(建筑、工业设计、房地产)、NUS - DTU 联合培养博士项目。

工程学院:哲学博士(生物医学工程,化学和生物分子工程、土木和环境工程,电气和计算机工程,工程和技术管理,工业与系统工程、材料科学与工程、机械工程)。

NUS - CentraleSupelec 联合培养博士(与法国 CentraleSupelec 联合培养)。

NUS - TU/e 联合培养博士(与埃因霍温理工大学联合培养)。

NUS - IITB 联合培养博士(与印度孟买技术学院联合培养)。

NUS - IITM 联合培养博士(与印度马德拉斯技术学院联合培养)。

NUS - IITK 联合培养博士(与印度坎普尔技术学院联合培养)。

NUS - SUTD 联合培养博士(与新加坡科技大学联合培养)。

法学院:哲学博士。

李光耀公共政策学院:哲学博士。

新加坡国立大学综合科学与工程研究所:哲学博士、新加坡国立大学博士 - MBA(与 NGS 和 NUS 商学院合作)、量子技术中心的哲学博士。

苏瑞福公共卫生学院:哲学博士。

理学院:课程型项目:药学博士。

研究型项目:哲学博士(生物科学、化学、数学、药学、物理、统计和应用概率)NUS - IIT 联合培养博士(与 IITB/IITM/IITK)、新加坡国立大学——伦敦大学国王学院联合培养博士(新加坡国立大学生物科学和物理学与伦敦大学国王学院生物医学科学学系提供)、新加坡国立大学——耶路撒冷希伯来大学联合培养博士。

Yong Loo Lin 医学院:哲学博士(医学院)、哲学博士(肿瘤科学研究所)。

Duke - NUS 医学院:医学博士、综合生物学与医学专业哲学博士、综合生物学和医学专业哲学博士或医学博士。

力学生物学研究所:哲学博士。

3. 学期设置

实行两学期制

第一学期:8—12 月。

第二学期:1—5 月。

4. 学年及学费

(1)本科

学制:3 ~5 年。

a. 文学与社会科学学院

学费:29350 美元/学年。

b. 商业与会计学院

学费:31800 美元/学年。

c. 计算机学院

学费:37550 美元/学年。

d. 牙科学院

学费:141100 美元/学年。

e. 设计与环境与学院

学费:29350 ~37550 美元/学年。

f. 工程学院

学费:37750 美元/学年。

g. 法学院

学费:37750 美元/学年。

h. 医学院

学费:141100 美元/学年。

i. 护理学院

学费:37250 美元/学年。

j. 音乐学院

学费:104750 美元/学年。

k. 理学院

学费:37550 美元/学年。

l. 药学

学费:37500 美元/学年。

(2)研究生

硕士:学制 1 ~3 年。

博士:学制 2 ~5 年。

课程型项目:

①牙科、医学、公共卫生

学费:全日制 46850 美元/学年,非全日制 23450 美元/学年,牙科硕士(修复)49500 美元/学年。

②计算机、工程学、理学、设计与环境(建筑性能与可持续发展、综合可持续发展设计)

学费:全日制 19800 美元/学年,非全日制 9900 美元/学年,建筑景观美化硕士 18500 美元/学年。

③文科与社会科学、设计与环境(城市设计、环境管理、项目管理、房地产)

学费:全日制 19800 美元/学年,非全日制 9900 美元/学年,城市规划硕士 19800 美元/学年。

研究型项目:

①牙科、医学

学费:26550 美元/学年。

②护理

学费:18100 美元/学年。

③计算机、设计与环境(建筑)、综合科学和工程研究生院、公共卫生、理学

学费:16700 美元/学年。

④文科与社会科学、商业、设计与环境(建筑、工业设计、房地产)

学费:29400 美元/学年。

⑤法学

学费:29400 美元/学年。

5. 奖学金政策

(1)本科

新加坡国立大学在表彰优秀学术成就、领导素质和专业人才的基础上提供各种本科奖学金和奖励。

科学技术本科生奖学金:为来自亚洲的学生提供的新生奖学金,候选人通过新加坡国立大学的录取将直接考虑并入围该项奖学金,不需要单独申请。

资格标准:申请者是亚洲公民,具有很强的领导能力和潜力,具有优秀的合作课程活动记录,具有优秀的高中成绩,申请计算机、工程学或理学(包括药学)项目的全日制本科学位课程。

(2)硕士、博士

申请人如欲追求更高的学位课程或研究项目可以申请如下奖学金,学生没有资格申请政府补贴也没有资格获得如下奖学金:

a. 李光前研究生奖学金;

b. 新加坡国立大学东盟国家研究生奖学金;

c. 校长研究生奖学金;

d. 新加坡国立大学研究奖学金;

e. 新加坡国际研究生奖(新加坡);

f. 学费津贴;

g. 新加坡综合科学与工程研究生院奖学金(NGSS)。

6. 住宿情况

在校园内,有大约6000个居住场所。新加坡国立大学为全日制的学生提供学生宿舍,但是学生住所账户欠款则不能申请,违反住房协议或违纪的学生也不能申请,国际留学生须有适当和有效的由移民局签发的通行证。

7. 签证政策

所有全日制国际学生须持有移民局和关卡局颁发的有效的学生证,请参阅ICA的网站上的学生证事项信息和各自的注册指南(或由各自的新加坡国立大学招生部门发布的说明书),查看异地学生通行证办理的详细的日期与细节。

从签证所需的国家到新加坡的留学生,将通过电子邮件将原则批准信(IPA)发送给他们。当留学生到达新加坡时,需要提供IPA,以及有效的护照给入境检查站的值班人员。先发行短期社交访问准证,在这期间,留学生需要在新加坡注册报告和申请学生证,详情载于相应的注册指南(或相关部门发出的信息)。至少提前一个月申请延长学生的通行证,超期将会受到相应惩罚。兼职国际学生没有资格申请学生的通行证,应持有效的工作证留在新加坡。

(三)学校地址及联系方式

学校地址:新加坡肯特岗下段21号

官网:http://www.nus.edu.sg

联系电话:+65 6516 2870

传真:+65 6774 4021

电子邮箱:regenquiry@nus.edu.sg

六、南洋理工大学

(一)学校简介

南洋理工大学(Nanyang Technological University ,NTU)是一所新兴大学,全球排名13,也是全球最好的新生大学,专注于学术研究。南洋理工大学位于新加坡南洋大街50号。

南洋理工大学建有云南园、卫星2个校区,其中云南园校区占地200公顷,专任教师5546人,各类本科生和研究生33500人。学校设有工程学院、商学学院、科学学院、人文学院、艺术与社会科学学院、跨学科研究学院及与伦敦帝国学院合作建立的李光前医药学院。南洋理工大学也聚集了国家教育研究所、新加坡拉惹勒南国际研究院、新加坡观象台及新加坡环境生命科学工程中心等世界级研究机构。

南洋理工大学为33000名本科生和研究生提供优质的国际教育。这些学生主要是顶级学者和国际奥赛奖牌的获得者,并有来自80个国家的4300名在校教师和研究人员在学校开展研究活动。

(二)留学政策

1. 入学条件

学生需在网上完成申请工作,不论哪个国家的申请者都应满足以下等同于高中毕业证的条件:

a. 通过新加坡－剑桥 GCE A 水平考试；

b. 获得新加坡理工学院授予文凭；

c. 通过国际中学毕业会考；

d. 获得新加坡国立大学中学毕业证书及其他同等学力。

2. 专业设置

会计学、商业学、会计学与商业学、商业学与计算机学、商业学与计算机工程学、医药学、复兴工程学项目。

3. 学期设置

第一学期:8 月 3 日至 12 月 4 日。

第二学期:1 月 11 日至 5 月 6 日。

4. 学年及学费

学年:学习 3 年

学费:17100 ~ 70500 新加坡元,专业不同则收费不同。

5. 奖学金政策

学校提供如下奖学金:

(1)大学新生奖学金(NTU 招生与助学金办公室设立)

a. 南洋奖学金;

b. 学校奖学金;

c. 新加坡地球观测研究所奖学金(EOS);

d. 本科生奖学金;

e. 东盟本科生奖学金;

f. NTU 科学与工程奖学金;

g. 复兴工程项目奖学金。

(2)校外机构设立奖学金

a. BCA 工业建筑环境的奖学金;

b. 吴庆瑞博士奖学金;

c. JTC 奖学金,郭氏基金;

d. 本科生奖学金。

(3)在校本科生奖学金(校外机构设立)

a. A * STAR 本科生奖学金(AUS);

b. 审计服务奖学金;

c. APB 残疾人基金奖学金;

d. Bishan－Toa Payoh GRC 社区奖学金;

e. NTU 思科奖学金;

f. Chong PangDymon 亚洲社会影响奖学金;

g. 俱乐部 21 奖学金;

h. 公积金局奖学金；

i. 战略信息通信技术中心本科生奖学金；

j. 新加坡国防科技研究院对杰出研究者的赞助；

k. 谷歌安妮塔博格纪念奖学金(亚太地区学生)；

l. 侯永昌 PSA 奖学金；

m. 国际企业中期奖学金；

n. 国际企业新加坡青年才俊奖学金；

o. JAL 奖学金；

p. JCCI 新加坡基金奖学金；

q. 韩国政府研究生奖学金。

6. 住宿情况

学生住处配备有单人床、衣柜、桌子、风扇和互联网连接端口。租金包括互联网的使用费,家具使用费及水电费等。附加费用包括空调使用费及其他电气设备的使用费。

单人间:500 ~560 新加坡元每月

双人间:370 ~430 新加坡元每月

(三)学校地址及联系方式

地址:南洋大街 50 号

官网:http://www.ntu.edu.sg/Pages/home.aspx

联系电话:(65)67911744

传真:(65)67926911

七、新加坡管理大学

(一)学校简介

新加坡管理大学(Singapore Management University,SMU)位于新加坡市中心,校园设施先进,环境优美。是一所专注于教育及研究事业的高等院校,得到新加坡政府及社会各界的大力支持。SUM 不断向社会输送优秀毕业生,学术研究以市场为导向,立志成为世界一流大学。SMU 在人文教育及综合教育方面表现卓越。学校虚心向一些世界级的机构学习,比如美国宾夕法尼亚大学沃顿商学院。新加坡管理大学正在扩充招生名额,在 2016 年该校学生总人数约为 1 万名,今后则计划每年多录取 500 名本科生。新加坡管理大学已经成为一所以商学、经济、法律、社会科学等为主的中型大学,学校已建立坚实的基础并形成独特的教育模式。SMU 面临的新挑战是成为学术界的领袖。本校定位于成为一所世界公认的、一流的教学机构。

(二)留学政策

1. 入学条件

申请者需满18周岁并接受至少12年的正规教育并以良好成绩通过相关国家/国际入学考试,此外,申请者还需提交以下成绩之一:

SAT最低总分1900分,其中阅读和写作的得分至少要有600分;

ACT最低总分29分,并且必须有至少27分的阅读和写作得分;

IELTS最低总体得分为7.0分,并且至少有7.0分的阅读得分和至少6.5分的写作得分;

托福网考至少93分,阅读和写作两部分至少都要有22分。

2. 专业设置

文学与语言学、会计学、企业通信学、经济与统计学、金融学、信息系统学、法律与法律研究、市场营销、运营管理、组织行为与人力资源、政治学、心理学、量化金融、社会学、战略管理、科学与技术。

3. 学期设置

每个学年有三个学期:

秋季学期(第一学期)8月下旬到9月初;

春季学期(第二学期)1月初到4月下旬;

夏季学期(第三学期)4月下旬到7月中旬。

4. 学年及学费

学年:本科4年,硕士2~3年,博士2~5年。

学费:24100~26650新加坡元每年(专业不同,收费不同)。

5. 奖学金政策

具体条件:全日制本科生、良好的学术成绩、展示领导能力和性格、积极参与课余活动或社区服务。

奖学金项目:亚历山德拉健康实验室奖学金、安东尼奥·博格斯奖学金、东盟本科生奖学金、BB 独立能源公司奖学金、曼谷银行奖学金、曾宗敏企业家奖学金、张氏奖学金、drgeorgialee 奖学金、DFS 奖学金、欧亚奖学金(交换奖学金)、Fung 奖学金(交换奖学金)、Gary Kunis 企业家技术奖学金、Glencore 奖学金、宏大东方人寿精算奖学金 Kewalram Chanrai 集团捐助奖学金、Kwa Geok Choo 奖学金(本科)、Kwek Leng Keow 奖学金、Lee 基金学生生活奖学金、李光前学者奖学金、Li Ka Shing 捐助奖学金、Lim Hang Hing 奖学金、Mahendra Misra 奖学金、Mochtar Riady 奖学金、Nexia TS 公共会计公司－新加坡管理大学奖学金、Ng Kai Wa 奖学金。

6. 住宿情况

新加坡管理私人住宅的政府机构市区重建局(URA)针对短期租住出台了严格的指导方针。租住期不超过 6 个月的租赁是不被允许的。以下是 SMU 及其附近宿舍信息。

被誉为“阳光远景小屋”的宿舍 99 已进行整修升级,每一个房间都有一个附加浴室。住宿区交通生活便利。

7. 签证政策

SMU 会为进入新加坡的学生安排签证。学生收到的“原则上许可”(IPA)通过信就包括一次入境签证。请确保在进入新加坡之前收到的 IPA 信。

(三)学校地址及联系方式

地址:新加坡 188065 维多利亚街 91

官网:http://www.smu.edu.sg/

联系电话:+65 6828 0100

传真:+65 6828 0101

学校邮箱:enquiry@smu.edu.sg

八、义安理工学院

(1)学校简介

义安理工学院(Ngee Ann Polytechnic, NAP)成立于 1963 年,位于新加坡北部,有着便利的交通和舒适的环境。义安理工学院成立之初名为义安学院,仅有 116 名学生,如今义安理工学院已经从一个普通的学校发展成为新加坡首屈一指的高等教育机构。学院现拥有 9 个学院,设有 49 个全日制课程,共有 16000 多名全日制学生。义安理工学院也开设了继续教育培训课程(CET),通过继续教育培训课程向人们提供各种兼职教育。

义安理工学院致力于培养在职场和社会中具有竞争力和价值观的终生学习者。学校努力培养对学习充满激情、对人生充满价值、适应全球工作环境的毕业生。义安理工学院的价值观是坚持诚信、追求卓越、拥抱创新、服务社会。

(二)留学政策

1. 入学条件

(1)本科

a. 必须具有从小学到高中 12 年的学习经历并且高中毕业;

b. 取得高中毕业证书。

2. 专业设置

本科:会计学、银行及金融服务、商业信息技术、商业研究、国际商务、国际物流与供应链管理、旅游与度假场所管理、酒店及休闲设施、管理学、房地产业务、产品设计与创新、可持续城市设计与工程、工程学院、航空航天电子电子与计算机工程、航空航天技术工程与企业管理计划、视听技术工程科学、自动化和机电一体化系统、船舶和海洋技术、生物医学工程、机械工程、清洁能源管理、网络系统与安全、电气工程、广告与公共关系、电影,声音和视频、大众传播、健康科学(护理)、验光、艺术经营管理、中国研究、商业和社会企业、早期儿童教育、儿童心理学和早期教育、心理学研究、中国媒体与传播、动画与3D艺术、信息技术、金融情报多媒体与动画、信息安全和取证、生物医学科学分子生物技术、化学与生物分子、工程学、药学科学、环境与水技术、兽医生物科学、景观设计与园艺。

3. 学期设置

春季学期:4—7 月。

秋季学期:10 月到次年 1 月。

4. 学年及学费

学年:3 年。

学费:从2016学年开始,政府继续承担学费补助(TG)计划,负责为新加坡公民和永久居民学生支付学费,同时,新招收的国际学生的学费也将享受学费补助(TG)计划。

学生可以在入学及接下来的学年选择学费资助计划支付全日制文凭课程学费。

2016学年符合学费资助计划资格并选择了学费资助计划的学生,学费如下(国际学生):

2015学年:8350新加坡元。

2016学年:9050新加坡元,包含学费补助计划。

学费补助计划如下:新加坡政府通过教育部(MOE)提供学费补助以资助学生在理工学院的学习,接受学费补助的永久居民和外国人必须签署一份契约,毕业后3年内在新加坡工作。

5. 奖学金政策

(1)奖学金具体条件

a. 全日制本科生;

b. 良好的学术成绩;

c. 展示领导能力和性格;

d. 积极参与课余活动或社区服务。

(2)奖学金项目

学生可以期待各种各样的奖学金和奖励,这些是由与学院有伙伴关系的资助者资助的。这些奖项包括义安理工学院奖学金、Gareth Roberts先生纪念奖学金、义安理工学院工程奖学金、义安理工学院优异奖、体育奖、艺术奖、环境和水技术专业的PUB文凭奖学金、Tan Sri (Dr.) Tan Chin Tuan奖学金、CSIT文凭奖学金,以及捐赠者奖学金。

6. 住宿情况

义安理工学院不提供住宿但会协助学生寻找住所。国际学生服务中心(ISS)编写了一份联系人和住房信息列表,帮助学生找到有利于其学习的愉悦安全的居住环境。

(三)学校地址及联系方式

地址:新加坡金文泰路535号

官网:http://www.np.edu.sg/

联系电话:(+65)6466 6555

学校邮箱:amd@siu.ac.th

九、新加坡科技设计大学

(一)学校简介

新加坡科技设计大学(Singapore University of Technology and Design,SUTD)的建立与美国麻省理工学院的合作有着紧密的联系。它的永久校园位于樟宜路上段、四美路和新加坡博览中心。每年招收新生800~1000人。在注重设计的基础上,学校通过综合多学科课程和多学科研究,力图以先进的科学知识培养技术领导者和创新者为社会服务。

科学技术和设计一直是且将永远是社会繁荣和稳定的必要条件,新加坡科技设计大学以此为行动口号,努力建设成为在科学技术以及以技术为基础的设计领域全球领先的研究型大学。学校致力于培养精通数学科学、有创新精神和创业能力的、精通人文艺术和有社科领域远见的、关注世界发展的科技领袖。学校结合东西方文化之长,推动知识创新、课程创新并推出先进的课程设置教学方法。

(二)留学政策

1. 入学条件

申请人须至少完成12年通识教育课程或在申请当年参加国家考试,以该考试成绩作为录取参考条件,优先考虑在数学和自然科学方面能力强的学生。

需拥有托福、雅思、美国大学入学考试或其他认可的英语水平测试成绩。

2. 专业设置

土木与环境工程、系统设计和管理程序,综合设计与程序管理、供应链管理程序、物流工程、建筑与持久设计、工程产品开发、工程系统和设计、信息系统技术和设计。

3. 学期设置

本科学期设置如下:

第一学期(7—9 月)。

第二学期(10—12 月)。

第三学期(4—6 月)。

第四学期(10—12 月)。

第五学期(4—6 月)。

第六学期(10—12 月)。

第七学期(4—6 月)。

第八学期(7—9 月)。

4. 学年及学费

学年:本科 4 年,硕士 2 ~3 年,博士 2 ~5 年。

每年 26000 美元。

5. 奖学金政策

具体条件:参加任何一年的本校本科学位课程的学习;取得较好的 GCE 成绩要求 A 级或同等入学考试,或他们的课程在本校学习;在学生生活中发挥积极的领导角色;具有良好的服务和贡献。

奖学金项目:中国新加坡商务基金会奖学金、SUTD 亚洲领导力奖学金计划;东盟本科生奖学金、SUTD 全球领导力奖学金计划、Kewalram Chanrai 集团奖学金(女性)、陈萌塔克先生和夫人奖学金、远东工程/建筑奖学金、A C Toh 奖学金。

6. 住宿情况

学校提供学生公寓,目的是为学生创造一个积极的生活和学习环境。

(三)学校地址及联系方式

地址:新加坡 Somapah 路 8 号

官网:http://www.sutd.edu.sg/

联系电话: +65 6303 6600

传真: +65 6777 8639

学校邮箱:enquiry@sutd.edu.sg

十、新加坡理工学院

(一)学校简介

新加坡理工学院(Singapore Polytechnic,SP)成立于1954年10月27日,是新加坡成立的第一所理工院校。新加坡理工学院最早位于金融区的中心位置。现今,理工学院搬到了多佛路——新加坡西部的教育带和科技中心。学校的毕业生为新加坡的经济和工业发展做出了重要贡献,其中不乏许多当代知名的企业家,还有一些毕业生在商业、工业和公共机构担任领导职务。新加坡理工学院每年都有数以万计的海内外学子慕名前往该校求学。学院着重于训练与培养未来的工程技术型人才,支援未来新加坡社会的科技、经济与社会文化地发展。

新加坡理工学院虽然是新加坡历史最悠久的理工学院,但他们一直具有非常活跃的开拓精神。在校园内,他们不断翻新建筑物和教学设施,以确保在新兴产业和新兴技术格局下对学生的培养做到与时俱进。改变和发展不局限于物质,他们的基本理念和领导为其办学愿景指引了方向。

(二)留学政策

1. 入学条件

a. 参加当年国家大学入学考试(高考)。

b. 拥有当年高考成绩的学生。

c. 满足当年二本大学录取分数线。

d. 英语最低达到原始分60%。

e. 数学最低达到原始分60%。

f. 相关科目最低达到原始分60%(理科综合/文科综合)。

g. 两门其他科目最低达到原始分60%(如果高考只有4科,至少保证其中1科满足此要求)。

h. 参加高考的艺考学生如无相关理科成绩不能申请攻读工程/技术类课程。

i. 高考学生必须提供下列信息:生源地,准考证号、用户名和密码,以便通过门户网站审核成绩,如果学校无法验证成绩,该申请将不被受理。

j. 申请人满足上述标准将参加英语、数学和理科入学考试(笔试和面试),考试将在新加坡进行。

2. 专业设置

会计、航空工程、航空电子产品、银行与金融、生物工程、生物医学生物技术、工商管理、商业信息技术、商业创新与设计、化学工程、土木工程与业务建筑技术学、房屋与房产管理、土木与结构工程学、制造工程学、机械学工程、机械电子学。

3. 学期设置

a. 如果能达到下列要求,将在3年内完成全日制文凭课程:

普通教育证书水平达到"O"等;

相关高级技术教育学院证书(ITC / CBS)资格,或相关高级技术教育学院证书(NTC2)资格(最低GCE"N"资格)。

b. 如果满足下列要求,你可以申请在2年内完成全日制文凭课程:

相关学科高级技术教育学院证书(ITC),且平均成绩(GPA) = 3.5。

4. 学年及学费

学年:3年制。

学费:学费每年为21023.06新加坡元,愿意毕业后留在新加坡工作的学生(3年)可获得新加坡政府助学金,减免约80%学费。

5. 奖学金政策

(1)申请奖学具体条件

a. 有很强的领导力和潜力;

b. 无纪律处分记录;

c. 在第一年第一学期考试中,申请人排名在该专业文化课程的前5%;

d. 在理工学院成绩优秀;

e. 在中学有良好的课外活动记录/ 理工学院ITE(或同等学力),例如在中学CCA等级为A1或A2;ITE毕业生成绩A级。

(2)奖学金内容

a. 学年奖学金:3000新加坡元;

b. 参与 SPOT(新加坡理工学院杰出人才)计划;

c. 丰厚的项目补贴。

6. 住宿情况

共享公寓,学生可以一起租一所房子或公寓,并且共享设施,如客厅、厨房、浴室和厕所,自己做房间的清洁并且水电费自付。

住房型公寓是最常见类型的住房,为国际学生提供,这种类型的出租房,业主也居住在公寓。

(三)学校地址及联系方式

学校地址:新加坡多佛路 500 号

学校邮箱:contactus@ sp. edu. sg

电话:67751133

官网:http://www. sp. edu. sg/wps/portal/vp - spws

第十一章　泰　国

一、泰国概况

泰国全称泰王国(The Kingdom of Thailand),位于中南半岛中心地带,南临泰国湾和安达曼海,西和西北与缅甸接壤,东北与老挝为邻,东南与柬埔寨交界,国土沿克拉地峡向南延伸至马来半岛,与马来西亚接壤,国土面积约51万平方千米。泰国人口约6500万,在全国30多个民族中,泰族是人口最多的民族,约占总人口40%。泰国是一个以佛教为主要宗教的国家,90%以上人口信奉佛教,是有名的“千佛之国”,佛教在社会生活中影响巨大。泰国农业人口众多,粮食产量丰富,是世界主要的粮食出口国之一,泰国经济发展水平居东南亚国家上游,已接近中等发达国家水平。泰国实行君主立宪制,军人在国家政治生活中有巨大影响,首都曼谷闻名遐迩,是全国的政治、经济、文化中心。

二、高等教育总体特色与优势

泰国高等教育的总体实力较强,截至2015年9月,泰国共拥有153所高等教育机构和20所社区学院,高等教育机构的学生人数达220多万[1],根据2016年QS世界大学排名泰国有8所院校上榜,泰国的教育质量已经被国际社会广泛认可。泰国高等教育国际化程度较高,朱拉隆功大学和玛希隆大学等均开设有国际课程,全英文授课,且采用的教材均为欧美原版引进,在教学体系上与国际接轨,在课程设置、教育方法和教育体制上也都采用欧美国家模式。

泰国实行12年制义务教育。中小学教育为12年制,即小学6年、初中3年、高中3年。中等专科职业学校为3年制,大学一般为4年制,医科大学为5年制[2],与中国的教育体制类似。泰国的高等教育分为专科教育、本科教育、硕士学位教育和博士学位教育。专科教育,主要由学院提供,所传授的知识与职业教育和专业教育有关。本科教育,高中

---

❶ 资料来源于泰国高等教育委员会网站 http://inter. mua. go. th/? page_id = 145.

❷ 资料来源于中华人民共和国驻泰王国大使馆 http://www. chinaembassy. or. th/chn/ztgx/ljtg/

毕业或同等学力的学生一般经过四年的学习后可获得学士学位，建筑、绘画、雕塑、图像艺术、药剂学专业则需要5年，医学、牙科、兽医专业需要6年，专科毕业的学生还需学习两年才能获得学士学位。硕士学位教育，获得学士学位后，进一步学习1~2年，完成论文后，可获得硕士学位。博士学位教育，攻读一般专业的博士学位需要3年时间，某些专业的博士学位，课程毕业后还需要1~2年的工作实践后才能获得❶。

泰国高等教育呈现出“以公立大学为主，私立大学发展迅速，国际化程度高”等特色❷。

公立大学为主体。泰国的公立大学是高等教育的主体。截至2015年9月，泰国共有81所公立高等教育机构。从QS世界排名来看，在世界排名内的也都是公立大学。泰国建立最早的公立大学是朱拉隆功大学，它也是泰国高等教育发展的先驱。在泰国，大部分的教育和科研基金主要集中于公立大学，相应地在办学规模与办学水平上，大部分公立大学也优于私立大学。

私立大学发展迅速。为了满足泰国社会发展的需要，私立大学应运而生。截至2015年9月，泰国共拥有72所私立高等教育机构，接近公立高等教育机构数量。泰国商会大学是泰国高等教育机构里最早成立的私立大学，是一所实力强大的综合性大学。在教学质量与教学水平上，私立大学不甘落后，诸如曼谷大学和博仁大学等这样一些知名的私立大学也拥有非常好的教育资源与教育水准，获得众多留学生的青睐。

开放性强、国际化程度高。泰国的开放程度决定了其教育水平的开放程度，泰国高等教育国际化程度高是其国家综合实力的体现，众多国际交流项目与英语授课课程、欧美式的教学模式使得泰国的高等教育颇具吸引力。

泰国高等教育的最大优势在于具有国际社会承认的国际化教学质量水平和多种教学课程，例如与世界各地著名大学有合作的联合学位课程。另外，赴泰留学还可以申请美国、欧洲等外国奖学金等❸。

三、高等教育管理机构简介

泰国的教育管理机构主要是教育部，大学部、内务部、劳动和社会保障部等几个政府部门也对教育管理负责❹。泰国教育部主要设有常务秘书办公室、教育委员会办公室（OEC）、基础教育委员会办公室（OBEC）、职业教育委员会办公室（OVEC）、高等教育委

❶ 资料来源于中华人民共和国教育部教育涉外监管信息网 http://www.jsj.edu.cn/n1/12048.shtml.

❷ 朱卫华. 泰国高等教育现状研究[D]. 昆明：云南师范大学，2003.

❸ 参见“泰国汉语潮推动中泰留学教育交流”，载于中国青年网 http://news.youth.cn/cmgc/201101/t20110114_1460800.htm. 2011－01.

❹ 资料来源于中华人民共和国教育部教育涉外监管信息网 http://www.jsj.edu.cn/n1/12048.shtml.

员会办公室(OHEC)、部长时事办公室[1]。泰国教育部另包含一些非正规的和独立的机构作为其附属机构,做一些辅助、协调和探索的工作,包括8个独立机构(教育标准和评价办公室、泰国教师理事会、教学科学和技术促进研究所、商业和发展国际研究所、语言研究所、全体教职员工福利促进办公室、全体教职员工发展和促进研究所和一所 Mahidol Witthayanuson 学校)和两类由政府监管的机构(教育技术研究所和大学,包括政府监管的城市大学)。[2]

泰国划分为不同的教育行政服务区,教育部在各教育行政服务区(学区)设置教育委员会,作为其派出机构。教育行政服务区的教育委员会主要负责该地区的基础教育和学士学位以下的高等教育管理。

在泰国,每种类型的高等教育机构都有负责学术管理的特定机构,负责对机构的维护和监督。这些机构主要分为公立高等教育机构、私立高等教育机构,以及自治大学。此外,泰国大学校长联合会和泰国私立高等教育机构协会作为咨询机构也对大学管理发挥显著作用,具体情况如下[3]。

公立高等教育机构:大学委员会、主席、院长会议、教职员工;

私立高等教育机构:大学事务部、常任秘书办公室、私立大学委员会;

自治大学:这类大学有充分的自主权进行自我治理,根据自己的需要设立行政管理机构和预算系统;

泰国大学校长联合会:该联合会由泰国公立高等教育机构的高层管理人员组成,通过定期举行会议,促进公立大学的发展,并向高等教育委员会办公室给出建议;

泰国私立高等教育机构协会:由寻求建立机构与政府合作关系的泰国私立高等教育机构组成。

四、主要高校国内排名情况简介

综合 QS World University Rankings、QS University Rankings:Asia 2015、Ranking Web of University 等网站以及中国国内出国留学网的数据,泰国主要高校国内排名情况如下。

序号	高校名称		性质	国内排名
	英 文	中 文		
1	Mahidol University	玛希隆大学	公立	1
2	Chulalongkorn University	朱拉隆功大学	公立	2

[1] 资料来源于泰国教育部官网之部门设置 http://www.moe.go.th/moe/th/home/.

[2] 郑阳梅.泰国国家教育概况及其教育特色研究[J].广西青年干部学院学报,2015(2).

[3] 资料来源于泰国高等教育委员会网站 http://inter.mua.go.th/?page_id=78.

续表

序号	高校名称		性质	国内排名
	英 文	中 文		
3	King Mongkut's University of Technology Thonburi	泰国国王科技大学	公立	4
4	Prince of Songkla University	宋卡王子大学	公立	5
5	Suranaree University of Technology	苏兰拉里理工大学	公立	6
6	Naresuan University	那黎宣大学	公立	8
7	Kasetsart University	泰国农业大学	公立	9
8	Chiang Mai University	清迈大学	公立	10
9	Mahasarakham University	玛哈沙拉堪大学	公立	12
10	Burapha University	东方大学	公立	13
11	Thammasat University	泰国法政大学	公立	15
12	Mae Fah Luang University	皇太后大学	公立	18
13	Ramkhamhaeng University	蓝康恒大学	公立	19
14	Rangsit University	兰实大学	私立	20
15	Walailak University	瓦莱岚大学	公立	21
16	National Institute of Development Administration	泰国国家发展管理研究院	公立	27
17	Bangkok University	曼谷大学	私立	31
18	University of the Thai Chamber of Commerce	泰国商会大学	私立	32
19	Payap University	西北大学	私立	33
20	Rajamangala University of Technology Thanyaburi	坦亚布里皇家理工大学	公立	35
21	Dhurakij Pundit University	博仁大学	私立	66
22	Kasem Bundit University	泰国博乐大学	私立	63
23	Srinakharinwirot University	诗纳卡宁威洛大学	公立	
24	Shinawatra University	西那瓦大学	私立	

五、朱拉隆功大学

（一）学校简介

朱拉隆功大学（Chulalongkorn University，CU）是泰国的第一所公立大学，由瓦栖拉兀国王（拉玛六世）于1917年建立。学校以国王之父，即朱拉隆功国王（拉玛五世）的名字命名，位于泰国首都曼谷市芭桐湾帕亚泰路。如今，朱拉隆功大学（简称为“朱拉”）占地超过了456公顷，已经发展成为拥有超过500门、覆盖全部学科课程的综合性大学。

2005年10月，学校在泰晤士高等教育的2005年世界大学排名中排列第121位。除去北美洲和欧洲的学院，排列第35位。学校开设的众多课程中包含近90门国际课程，覆盖全部学科，传统理论学科与跨学科研究兼具。学校的社会科学系排在世界的第46位，生物医学排第82位，应用技术排第100位。目前该校的在校学生约有4万人，本科生与研究生比例为2:1。

朱拉隆功大学下设19个院系，1所学校，3所学院，2个附属机构，9个研究机构，20个学术协会/中心和133个研究中心（其中包括24个精英中心和109个研究单位）。

（二）留学政策

1. 入学条件

（1）本科

a. 申请者须达到以下任一英语语言能力测试的最低成绩要求：

朱拉隆功大学英语语言能力测试101分；

托福（网考）79分；

雅思（学术）6.5分。

b. 将基于以下任一成绩评选合格申请者：

学业能力测试：

朱拉隆功大学学业能力测试；

2016 年 3 月以前美国学术能力评估测验（SAT）（数学 & 批判性阅读）；

新美国学术能力评估测验（数学、循证阅读及写作）。

c. 面试.

（2）硕士

所有申请者须在首次注册时提交托福、雅思或者朱拉隆功大学英语语言能力测试中任意一项成绩。

托福、雅思或朱拉隆功大学英语语言能力测试成绩须是近两年内取得的；

托福（笔考不低于 500 分，或机考不低于 173 分，或网考不低于 61 分）；

雅思不低于 6.0 分；

朱拉隆功大学英语语言能力测试不低于 61 分；

近 5 年内取得的管理学研究生入学考试（GMAT）或（美国）研究生入学考试（GRE）成绩；

管理学研究生入学考试不低于 400 分，（美国）研究生入学考试（数学，英语）不低于 800 分；

若提交了管理学研究生入学考试或（美国）研究生入学考试成绩的申请者可免考数学。

非全日制申请者：

具有一年工作经验者优先考虑；

所有合格的申请者（免笔试或笔试合格者）须根据安排参加面试；

所有专业的外籍申请者将单独由校委员会进行审议；

若有疑问，将由校委员会进行单独审议。

（3）博士

托福考试（笔考），朱拉隆功大学英语语言能力测试，或同等英语语言能力测试的成绩须达 71 分（含）以上或雅思成绩至少达到 5.5 分。

英语语言能力测试结果须为近两年内取得的。

托福成绩低于 525 分的申请者将不被该专业录取。

申请者须注意该专业为全日制型。

2. 专业设置

（1）本科

会计学、航空航天工程、应用化学、建筑设计、汽车设计与制造工程、通信设计、通信管理、经济学、信息与通信工程、国际商务管理、语言与文化、纳米工程、心理学。

（2）硕士

食品与营养、建筑设计、泰国研究、国际商务管理、金融学、金融工程、战略传播管理研究、美容修复和牙齿种植、商业与管理经济学、国际经济和金融学、劳动经济学与人力资源管理、健康经济学与卫生保健管理、英语外语教学、工程管理、石油钻采工程、地球资源和石油工程、商务法、健康发展、医学、临床医学、制药技术、社会和管理药学、国际发展研究、计算机科学与信息技术、食品科学与技术、石油地球科学、文化管理、英语国际语言、欧洲环境开发和可持续性发展、有害物质与环境管理、韩国研究、俄罗斯研究、东南亚研究、公共卫生、公共卫生科学、人力资源管理、石油技术、石油化工技术、高分子科学。

(3)博士

食品与营养、泰国研究、工商管理(管理/金融/市场营销)、信息技术(商务方向)、计量金融、口腔公共卫生、经济学、土木工程、医学、临床医学、生物医学及生物技术、护理学、制药技术、社会和管理药学、药物治疗、计算机科学与信息技术、英语国际语言、欧洲研究、环境开发与可持续性发展、有害物质与环境管理、农业技术、物流管理与供应链管理、纳米科学技术、公共卫生、公共卫生学、工商管理(金融/市场营销)、石油化工技术、高分子科学。

3. 学期设置

一年分三个学期,第一学期开学时间 8 月,期中考试 9 月或 10 月,期末考试 12 月。

第二学期开学时间 1 月,期中考试 2 月或 3 月,期末考试 5 月。

夏季学期开学时间 6 月,结课及考试 7 月。

学年结束为 8 月。

4. 学年及学费

相比于毕业时所习得的技能和知识,在泰国留学所需费用是公正合理的。留学生学费分为两类:

第 1 类:医药学、牙医学、兽医学、药学、联合健康科学、工程学、科学、建筑学、公共卫生学、传媒艺术学、心理学、护理学、体育学,以及多学科领域,如环境管理学、医学微生物学、生物医学、牙科生物材料学、人类性学、药学、健康发展研究、纳米科学与技术、环境科学与生理学。

第 2 类:商业与会计学、经济学、法学、文学、政治学、教育学、美术和应用艺术、人口学,以及多学科领域,如农业资源管理、物流管理、文化管理、海洋管理、韩国研究、能源技术与管理、科技创业及创新管理、时装业、人类社会发展、英语国际语言、欧洲研究、俄罗斯研究、环境开发与可持续发展,以及东南亚研究。

(1)学位学生:

a. 本科

第 1 类:65500 泰铢/学期。

第 2 类:61500 泰铢/学期。

夏季学期:36750 泰铢/学期。

b. 硕士

第 1 类:86500 泰铢/学期。

第 2 类:80000 泰铢/学期。

夏季学期:45750 泰铢/学期。

(2)非学位学生或旁听学生

a. 本科

第 1 类:16375 泰铢/学期。

第 2 类:15375 泰铢/学期。

夏季学期:9187.50 泰铢/学期。

b. 硕士

第 1 类:43250 泰铢/学期。

第 2 类:40000 泰铢/学期。

夏季学期:22875 泰铢/学期。

5. 奖学金政策

研究生:研究型奖学金和教育奖学金。

6. 住宿情况

朱拉隆功大学留学生公寓:朱拉隆功大学 i 公寓是一栋 26 层的校内留学生公寓,随着学校“不断前进”策略该公寓逐渐趋向国际化。总占地面积为 33957 平方米,内设 846 个房间。

月租费(不包含水电费):

工作室 25 平方米(5 英尺床一张)10000 泰铢,共 180 间。

工作室 25 平方米(3.5 英尺床两张)11000 泰铢,共 546 间。

卧室 50 平方米 (6 英尺床一张)22000 泰铢,共 36 间。

日租房费用(包含房内设施):

针对到访者/宾客 900 泰铢/晚,共 84 间。

租赁条件:预交两个月押金及一个月房租。

7. 签证政策

照例,任何外籍人士因经商、投资、求学,求医、报道、信教、就业及其他需要进入泰国境内时,均须申请签证。朱拉隆功大学将为留学生发放录取通知书及介绍信,以便他们在本国的泰国大使馆申请非移民教育签证(“ED”签证)。非移民教育签证(“ED”签证)须在申请者离开祖国前获得,申请者在进入泰国境内前应持有该签证。

可从外交部领事司的签证和旅行证件部门获取境外泰国使馆和总领事馆的位置及联系方式等相关信息。

(三)学校地址及联系方式

学校地址:泰国曼谷市芭桐湾帕亚泰路 254 号

官网:www. siu. ac. th

联系电话: +662 - 215 - 0871 - 3

传真：+662-215-4804
学校邮箱：amd@ siu. ac. th

六、玛希隆大学

（一）学校简介

玛希隆大学（Mahidol University）成立于1943年，学校位于泰国中部佛统府，其起源可追溯到120多年前泰国首家医院的医学专科学校——诗丽拉吉医院医学院的建立。随着多年的扩建，以及对曼谷新校区的启用，学校于1943年成为医科大学。随后，1969年，H. M. 国王普密蓬·阿杜德将其更名为玛希隆大学，以纪念他的父亲宋卡玛，即被公认为"泰国现代医学与公共卫生之父"和"高等教育之父"的希隆H. R. H王子。全校共有19903名教职工，其中教授125名，副教授755人，助理教授845人，讲师973人，在校学生近2万人，其中包括来自30多个国家的海外留学生。

玛希隆大学目前已成为以医学为主的综合性、多学科国际性知名大学。学校设有3个附属医院，玛希隆大学14个系，7个研究所，6个学院，以及多个国际学术研究中心。该校授予3个专业高等进修结业证书，10个专业学士学位，51个专业硕士学位和28个专业博士学位，这些专业学位课程采用全英文授课。同时该校还广泛地发展了各种国际性专业，如医学、自然科学、公共卫生学、健康保健学、护理学、药剂学、牙科学、工程学、社会科学、人文学和管理科学。另外，学校的理学院是该国3所国家级卓越研究中心的领导机构（共9所）。2009年，学校跻身泰国9所国家级研究型大学的行列。

玛希隆大学一直秉持保护环境的理念，追求"贴近自然，理想的生活与学习之地"的愿景，以实现自身发展。作为对其环保政策的肯定，近期学校在由印度尼西亚大学发起的2012年世界大学环保程度排行榜中位列泰国第1名、亚洲第11名，全世界第36名。

（二）留学政策

1. 入学条件

（1）本科

官方成绩单，持有高中文凭或毕业证（若已毕业），泰国教育部签发的毕业证，国际学校或国外学校签发的文凭或毕业证，学生证明信（在读），3张1cm×1cm的照片（身着校服），近两年内取得的官方托福、雅思或美国学术能力测试I成绩，来自两位老师的推荐信，身份证或护照的影印本（留学生），现居住地官方证明的影印本，泰国教育部的确认函（毕业于国际学校或外国学校）。

（2）硕士

托福ITP成绩不低于480分，托福网考成绩不低于54分，或雅思成绩不低于5分，或玛希隆大学研究生入学考试成绩不低于60分。

如申请者出现除上述之外的特殊情况，课程委员会酌情批准免试。

（3）博士

托福ITP成绩不低于500分，托福网考成绩不低于61分，或雅思成绩不低于5分。

如申请者出现除上述之外的特殊情况，课程委员会酌情批准免试。

（1）本科

a. 通信设计。

b. 娱乐媒体（文学士）。

c. 动画制作。

d. 电影制作。

e. 电视制作。

f. 社会学（文学士）。

g. 国际研究方向。

h. 东南亚研究方向。

i. 动画制作（工商管理学士）。

j. 商务经济学（工商管理学士）。

k. 电影制作（工商管理学士）。

l. 金融学（工商管理学士）。

m. 信息系统学（工商管理学士）。

n. 国际商务（工商管理学士）。

o. 管理学（工商管理学士）。

p. 市场营销（工商管理学士）。

q. 电视制作（工商管理学士）。

r. 旅游与酒店管理（工商管理学士）。

s. 护理学。
t. 生物科学(自然科学学士)。
u. 应用数学(理学学士)。
v. 生物学方向。
w. 生物医学方向。
x. 化学(理学学士)。
y. 计算机科学(理学学士)。
z. 环境科学(理学学士)。
aa. 食品科学与技术(理学学士)。
bb. 物理学(理学学士)。
cc. 计算机工程(理学学士)。
dd. 信息与通信技术(理学学士)。
ee. 修复术与矫形学。
ff. 公共卫生学(续读2年)。
gg. 保险统计学(理学学士)。
(2)硕士
a. 牙科。
b. 牙科生物材料学(理学硕士)。
c. 口腔生物学(理学硕士)。
d. 畸齿矫正学(理学硕士)。
e. 假牙修复学(理学硕士)。
f. 颌面修复学(研究文凭)。
g. 生物医学工程(工程学硕士)。
h. 土木工程(工程学硕士)。
i. 环境与水资源工程(工程学硕士)。
j. 综合化学工程(工程学硕士)。
k. 工业生态与环境(理学硕士)。
l. 自然资源管理(理学硕士)。
m. 医学流行病学(理学硕士)。
n. 医学技术(理学硕士)。
o. 放射技术(理学硕士)。
p. 生物化学(理学硕士)。
q. 免疫学(理学硕士)。
r. 生物化学(理学硕士)。
s. 生物药剂学(理学硕士)。
t. 临床药学(理学硕士)。

u. 医院药学(理学硕士)。
v. 微生物学(理学硕士)。
w. 药物化学(理学硕士)。
x. 药物化学与植物化学(理学硕士)。
y. 制药学(理学硕士)。
z. 生药学(理学硕士)。
aa. 药理学(理学硕士)。
bb. 药剂管理(理学硕士)。
cc. 生理学(理学硕士)。
dd. 毒物学(理学硕士)。
ee. 公共卫生(硕士)。
ff. 卫生信息学(理学硕士)。
gg. 解剖与结构生物学(理学硕士)。
hh. 应用数学(理学硕士)。
ii. 生物化学(理学硕士)。
jj. 生物技术(理学硕士)。
kk. 化学物理学(理学硕士)。
ll. 环境生物学(理学硕士)。
mm. 运动生理学(理学硕士)。
nn. 法医学(理学硕士)。
oo. 材料科学与工程(理学硕士)。
pp. 微生物学(理学硕士)。
qq. 有机化学(理学硕士)。
rr. 病理学(理学硕士)。
ss. 药理学(理学硕士)。
tt. 物理化学(理学硕士)。
uu. 物理学(理学硕士)。
vv. 生理学(理学硕士)。
ww. 毒物学(理学硕士)。
xx. 教育管理(教育学硕士)。
yy. 健康社会学(文学硕士)。
zz. 临床热带医学(M. C. T. M.)。
aaa. 临床热带医学(博士)。
bbb. 热带儿科病学博士(M. C. T. M.)。
ccc. 热带病学(理学硕士)。
ddd. 热带医学和卫生学(研究文凭)。

eee. 初级卫生保健管理(M. P. H. M.)。
fff. 科学技术教育(理学硕士)。
ggg. 人口与生殖健康研究(文学硕士)。
hhh. 人口与社会老年病学(文学硕士)。
iii. 神经科学(理学硕士)。
jjj. 分子遗传学与基因工程(理学硕士)。
kkk. 食品与营养发展(理学硕士)。
lll. 神经科学(理学硕士)。
mmm. 管理学。
nnn. 管理学(国际课程)。
ooo. 宗教研究(文学硕士)。
ppp. 业务建模与分析(工商管理硕士)。
qqq. 旅游与酒店管理(M. M.)。
rrr. 人权学(文学硕士)。
sss. 人权与民主化(文学硕士)。
ttt. 介入神经放射学(理学硕士)。
uuu. 植物科学(理学硕士)。
(3)博士
a. 口腔生物材料学。
b. 口腔生物学。
c. 种植牙口腔修复(高等研究文凭)。
d. 口腔修复(高等研究文凭)。
e. 生物医学工程。
f. 物流与工程管理。
g. 环境与资源研究。
h. 医学技术。
i. 临床流行病学。
j. 生物化学。
k. 免疫学。
l. 医学微生物学。
m. 生物药剂学。
n. 制药学。
o. 药剂管理学。
p. 植物药剂学。
q. 物理疗法。
r. 环境技术学。

s. 公共卫生微生物学。
t. 公共卫生博士学位。
u. 流行病学。
v. 卫生管理学。
w. 健康教育。
x. 寄生物学。
y. 公共健康护理。
z. 公共健康营养。
aa. 分析化学。
bb. 解剖与结构生物学。
cc. 数学。
dd. 生物化学。
ee. 生物技术。
ff. 化学物理学。
gg. 生物学。
hh. 运动科学。
ii. 无机化学。
jj. 材料科学与工程。
kk. 微生物学。
ll. 分子医学。
mm. 有机化学。
nn 病理学。
oo. 药理学。
pp. 物理化学。
qq. 物理学。
rr. 生理学。
ss. 高分子科学与技术。
tt. 毒物学。
uu. 热带医学。
vv. 科学技术教育。
ww. 人口统计学。
xx. 神经科学。
yy. 分子遗传学与基因工程。
zz. 神经科学。
aaa. 多文化研究(国际课程)。
bbb. 管理学博士。

ccc. 宗教研究。

ddd. 人权与和平研究。

eee. 佛教研究。

fff. 护理学。

3. 学期设置

学年校历主要包含两个学期(两学期制)。每学期不少于 15 周。夏季学期的安排满足每项要求。

第一学期:8—12 月。

第二学期:1—5 月。

夏季学期:5—6 月。

其他教育制度,例如:三学期制、季度制、单元制适用于部分专业。

4. 学年及学费

(1)本科

全日制学习 4 年。

(2)硕士

学制:2 ~5 年。

硕士学费:第一学期 5300 泰铢;第二学期 4600 泰铢。

(3)博士

学制:3 ~5 年。

博士学费:第一学期 5300 泰铢;第二学期 4600 泰铢。

5. 奖学金政策

通常,一些国际组织、泰国政府、其他国家政府,以及研究生院和其他院系会向优等生提供奖学金。

6. 住宿情况

经济型住宿分为校内和校外两种,包括合租房、私人公寓及寄宿家庭。学校还为当地学生及留学生提供了集体宿舍。此外,医学院(诗丽拉吉和拉玛铁菩提医院)、护理学院、热带医学院、玛希隆大学国际学院,人口与社会研究协会以及东盟健康发展协会等为本院学生提供了留学生住宅或集体宿舍。

一般而言,交换生可租住在邻近校园的常规公寓或独立产权的公寓。校外住宿平均月租金约为 5000 ~8000 泰铢,房间面积为 20 ~30 平方米,单间,家具齐全,有空调,浴室,也许还有阳台。多数公寓须预交 1 或 2 个月租金的押金,水电费另外收取。多数公寓会收取基本电费外的超额使用费。

校内公寓:玛希隆大学独立产权公寓(公寓 A 为男生公寓,公寓 D 为女生公寓);玛希隆大学萨拉耶校区的全新公寓,内设电梯,空调,衣柜,热水器,宽敞浴室,无线网络,价格从 800 泰铢/晚或 5500 泰铢/月起。

住宿费:豪华间,住宿费为5500泰铢/人/月;双人间,住宿费为5500泰铢/人/月。

注:以上费用不包含100泰铢/月的公共区域使用费。

水费:27泰铢/间。

电费:6.5泰铢/间。

安全:24小时安保执勤/闭路电视监控。

其他设施:投币式洗衣机、自动售水机。

7. 签证政策

泰国境内的留学生须持有非移民教育签证("ED"签证)。申请者应尽可能在前往泰国前提前申请办理学生签证。应由申请者本人在本国的泰国皇家大使馆或总领事馆递交申请。

申请此类型签证,学生须向泰国皇家大使馆签证部提交以下文件材料:准入学校的录取通知书/接收函;完整填写的申请表;有效期不少于6个月的护照或旅行证;两张近6个月内的4cm×6cm正面照片;充分的经济证明(由泰国皇家大使馆确认);签证申请费。

签证费用:申请单次入境签证(激活后有效期为3个月)需花费2000泰铢。申请多次入境签证需花费5000泰铢。请与最近的泰国皇家大使馆或总领事馆取得联系,以获取更多信息。

(三)学校地址及联系方式

学校地址:泰国(73170)佛统(那坤巴统)省萨拉亚市佛城4号路999号

官网:http://www.mahidol.ac.th/

联系电话:66 (0)2849-4690,66 (0)2849-6231-3

传真:66 (0)2849-6237

学校邮箱:opmugo@gmail.com

七、东方大学

(一)学校简介

东方大学,又译布拉帕大学(Burapha University in Thailand),前称Bangaen教育学院,始建于1955年7月8日。1984年,该校成为泰国诗纳卡宁威洛大学的分支。1990年升级为一所权威性大学,被称为"布拉帕大学(东方大学)"。学校位于泰国东部沿海地区,与几个大型工业园区相邻。该校遵循"引领社会创造智慧,寻求知识和德育"的校训,以"有智慧就有幸福"为口号,秉持"建立具有国际领先的教育体系,为社会创造智慧,培养优秀人才,让泰国社会充满不竭的智慧"是办学理念,其办学目标为:创造对社会发展有价值的知识和管理体制;建立具有国际级领先的教育体系,培养学生成为有道德,擅长科学,具有

国际技能的领导者;用学到的知识回报社会,自力更生,一起建设社会;促进、支持和维护泰国的历史艺术文化;让大学发展得更好,有一套高效率的管理体制并可以自力更生。

如今,东方大学在校生超过 44000 人,其中 9000 人为研究生,设有 15 个院(系),包括人文与社会科学学院、教育学院、医护学院、公共卫生学院、科学学院、工程学院、艺术学院、文学院、海洋技术学院、研究生院、宝石学院、海事学院、商学院、公共管理学院和运动科学学院。东方大学设有 50 个本科专业、30 个硕士专业、3 个博士专业。另外,每年还提供一些短期培训课程计划。

(二)留学政策

1. 入学条件

(1)本科

获得教育部同等其他学校系统认证的高中毕业证书(MathayomSuksa,主要课程包括:自然科学,数学,社会科学,人文学科和国际语言中的法语,德语,西班牙语和中文)。

国外大学的学分转换。希望从英语学校或者国外大学转移学分的预期学生,需要成功通过国际大学入学考试并且提交成绩单同课程描述,以供国际大学进行评估。

托福成绩不低于 450 分,或者雅思成绩不低于 5.0 分。

2. 专业设置

(1)本科

a. 文(科)学士学位(B. A.):人力资源开发交流技巧、全球商务沟通。

b. 工商管理学士(B. B. A.):管理专业、市场营销专业、国际旅游管理专业、国际酒店管理专业、商业信息系统专业、物流管理专业、国际工商管理专业、金融学专业。

c. 沟通艺术与设计的艺术学士学位(B. F. A.):沟通艺术与设计专业、艺术设计管理专业(副修)、纺织品设计专业(副修)。

3. 学期设置

学年由两部分组成,分为学期和暑期,第一学期(秋季):8 月至 12 月;第二学期(春季):1—5 月;暑期:6—7 月。

4. 学年及学费

(1)本科

学制:4 年。

文学学士(B. A)与工商管理学士(B. B. A)全日制四年,学费共计 490000 泰铢。

美术学士全日制四年,学费共计 850000 泰铢。费用包含:书费,强化英语课程(120 小时)费,图书查阅费,计算机设备使用费,研究访问费,有关学生发展的学生活动费用和意外保险费用。

5. 住宿情况

14 号宿舍楼(男生宿舍楼),15 号宿舍楼(女生宿舍楼)。

每栋楼 5 层,共计 112 个房间。每个房间大约 90 平方米。每个房间可住 7 人。

每月每个学生可用 12 度电。超用部分,每度 5 泰铢。

所提供的家具与设备:床、3 ×7.2 英寸床垫、衣橱、桌椅、无线网络。

备注:宿舍不配备独立卫生间,但住宿区后设有公共浴室。因此,学生需自备个人所需用品。

学生需备物品:卧具,枕头,毯子,电风扇,个人物品,锁和钥匙,衣服,和书柜。

宿舍服务与设施:宿管人员 24 小时值班、安保人员 24 小时值班、宿管科和咨询服务、闭路摄像机(仅限 14 号宿舍楼)、网络服务、无线网络服务、冰箱、电视房、保温壶、磅秤、熨斗和熨衣板、摩托车和自行车停放区。

宿舍费用:

14 号楼(男生宿舍) 15 号楼(女生宿舍)	价格	水费	宿舍公务破坏与修理押金	总计
第一学期	2500 泰铢	–	1000 泰铢	3500 泰铢
第二学期	2500 泰铢	–	1000 泰铢	3500 泰铢
暑期	1000 泰铢	–	500 泰铢	1500 泰铢
校外人士 1. 学生 2. 其他人	每晚每人 30 泰铢 每晚每人 60 泰铢 装有空调房间,每晚 700 泰铢,可容纳 7 人。			

备注:每月每人用电限度为 12 度。超过限度,需学生自付,每度 5 泰铢。

第一学期与第二学期的服务费用是 1000 泰铢。暑期服务费 500 泰铢。

如果学生没有任何拖欠款项,押金如数退还。

7. 签证政策

外籍学生需要获取在东方大学的学习签证,应遵循以下程序:提交签证申请文件。

a. 申请者的旅游签证有效期不少于 6 个月。

b. 一张填写完整的签证申请的复印件。(由泰国大使馆或总领馆提供)

c. 申请者提供两张护照照片大小的近照(近 6 个月之内所照)。

d. 提供东方大学录取通知书复印件。

e. 提供文件用以证明申请者充裕的资金支持。

f. 签证费用

g. 学生可在任何泰国大使馆或总领管申请签证。

(三)学校地址及联系方式

学校地址:泰国春武里省(20131)廊曼区萨恩淑子区 Long - Hard Bangsaen 路 169 号

官网:www. buu. ac. th

联系电话:0 - 3810 - 2222

传真:0 - 3839 - 0351

学校邮箱:wmaster@ buu. ac. th

八、宋卡王子大学

(一)学校简介

宋卡王子大学(Prince of Songkla University)创建于 1967 年,位于泰国南部的宋卡省,是一所国立的综合性大学。学校现有 5 个校区,根据社会需求分别开设不同的教育项目，现今大约有25000名在校学生。此外，宋卡王子大学下设30个二级院系，两所医院，以及40多个卓越研究中心。全部所属机构追求学术卓越，社会责任感强烈，积极参与社区服务。

学校的办学宗旨是提升通识教育水平，支持地区产业发展，培养杰出的研究型、教学型人才，以向社会提供学术支持，在保护国家，特别是泰国南部的艺术文化遗产中发挥积极作。因此，作为亚洲领先的研究性大学，宋卡王子大学为国家发展做出重要贡献，并且不断培养出高质量的毕业生，在职业竞争中占据优势。

宋卡王子大学是亚洲领先的研究型大学，全力培养国际认可的毕业生，积极服务于社会，在保护和升华国家艺术文化遗产中发挥引领作用。该校正发展成为基于多文化背景和自足经济原则的学习型大学，方便公众就读，通过各种形式和来源获取知识；积累专业知识并根据学校所处位置的固有潜力在研究领域中发挥引领性作用，与全球知识网络建立连接；基于实践教学经验整合运用知识以培养学生的智慧、美德、能力及国际化视野。

（二）留学政策

1. 入学条件

（1）本科

a. 工商管理学士（管理学院）

高中毕业或者达到12年级，或同等学力；申请者还需要达到以下要求：学术能力测试（SAT）900（含）以上、通用教育证书普通程度考试（GCE O－level）、普通中等教育证书考试（GCSE）及剑桥全球测试（IGCSE）5门主课至少达到C、通用教育证书高级程度考试（GCE A－level）3门主课至少达到C、其他国家的同等学力证书须提供泰国教育部的批准函。

申请者须通过工商管理学士管理委员会的资格评估。

请注意：即使申请者的第一语言为英语或能够流利使用英语交谈，仍须修读40小时的学术写作课程。

为成功完成工商管理学士申请程序，申请者须备齐以下材料：申请表、两张近期1.5英寸照片（6个月之内）、官方成绩单原件、英语语言能力证明（若有的话）、申请费800泰铢。

b. 理学学士（数字媒体）（国际学院）

泰国高中毕业生或达到12年级的留学生或泰国其他同等学力：科学－数学课程，英文－数学课程。来自其他国家达到12年级或由行政事务委员会办公室证明的同等学力。

英语语言测试结果：

a. 雅思不低于6.0分或者

b. 托福：笔考不低于500分、机考不低于173分、网考不低于61分或者

c. 托业不低于 600 分或者

d. 宋卡王子大学 - 非英语专业英语学位课程考试不低于 70% 或者

e. 宋卡王子大学认可的其他测试结果。

(2)硕士

①中国研究文学硕士(国际研究学院)

已获得学士学位或同等学力,且就读专业为中国研究、国际商务(中国),汉语,及商务汉语。其他专业的毕业生,其汉语水平应至少达到 5 级。

②工商管理硕士(酒店及旅游管理)(酒店及旅游管理学院)

获得商务或相关专业学士学位,或其他专业学士学位并且有一年(含)以上相关工作经验、研究生院要求的其他资历证明。

招生委员会将综合考虑每位申请者的资历条件,而非但就某一域。这些条件包括:

英语语言能力:笔考不低于 520 分、机考不低于 190 分或雅思至少 6.0 分或宋卡王子大学 - 非英语专业学位课程测试至少 70 分或同等水平、之前的学术成绩记录、工作经验及成为所学专业佼佼者的潜力、不满足英语语言能力要求的申请者须参加宋卡王子大学的非英语专业学位课程测试。

③环境管理技术理学硕士(技术与环境学院)

申请者须具备:硕士学位且累计平均绩点不低于 2.75 或须具有研究或相关工作经验、不满足要求的申请者需提交课程委员会的批准表、申请者须提交托福或雅思成绩。成绩获得时间距申请时间不得超过两年。

申请者须提交:成绩单、导师的推荐信、研究兴趣的概念性文件。

④地球系统科学哲学硕士(地球系统科学与安达曼自然灾害管理跨学科研究生院)

获得学士学位在前四分位数或毕业证明且累计平均绩点不低于 3.75、获得毕业文凭且累计平均绩点不低于 3.5、须高质量完成过高级研究项目。

以上所有证明均须从由宋卡王子大学跨学科研究生院委员会认可的高校获得。

经由宋卡王子大学跨学科研究生院董事会批准的其他申请者将予以录取。

申请者须提交托福或雅思成绩。

(3)博士

英语国际语言教学博士(文学院)

宋卡王子大学 - 英语能力测试:70%(全部项目)托福:网考 79 分雅思:6.5 分(全部项目)、博士研究计划书复印件一份,此计划中约 12 ~ 15 页的其他文体准则、在国家或国际期刊上发表的论文复印件一份,或研究课程至少取得 12 个学分及其证明一份、官方成绩单及英语或英语教学专业硕士学位证书复印件一份,或其他相关专业且具有两年(含)以上英语教学经验或在本校认可的学术机构英语工作经验、护照照片一张。

2. 专业设置

(1)本科

a. 工商管理学士(管理学院)。

b. 理学学士(数字媒体)(国际学院)。

(2)硕士

a. 英语国际语言教学文学硕士(文学院)。

b. 工商管理硕士(工商管理)(管理学院)。

c. 护理学硕士(护理学院)。

d. 理学硕士(生物技术学)(农业学院。)

e. 理学硕士(美容学)(药学院)。

f. 理学硕士(生态学)(理学院)。

g. 理学硕士(流行病学)(医学院)。

h. 理学硕士(草本科学)(药学院)。

i. 理学硕士(天然橡胶生产、技术与管理)(自然资源学院)。

(3)博士

a. 生物技术学博士(农业学院)。

b. 计算机科学博士(理学院)。

c. 流行病学博士(医学院)。

d. 护理学博士(护理学院)。

e. 社会与管理药学博士(药学院)。

f. 英语国际语言教学博士(文学院)。

g. 地球系统科学博士(地球系统科学与安达曼自然灾害管理跨学科研究生院)。

3. 学期设置

一年分三个学期,第一学期(18 周)8 月中旬至 12 月下旬;第二学期(18 周)1 月上旬至 5 月上旬;夏季学期(6 周):5 月下旬至 7 月下旬。

4. 学费

(1)硕士

常规课程:22000 ~72000 泰铢/学年(专业不同,学费不同)。

特殊课程:22000 ~60000 泰铢/学年(专业不同,学费不同)。

(2)博士

28000 ~77000 泰铢/学年(专业不同,学费不同)。

5. 奖学金政策

泰国教育中心东盟国家奖学金(面向硕士及博士研究生);宋卡王子大学奖学金;东盟大学联盟 - 东盟学分转换制度奖学金。

6. 住宿情况

(1)学生宿舍

校园设有宿舍的目的在于提升学习环境,让学生能够更好进行彼此之间的交流,培养良好人际关系和友谊,从多方面塑造学生性格,除了户口所在地为宋卡省的学生,每个居住在学校宿舍的学生必须将户口转入宿舍所在地。可在毕业后或不再在学校宿舍住宿时更改户籍登记。

住宿费:

a. 1 号、7 号宿舍(4 人间),住宿费为 1800 泰铢/人/学期;

b. 2、3、4、5、6、15 号宿舍(3 人间),住宿费为 2200 泰铢/人/学期;

c. 8 至 14 号宿舍(2 人间),住宿费为 3600 泰铢/人/学期;

d. 8、9、14 号宿舍仅供博士生居住,住宿费为 800 泰铢/人/学期,电费视使用量另外收取。

(2)替代住所

外籍学生倾向于在城市租房。合艾市及周边地区的大多数公寓为一室公寓——单间带有厕所及阳台。若提前与学校熟人联系,也可租到独立住宅。

7. 签证政策

(1)一年签证延期

a. 面向学生的非移民教育签证。

b. 申请表(TM. 7):完整填写并签名。

c. 确认表:完整填写并签名。

d. 信息公开同意书完整填写并签名。

e. 护照(有效期不少于 6 个月)。

f. 护照印影本(由申请者签名):所有非空白页。

g. 离/入境登记表:原件及复印件。

h. 一张护照大小的近期照片(2 英寸/4cm ×6cm)。

i. 申请费 1900 泰铢。

j. 学校/学院的正式录取函。

k. 从学生信息系统打印的最新成绩单,并由上述信函的官方签署方(者)认证(签名),且由学校盖章。

l. 从学生信息系统打印的注册结果表,并由上述信函的官方签署方(者)认证(签名),且由学校盖章。

m. 彩色照片表示目前就读学生。

n. 图像表示学习地点,包括纬度、经度等数据。

o. 课程安排(可从学生信息系统打印)。

p. 申请者最多可提前 45 天提交这些材料。若一年签证到期,逾期可处 500 泰铢/天的罚款,但总数不超过 20000 泰铢。

q. 须由申请者本人提出申请。

(2)90 天报到证申请所需文件材料

a. 申请表(TM. 47):完整填写及签名。

b. 护照(有效期不少于 6 个月)。

c. 护照影印本(由申请者签名):带有本人照片的主要页;当前/有效期(一年)签证;

离/入境登记表。

d. 之前的 90 天报到证。

e. 此证为免费申请。

f. 申请者可在截止日期前 15 天或截止日期后 7 天提交这些材料,否则将被罚款 2000 泰铢。

g. 再入境签证/许可证。

h. 申请表(TM. 8):完整填写及签名。

i. 护照(有效期不少于 6 个月)。

j. 护照影印本(由申请者签名):带有本人照片的主要页;当前/有效期(一年)签证;离/入境登记表。

k. 一张护照大小的近期照片(2 英寸/4cm × 6cm)。

l. 申请费:单次入境 1000 泰铢,多次入境 3800 泰铢。

m. 再入境签证有效期为一年,但不能超过申请者现持有的一年签证。

n. 须由申请者本人提出申请。

(三)学校地址及联系方式

学校地址:泰国宋卡省(90110)合艾市 Karnjanavanich 路 15 号

官网:http://www.en.psu.ac.th/

电话:66 74 282000 (行政管理),66 74 446824 (国际办公室)

传真:66 74 446825

邮箱:psu-international@psu.ac.th

九、泰国国王科技大学

(一)学校简介

国王科技大学(King Mongkut's University of Technology Thonburi,KMUTT)的前身最早可追溯到由泰国职业教育署、教育部在 1960 年 2 月 4 日成立的吞武里技术研究所(TTI),该所坐落于泰国曼谷。国王科技大学是一所服务于教育园区和工业园区的研究型大学。KMUTT 不断向社会输送高素质的合格毕业生及技术人才并通过其学术服务促进社会和经济的发展。国王科技大学共有三个校区,开设了 96 个本科专业、69 个硕士专业及 29 个博士专业。

作为高等教育委员会(OHEC)办公室宣布的 9 个国家研究型大学之一,KMUTT 身兼振兴社会尤其是农村和偏远社区的责任。通过与社区建立联系和创造研究项目,KMUTT 的教育覆盖面远远超出曼谷及周边地区并直接使广大群众受益。

(二)留学政策

1. 入学条件

所有学生须提供2年以上的英语学习经历证明且雅思不低于5.0分或5.5分。

2. 专业设置

(1)本科

工程学学士学位、建筑学学士学位、美术学学士学位。

(2)硕士

建筑学硕士学位、工程学硕士学位、理科硕士学位、公共管理硕士学位、哲学硕士学位。

(3)博士

哲学博士。

3. 学期设置

每学年设置三个学期:第一学期(8—12月);第二学期(1—5月);暑期班(6—7月)。

4. 学年及学费

学年:本科4~5年,硕士1~1.5年,博士3年(所有学位都依据专业而定)。

学费:本科所有阶段340800~448000泰铢,硕士所有阶段102900~355400泰铢,博士所有阶段228300~435000泰铢。所有学位课程费用因专业不同而不同。

5. 奖学金政策

学校提供如下奖学金:

a. Thepetchra pra Jom Klao奖学金:它旨在支持学生的潜力和能力。对于学生被授予奖学金,他们必须获得GXPAX,学士学位至少2.75分,硕士学位至少3.25分,博士学位至少3.50分。同时也支持有特殊技能的学生,如运动员、演员等,同时必须获得G. PAX,至少得2.00分。此外,每年他们必须展示他们的特殊技能成就一次。

b. 大湄公河次区域国家奖学金:此奖学金提供给泰国邻近国家的学生,每年将有5个学生在硕士或博士学习期间被授予此奖学金。此奖学金值226000泰铢每年,可以覆盖学费、信贷费和保险费。但生活费和旅行费由自己负担。

c. 研究助理奖学金:研究助理的职责是检查作业和报告,实验室助理和其他的分配任务。研究助理每周10小时,呈送教职工的详细报告。每月3000~5000泰铢,根据工作日的数量而定。学院、部门负责选择候选人。

d. 计算机通信教育基金会奖学金。

e. 曼谷皇家体育俱乐部奖学金。

f. 能源政策和规划局授予的促进研究奖学金。

g. 皇家金禧博士项目奖学金。

6. 住宿情况

学校提供住宿,其费用如下:

单人间每人每月200美元。

双人间每人每月100美元。

4人间每人每月150美元。

7. 签证政策

一旦您的申请通过后,您会收到通知书。您可携带录取通知书、护照复印件(有效期须6个月以上)、几张近期护照照片以及其他所需文件前往皇家泰国大使馆或领事馆申请学生签证。您应该申领正确的签证类型—非移民签证。请注意有两种类型的签证:单次入境签证和多次入境签证。

(三)学校地址及联系方式

学校地址:泰国,曼谷,10140Bang Mod,Thung Khru,126 Pracha Uthit路

官网:http://global. kmutt. ac. th/about/presidents - welcome

联系电话:+66 2470 8000, +66 2427 0039

传真:+66 2470 8412

学校邮箱:info@ kmutt. ac. th

十、苏兰拉里理工大学

(一)学校简介

苏兰拉里理工大学(Suranaree University of Technology,SUT)是一所公务员系统之外

的公立自治大学,由泰国皇室管理。它坐落在泰国东北上的呵叻府,距曼谷 259 千米。学校开设了 50 多个学位专业,设有计算机研究中心、图书馆和媒体中心、教育中心、研究与开发中心、科学与技术中心五大研究中心。

它是一个由博学者和学生组成的学术机构,涉及文科、理科和工科领域的知识。这所大学坚定的承诺提高社会生活质量、寻求知识和道德风尚以及智慧积累和创造的应用,最终促进人类的发展。苏兰拉里理工大学以理工科为主,立志多出研究成果;适应、转化和推动科技进步以实现社会的可持续发展;培养高水平、有知识、有智慧的毕业生;向公众提供学术服务;遵守学术自由和善治的原则以提高艺术和文化修养。

(二)留学政策

1. 入学条件

(1)本科

a. 全国范围内部分中学无须参加笔试;

b. 理学院(荣誉学位)、护理学院、医学院和牙医学院参加笔试后直接录取;

c. 通过学生注册中心将学生录取到高校。

(2)硕士

英语水平测试:某些情况下,申请者需要参加学校组织的英语考试。

资格证书:获得学士学位或同等学力,学分绩点至少 2.5 分;如果绩点少于 2.5 分,主修科目的累积绩点至少要达到 2.75 分或必须拥有在同一领域工作的经验。

(3)博士

英语水平测试:某些情况下,申请者需要参加学校组织的英语考试。

资格证书:

a. 普通博士学位:获得硕士学位;无硕士学位的申请者,必须有学士学位或同等学力,并且在毕业前,累计学分绩点要达到所学专业要求的分数。

b. 研究型博士学位:必须获得科研型硕士学位,并且在申请学院承认的期刊上发表研究成果。

2. 专业设置

(1)本科

a. 农业技术:动物产品技术、农业技术和食品安全、作物种植技术、食品技术。

b. 工程:工艺地质学、生产工程学、农业和食品工程、交通工程与物流、计算机工程、化学工程、机械工程、工具工程、陶瓷工程、电信工程、地质工程、聚合物工程、电气工程、汽车工程、土木工程、冶金工程、环境工程、生产设计工程、航空工程、电子工程、工业工程、Agritronics 工程、机电一体化工程。

c. 信息技术:信息科学技术、信息研究、管理信息系统、通信企业软件、技术信息科学(荣誉学位)。

d. 管理技术:管理技术、营销管理、物流管理、新风险管理和创业学。

e. 医学。

f. 护理学。

g. 科学:体育科学、数学(荣誉项目)、化学(荣誉项目)、生物学(荣誉项目)物理(荣誉项目)。

h. 公共卫生:职业健康与安全、环境卫生。

i. 牙科学。

(2)硕博

a. 农业技术学院:动物产品技术、生物技术、食品技术、作物种植技术。

b. 工程学院:农业和食品工程、化学工程、陶瓷工程、土木工程、计算机工程、建设和基础设施管理、电气工程、电子与光子学工程、环境工程、岩土工程、工业工程、机械工程、制造工程、冶金工程、聚合物工程、电信工程、交通运输工程。

c. 科学院:应用数学、生物化学、生物医学、化学、环境生物学、地理信息学、激光技术、微生物学、遥感、应用物理学、物理。

d. 社会技术学院:英语语言研究、管理技术、信息技术、合作教育。

3. 学期设置

每学年包含三个学期,每个学期 13 周。

4. 学年学费

学年:本科 4 年,硕士 2 ~5 年,博士 3 ~8 年。

学费:注册费 2400 泰铢,贷款的学生每个学期的交费数目取决于已登记学分的数量(硕士 45 ~48 学分,博士 64 学分);保险费 6000 泰铢(在大学毕业、休学或退学的情况下,费用将返还学生。返还数目将扣除学生损害学校设施和资产的赔偿费或欠学校的债务);维护费用 20000 泰铢(教育服务、健康与住院保险、图书馆、体育费等);学生活动费 400 泰铢/年。

5. 奖学金政策

学校提供以下奖学金:

(1)皇家金禧博士基金。

(2)毕业论文研究基金:助教、助研基金:约 5000 泰铢每月。按项目和条件申请。硕士学位是 30000 泰铢,博士是 5000 泰铢。

(3)研究出版基金:3000 泰铢每年。

(4)优秀毕业生奖学金。

(5)为有能力继续硕士学位学习的毕业生提供的奖学金。

(6)为导师获得外部科研经费的毕业生提供的奖学金。

6. 签证

请注意以下签证政策:

(1)必须在签证期满前亲自到 Nakhon Ratchasima 移民局办理延期签证;

(2)泰国移民局对那些逾期居留的学生处罚力度较轻。签证逾期一天罚款 500 泰铢,最高限额 20000 泰铢;

(3)首次申请非移民的国际学生,可以在泰国停留 90 天。下一次申请时,必须在签证期满前一个月申请签证延期一年。

(三)学校地址及联系方式

学校地址:泰国呵叻(30000)呵叻区苏兰拉里分区学院大街 111 号

网址:http://web. sut. ac. th/2012/en/

电话: +66 4422 3000

传真: +66 4422 4070

邮箱:pr@ sut. ac. th

十一、泰国农业大学

(一)学校简介

泰国农业大学(Kasetsart University,KU)坐落于曼谷北部,校区拥有 135 公顷的低地,距离南部的廊曼国际机场大约 6 千米。目前各教职人员约有 38681 人。泰国农业大学的办学理念是致力于知识的积累和发展,力求在涵盖伦理和道德的学术智慧上取得卓越成就。它发挥自身的领导作用,将保持泰国文化遗产鲜活的生命力视为己任,以促进其发展,进而丰富国家的文化内涵。

泰国农业大学因其高水平的学术和符合国际标准的产品而著名。这里汇聚了最佳的智力资源,有利于促进国家实现可持续发展,增强国家在国际社会的谈判力量。泰国农业大学集智慧与知识于一体,创造和发展知识的多样性,培养具有智慧、理性、道德、良好价值观和在世界市场竞争中具有高标准工作能力的人才;学校有效地管理其资源,积极参与社会发展事业,对社会负责,以确保自身成为保障国家安全和福祉的重要组成部

分。泰国农业大学致力于探索土地知识为国家人民谋取福祉。

(二)留学政策

1. 入学条件

(1)本科

a. 申请者需有以下资格证书:持有高中或12年级学历证书;国际中学教育普通证书(I. G. C. S. E.)/普通中等教育证书(G. C. S. E.)/ 普通教育证书(G. C. E.)“O”等级证书,至少5科成绩不得低于C;普通教育水平证书或文凭;国际文凭(IB)证书中,至少5个科目分数不低于4分;“A”等级证书中至少3科成绩不低于E;毕业于新西兰的学生,至少5科成绩不低于7学分;毕业于澳大利亚的申请者,教育证书及成绩由澳大利亚资格认证机构出具;教育部授权的其他同等学力证书或文凭;此外其他高中同等学力证书或文凭必须翻译为英文,并由当地政府教育部、外交部或由毕业学校出具的证明确认毕业生有资格申请到正规全日制课程;

b. 申请人无传染病或其他疾病影响学习;

c. 申请者须能承担学习相关的所有费用;

d. 申请者须向学校证明无不良生活习惯,充分发挥应有水平、专心学习,并严格遵守大学的规章制度。

如果发现申请者缺乏上述条件,立即取消申请资格或就学资格。

(2)硕士

硕士学位候选人必须持有学士学位,并且还需持有以下相关文件:大学本科成绩单扫描件并能清楚地呈现授予学位名称和毕业日期;学士学位证书的扫描件;护照第一页扫描件;一寸照片扫描件,要求穿着得体;英语能力证明文件(如有的话)填报的学院要求的其他相关文件。

英语要求:为了满足要求,必须符合下列三个条件中的一个:学生必须通过由外国语学院、人文学院举办的英语水平考试;英语水平考试未通过的学生可以选择申请“研究生院的英语必修”(01355501)课程(注册为 GA 型)并通过该课程,或者重新申请上述(1)中的考试;另外,学生可以提交他们的托福、雅思、CU - TEP,KU - EPT 或 KU - TOEFL - ITP 成绩。

如果考试是在农业大学招生之前参加的,考试成绩的日期需在其转学申请提交日期的 1 年以内;如果是农业大学的招生考试,则考试结果需在其转学申请提交日期的 2 年内。

托福、雅思、CU - TEP,KU - EPT 或 KU - TOEFL - ITP 成绩要求如下:托福,笔试第 2 部分、第 3 部分的分数都不得低于 45 分,或者总分不低于 450 分;机试第 2 部分、第 3 部分的分数分别不得低于 14 分和 13 分,总分不低于 133 分;网考不低于 45 分。雅思不低于 5 分。CU - TEP 不低于 45。KU - EPT 不低于总分的 50%。KU - TOEFL - ITP 不低于 450。

免修:研究生院将给以下两类学生开具英语免修权。

申请者毕业于以英语作为官方语言的国家;通过公务员事务委员会办公室认证,或毕业于通过公务员事务委员会办公室认证的国际项目或英语项目。以上两项要求从毕业之日算起,时间不得超过 5 年。

(3)博士

a. 博士学位候选人必须持有学士学位或获得优秀成绩的同等学力证明,以及硕士学位或同等学力证明。并且需提供以下相关文件:大学本科成绩单及硕士期间成绩单扫描件并能清楚地呈现授予学位名称和毕业日期;学士学位证书和硕士学位证书的扫描件;英语能力考试成绩的扫描件;护照第一页扫描件;英语能力证明文件(如有的话);所填报学院要求的其他相关文件。

b. 博士研究生英语要求

笔试:由外国语学院、人文学院举办的英语考试。

口试:口试作为一项单独的评估。学生通过笔试之后方能参加口试。口语考试委员会由指定的 2 名外国语系讲师和研究生院 1 名代表组成,考试委员会由候选人所申请的主要研究领域指定。学生申请笔试需向研究生院院长提交申请表,并征得论文导师和学院主任或研究生课程委员会主席的同意。

另外学生可以提交他们的托福、雅思、CU - TEP,KU - EPT 或 KU - TOEFL - ITP 的成绩。如果考试是在农业大学招生之前参加的,考试成绩的日期需在其转学申请提交日期的 1 年以内;如果是农业大学的招生考试,则考试结果需在其转学申请提交日期的 2 年内。

托福、雅思、CU - TEP,KU - EPT 或 KU - TOEFL - ITP 成绩要求如下:托福,笔试不低于 500 分;机试不低于 173 分;网考不低于 61 分。雅思不低于 5.5 分。CU - TEP 不低于 67。KU - EPT 成绩不低于总分 55%。KU - TOEFL - ITP 不低于 500。

对于 KU - EPT，如果得到的分数是占总分的 55% ~ 59%，学生只需通过笔试。但是，如果达到的分数高于或等于总分的 60%，学生需通过笔试和口试。

2. 专业设置

(1)本科

农业产业创新与技术、生物科学与技术、电气工程(通信)、电气机械制造工程、环境工程、机械工程、软件与知识工程、工业工程学、国际旅游管理、热带农业、创业经济学、经济学(英语课程)。

(2)硕士

渔业科技、化学工程、生物兽医学、生物技术。

(3)博士

渔业科技、生物科学、化学工程、生物兽医学。

3. 学期设置

每学年主要包括 2 个学期(2 学期制)，夏季学期根据各自需求设置。

第一学期:8—12 月。

第二学期:1—5 月。

夏季学期:6—7 月。

4. 学年及学费

学年:硕士 5 年内，博士 6 ~ 8 年。

学费:

本科 12900 ~ 17300 泰铢/学年。

硕士 14400 ~ 22700 泰铢/学年。

博士 15900 ~ 26600 泰铢/学年。

5. 奖学金政策

(1)本科

农业大学有以下四类奖学金:

①全额奖学金

这项奖学金是由捐赠者，如公司、基金会、协会或一般人提供。捐赠者把钱捐赠给大学，大学每年把钱以奖学金的形式颁发给符合奖学金条件的学生。这项奖学金的金额在 3000 ~ 72000 泰铢，主要以两种形式颁发:第一种奖学金是持续性的奖学金，一直支付到学生毕业。第二种是非持续性的奖学金，仅支付一个学期。

②付息奖学金

这项奖学金是由捐赠者，如公司、基金会、协会或一般人提供的。捐款人把钱捐赠给大学，并从这笔钱中获得利息，然后根据该奖学金的所有者的标准和条件，为学生提供奖学金。奖学金的数额取决于利息的数额。

③工作奖学金

这项奖学金是由捐赠者，如公司、基金会、协会或一般人提供。捐款人把钱捐赠给大学，并从这笔钱中获得利息，然后学校每月将钱付给学生作为工作报酬。这个奖学金的金额是每月 1000 泰铢。

④学生经济资助

这部分的经济来源是捐赠给受自然灾害学生的资金所获取的利息。

奖学金申请人的资格如下：大学本科在读；经济贫困，无法支付学费；成绩优秀和毕业可能性高；良好的声誉；奖学金捐赠者要求的其他资格；未获得其他奖学金。

奖学金的考核办法：农业大学将成立奖学金面试委员会来确定奖学金获得者的顺序。确定的原则是基于公平与奖学金获得者的最佳利益。

奖学金获得者的条件：奖学金获得者必须有良好的声誉，并遵循学校规章制度；奖学金获得者必须在学校中心和学生事务处的活动中提供帮助；奖学金获得者必须参加指导中心举办的活动或者项目申请相关工作至少 2 次。

奖学金获得者必须继续专心学习，要求保持同样的成绩等级或者更高的成绩等级，要求如下：每学期报告成绩（在成绩低于该条件的情况下，它将影响到该奖学金的考察）；每学期发送注册文件和时间安排表；学者应在特别的节日送贺卡或感谢信给捐赠者，一年两次。

奖学金评选的时间：奖学金申报为每年的 5 月最后一周到 6 月中旬；面试在 6 月最后一周；奖学金结果公示在 8 月的第一周。

（2）硕士、博士

研究生院设有国际会议演讲和农业大学研究生院国际出版物两种奖学金。

根据 2015 年泰国农业大学法案第 92 条款、2002 年泰国农业大学收入管理规章中的农业大学理事会公告第 5 和第 7 条款、2015 年泰国农业大学董事会中农业大学法规的第 37 条款，以及 2015 年 9 月 7 日召开的泰国农业大学批准会议（会议编号 3/2558），农业大学已经为国际会议演讲和农业大学研究生院国际出版物制定了相关奖学金标准，具体如下：

a. 农业大学国际会议演讲的研究生讲师奖学金标准：申请者必须是农业大学的永久性研究生导师，并当任论文导师；申请人的研究必须以英文书写，并以申请奖学金的讲师的名字为第一作者；申请人的研究工作必须在国际会议上作报告，其中会议举行地在泰国，且至少有五个非东盟国家参加；本财政年度，农业大学研究生院的每一项奖学金将拨出 10000 泰铢（2016 年）；每个财政年度，每个讲师只能获得一项奖学金；申请者必须附上组织委员会开具的口头展示的相关接收证明、研究手稿，以及申请人的监护人的同意书，申请书至少在申请人面试前 15 天将其提交给农业大学研究生院；奖学金被安排在申请人返回泰国后支付，申请人必须向研究生院提交的附加文件如出席会议的证明（报名费收据等）、会议上发表的论文/讲义的复印件，包含泰国农业大学研究生院的标志，或泰国农业大学的标志、费用证明（机票收据、住宿收据）。

b. 泰国农业大学国际学术会议的研究生奖学金标准：申请人必须是目前在校学习的泰国农业大学的硕士或博士学生，学生的学习时间必须在研究生院规定的时间内，而且学生的开题报告必须已经批准，每个学生每个财政年度只能获得一项奖学金；研究必须以英文书写，申请奖学金的学生必须作为第一作者出现；申请人的研究作品必须在国际会议上作报告，其中会议举行地在泰国，且至少有五个非东盟国家参加；参加在泰国以外的国家举行的国际会议，将提供10000泰铢的奖学金经费，用于进行口头展示；参加在泰国举行的国际会议，奖学金资金的额度将取决于相关费用，不超过5000泰铢；学生必须提交申请表，和他们的开题报告副本，以及在国际会议展示中使用的部分；附上组织委员会口头展示的接收证明、口头展示的论文，至少在申请人面试前15天将其提交给农业大学研究生院；奖学金在申请人返回泰国后支付，申请人必须向研究生院提交的附加文件如出席会议的证明（报名费收据）、会议上发表的论文/讲义的复印件，包含泰国农业大学研究生院的标志或泰国农业大学的标志、费用证明（机票收据、住宿收据）。

c. 农业大学研究生讲师和研究生国际出版奖学金标准：申请人必须是目前在校学习的泰国农业大学的硕士或博士，学生的学习时间必须在研究生院规定的时间内，而且学生的开题报告必须已经批准；论文导师或学生的名字必须作为第一作者，或作为一个相应的作者，如果学生是第一作者或相应的作者，学生的大学名称必须是农业大学；评定奖学金时所提交的研究论文不应只是应付毕业的一篇论文，该生的毕业研究论文一定要被接受出版，或者已经出版；研究成果必须发表在国际刊物上且出现在ISI数据库中；支付给学生的奖学金金额是20000泰铢，论文导师10000泰铢；考生必须向农业大学研究生院提交相关文件如奖学金申请表格、开题报告的复印件，以及在国际出版物中使用的特定部分、在国际期刊上发表的接受证明，以及在ISI数据库显示证明、学生的研究成果必须在相关日期间发表、申请奖学金时提交的论文复印件、毕业论文，必须包含在一组文档中，以便研究生院进行奖学金审议。

d. 如本公告引发任何争议，研究生院委员会拥有最终裁决权。

6. 签证政策

①非移民签证将分发给外国学生这类签证必须先由外交部或泰国驻外大使馆批准。泰国领事馆也有权发放这类签证给能够证明已被泰国的某一学习项目录取的申请人。办理非移民签证，需要准备以下文件：已完成签证申请表；护照或旅行证件的复印件，其有效期不少于6个月；两张4cm×6cm的正脸、免冠照片（近6个月内照的）；泰国农业大学的接收函（英语）和泰国农业大学给申请者的签证申请的正式信件，如：机构泰国大使馆或泰国领事馆。

此外需要注意以下事项：申请非移民签证所需提交的文件，取决于申请表中所述的必要性和适当性；领事馆有权要求附加相关必要文件；缺乏必要文件时，须作说明；申请人须在每一份复印件上签字；申请非移民签证所需提交的文件，取决于申请表中所述的必要性和适当性。

②签证有效期

单次入境和多次入境签证有效期为发放后的三个月。建议学生在他们到达之后申请再入境签证，这将方便其离开泰国后再次返回。否则，他们必须再次申请签证。

③停留的有效期

非移民签证持有人最初在泰国的停留限期不得超过90天，除非移民局办公室另行通知。因此，外国学生在抵达泰国后后，必须向国际事务司提交报告申请延长签证的有效期。

④延长停留期

按照移民局规定延长停留期的相关规定，合格者可以获得入境后额外一年的停留许可。停留时间的延长期限由移民局自行裁定。

此外需要注意如申请人希望停留时间超过90天，必须向泰国海外领事馆或移民局提交申请。领事馆会向移民局申请批准，领事馆根据批准所给的指示签发签证。申请人如果是印度，巴基斯坦，孟加拉国，斯里兰卡，尼泊尔，叙利亚，伊拉克，伊朗，黎巴嫩，阿尔及利亚，苏丹，利比亚，也门，埃及，巴勒斯坦的公民，请前往泰国大使馆/总领事馆所在地提交申请。

（三）学校地址及联系方式

学校地址：曼谷 Ladyaow Chatuchak Ngam Wong Wan 路50号

官网：http://www.ku.ac.th/

联系电话：+66 0－2579－0113

传真：+66 0－2942－8998

学校邮箱：ku.oip@ku.ac.th

十二、清迈大学

（一）学校简介

清迈大学（Chiang Mai University，CMU）在普密蓬・阿杜德国王授予的国家宪章下于1964年1月成立。清迈大学是泰国北部第一所高等院校，也是泰国第一所省级高校。清迈大学有四个校区，主校区苏安拉克校区，距离市中心5千米。该校区坐落于素帖山山脚，占地面积615英亩（249公顷）。学校拥有办公楼、农学院、建筑学院、工商管理学院、理学院、工程学院、人文学院、社会科学学院、教育学院、美术学院、经济学院、法学院、大宗传媒学院、政治学院、公共管理学院、艺术学院、媒体学院、技术学院、研究生院、三大研究所、国际教育中心和自治组织等诸多学术组织和社区服务单位，所有校园设施和服务，以及体育设施都位于该校区。

孙朵校区距离市区更近，占地面积110英亩（45公顷）。医学院、联合医学科学、护理学、牙医学、药剂学，以及泰国北部最大的医院孙朵医院均位于该校区。湄黑校区，距离主校区约5千米远，是兽医学院和农业产业学院的所在地。南奔府校区是新建的校区，

位于距离清迈55千米的南部地区，占地面积1890英亩（765公顷），靠近南奔府工业中心，该校区主要进行工业管理和高效能源利用相关的人才培养和研究。

清迈大学是一所具有卓越国际学术水准的领先高校，该校致力于成为一所以研究为导向的高等教育机构，培养具有高道德水准的学生，以备推行自给自足的经济理念和可持续发展战略。

（二）留学政策

1. 入学条件

对所有留学生的英语语言要求：要求学生英语水平达到雅思5.0分，托福纸考500分/机考173分以上，或新托福61分，或国家英语四级（中国学生），或欧洲共同语言参考标准A2水平，或国际同等英语能力测试水平。有的项目对英语水平的要求更高。所有留学项目要求学生阅读学术文章，参加学术讨论，听学术讲座并撰写学术论文、报告等。留学生须满足国际方案英语语言能力最低标准及所需学历。

（1）国际学位项目

所有的国际项目均为英语教学，要求学生英语水平达到雅思5.0分，托福纸考500分/机考173分以上，或新托福61分，或国家英语四级（中国学生），或欧洲共同语言参考标准A2水平，或国际同等英语测试水平。留学生须满足国际方案英语语言能力最低标准及所需学历。

母语为英语的申请人可免试英语等级考试，但仍需参加学院规定的入学考试。

母语为非英语的申请人须达到要求的托福或雅思水平。未参加雅思或托福考试者，须在清迈大学国际学院参加英语等级考试，中国留学生可在设有清迈大学泰语文化中心的云南师范大学、成都大学、广西大学或中国银川宁夏回族自治区外事办参加英语等级考试。

同时以英语为工具的高中毕业护理学申请者不必提交雅思或托福成绩。具有泰国国籍或在泰国高中毕业的申请者须提交国家考试成绩(GAT/PAT2),否则将会取消资格。

(2)本科生项目

国际本科留学生项目的入学条件为:高中毕业证书;高中成绩单;以下科目的平均绩点不低于2.5或C+,或同等水平:科学、物理、生物、化学、数学、英语(该要求仅针对机械工程专业、软件工程装、地理信息学和护理学申请者)。

(3)研究生项目

符合相关学术要求的留学研究生须符合相关学科学历,并满足相关毕业院校评估结果。

(4)从其他大学转学

转学进入清迈大学学习的学生,须提交手写申请,随附现在所在院校的批准信。转学批准过程较长,因为学校之间将会有大量文件来往。因此请于开学前至少60天提交手写申请原件、成绩单和批准信。

(5)申请材料

须提供以下申请资料:完整申请表复印件;泰文或英文高中成绩单,或其他语言的成绩单;高中毕业证书/文凭,Matayom Suksa6或12级或同等水平,泰语或英语,或其他同等语言文本(附英文译文);泰国居民:提供泰国身份证及房屋登记复印件;母语为非英语的外籍人员:身份证复印件(附英语译文);在有效申请期内提供雅思、托福或同等英语测试的正式分数报告单;近半年内1寸免冠照两张;护照复印件:信息页,或泰国国籍身份页;房屋登记复印件(泰国申请者)。

2. 专业设置

(1)本科

工程学士(机械工程)、护理科学学士、软件工程学士。

(2)硕士

可持续发展、护理管理、农业系统、应用地球物理、环境科学、健康科学、石油地质科学、保鲜技术、兽医公共卫生、生物医学工程、可持续农业和综合流域管理理科。

(3)博士

化学、牙科、经济学、地质学、材料科学、纳米科学和纳米技术、护理学、药学、物理学、社会科学。

3. 学期设置

每学年设有三个学期,具体如下:

第一学期:8—12月。

第二学期:1—5月中旬。

第三学期:5月中旬到7月中旬。

4. 学年及学费

学年：本科4年，硕士1～2年，博士3年（依专业而定）。

学费：注册费80000～140000泰铢/学年；申请费1200泰铢（不退还）；英语分级考试费400泰铢（不退还）。

5. 住宿情况

国际旅馆，分短期和长期入住，86间标间和2个套房。所有房间和套房均已装修并配有空调。

房型及费用：

单间：500泰铢；标间：600泰铢/晚，含早餐。

家庭套房：1500泰铢/晚，含早餐。

VIP套房：1800泰铢/晚，含早餐。

（三）学校地址及联系方式

地址：泰国清迈市廊曼去辉交路239号清迈大学

官网：http://www.cmu.ac.th

联系电话：66 53 941000，+66 53 943333，944444

传真：+66 53 217143，943002

学校邮箱：cmuic@cmu.ac.th

十三、那黎宣大学

（一）学校简介

那黎宣大学（Naresuan University，NU）是泰国顶尖的公立大学之一，该校强调提高教育机会和教育公平。那黎宣大学致力于成为一所创新性的大学，该校强调创新、研究、合作和国际化。该校位于泰国的中心地区——Phitsanolok省，该省具有非比寻常的战略意义，也是北方低地地区的主要城市之一，更重要的是该省还是那黎宣国王的出生地，那黎宣大学更是因此而被命名。该校成立于1990年7月29日，当天也是伟大的那黎宣国王即位400周年纪念日。然而，该校的历史也可以追溯到1976年成立的教育学院。现今该校有25000左右学生。

那黎宣大学是一所综合性大学，拥有22个院系和一所示范性学校，设立了多种多样的先进项目，符合社会大众的期望。那黎宣大学承诺今后将积极投身于提高国家和国际高等教育水平的事业中去。通过旧经验的总结和新范式的最佳实践，学校将不断提高教学质量，尤其是该校的项目和教学模式。此外，为了打造高技能、高水平、高贡献的全面型国际毕业生，学校在各层面上逐渐向学生传授各项技能。

(二)留学政策

1. 入学条件

(1)本科

a. 泰国学生必须完成中学教育，平均绩点2.75(满绩点4.00)以上，英语课程平均绩点3.00(满绩点4.00)以上；

b. 泰国学生和留学生需参加那黎宣大学举行的剑桥英语分级考试(CEPT)；

c. 外国留学生必须持有自己国家的高中毕业证书或同等中学学力证书；

d. 外国学生申请时必须持有英语语言能力的相关证明。

(2)硕士

a. 申请人必须持有学士学位或在高等教育委员会办公室认可的教育机构取得同等学力；

b. 申请者必须从未被任何教育机构因品行不端而开除；

c. 申请人必须是健康的，没有任何学习障碍。

(3)博士

a. 申请人必须持有学士学位或硕士学位，或在高等教育委员会办公室认可的教育机构取得同等学力；

b. 申请者必须从未被教育机构开除，没有任何不当行为；

c. 申请人必须是健康的，没有任何学习障碍。

2. 专业设置

(1)本科

文学学士(英语商务沟通专业)、工商管理学士(人力资源管理专业)、工商管理学士(国际商业管理专业)、工商管理学士(旅游管理专业)。

(2)硕士

理学硕士(灾害管理专业)。

(3)博士

哲学博士(卫生系统和政策专业)、哲学博士(可再生能源专业)、哲学博士(理论物理学专业)。

3. 学期设置

每学年两个学期,具体如下

第一学期:8—12 月。

第二学期:1—5 月。

4. 学年及学费

学年:硕士 3 ~5 年,博士 6 ~8 年。

学费:

a. 本科

学费 30000 泰铢/学期;

图书馆和其他费用 1100 泰铢/学期;

留学生费用 15000 泰铢/学期;

宿舍费 15600 泰铢/年(对于一个共享的房间,不包括电费);

留学生健康保险 4319 泰铢/年。

b. 硕士

15000 泰铢/学期;

申请费 1000 泰铢。

c. 博士

留学生费(15000 泰铢/学期)和申请费 1000 泰铢。

5. 奖学金政策

那黎宣大学给任何国家的研究生提供 27 种奖学金。

条件:学士学位和硕士学位;满足最低的英语水平,硕士生托福笔试 470 分/机试 150 分/网考 50 分或雅思 4.0 分;博士生托福笔试 500 分/机试 173 分/网考 61 分或雅思 5.0 分。

6. 住宿情况

大学有两个国际宿舍,配有空调、网络和洗衣服务系统,同时还配有宿舍安全(出入证)系统,闭路监控,24 小时保安。

那黎宣大学还拥有大型的先进医疗中心。此外,还设有游泳池,,网球场,篮球场,和健身中心等基础设施。

房型及费用如下:

4 人/房间,15600 泰铢(本科一年级学生);7800 泰铢/人(本科二年级学生)。

3 人/房间,两部分,10400 泰铢/学年/人。

2 人/房间(研究生)两部分,15600 泰铢/人。

7. 签证政策

办理签证需要以下相关文件:

a. TM. 7 表格;

b. 了解居留泰国的相关条件;

c. 一张相片(4cm×6cm);
d. 护照的原件及复印件;
e. 寄送移民局官方文件;
f. 学生推荐信;
g. 签证延期申请费用 1900 泰铢;
h. 申请成功后,每 90 天需要提交通知。

(三)学校地址及联系方式

地址:泰国彭世洛省那黎宣大学
邮箱:international@ nu. ac. th
联系电话: +66 5596 1000
传真: +66 5596 1103
官网:http://www. nu. ac. th/index. php

十四、泰国法政大学

(一)学校简介

泰国国立法政大学(Thammasat University)是泰国第二古老的大学。该校位于拉达纳谷士岛与湄南河岸的 Tha Phra Chan,创始人比里·帕侬荣教授将其命名为“伦理学与政治学大学”,以反映其主要任务是为了向泰国新公民,以及即将成为泰国公民的人提供法律和政治等学科的高等教育，希望能够让高等教育惠及所有人。在第一学年，法政大学招收了7094名学生，并以此成为开放大学的开端。

自成立以来，法政大学已经从一个法律与政治的开放性大学发展成为一所著名的国际研究型大学。它提供各级学术学位，并广泛开展各学科领域的前沿性研究。这所大学已经培养出了30多万名学生，为泰国，以及世界地发展和进步做出了巨大贡献。著名大学校友包括泰国总理、主要政治家和政府人物、泰国银行行长、最高法院法官、省长以及众多领域的专家。直至今天，国立法政大学一直遵循其指导思想：在君主立宪制和民主的理念下，坚持学术卓越、服务社会，促进艺术和文化的发展，促进社会平等和社会正义。法政大学的学生不仅全面发展、适应能力强，同时充满社会责任感。曾经有一名学生形象地说过，“我爱法政，因为法政教会我爱人”。

（二）留学政策

1. 入学条件

（1）本科

在申请之前你必须符合下列要求，如果你不符合任一要求，你将被取消资格，并且申请费将不退还。

①一般要求

申请人必须符合1997年（泰国佛历2540年）国立法政大学本科学习章程中的第7条款及其修订条款所描述的资格，不能出现以下情况：

a. 携带任何严重的传染病或任何对你受教育不利的疾病；

b. 有任何严重的社会耻辱感；以及

c. 已在泰国另一所大学或高等教育机构注册。

②具体要求

a. 学术要求：申请人必须持有或即将获得 Matthayom 6 的证书、高中毕业证书或者是与前两者具有同等效力的由泰国或国外教育机构颁发的证书。

如果申请人持有或即将获得国外教育机构的毕业证书或具有同等效力的证书，在学生注册前该机构必须经泰国教育部认可。

b. 英语要求：必须达到以下英语水平测试之一的最低分数，并提交一份正式的成绩报告，从考试日期到你提交到商法学办公室的有效期为2年。

TU－GET：500分；托福：网考61分，机试173分，笔试500分；雅思：6.0分。

如果申请人持有或即将获得以英语为官方语言的外国教育机构颁发的毕业证书或具有同等效力的证书，可以免除英语语言资格的要求。但是，该机构必须得到泰国教育部的认可。

（2）硕士

大多数申请人须达到一个或多个最低要求：

a. 任何领域的学士学位；

b. 一年的工作经验;

c. 英语水平证明:TU - GET 500 分或以上;托福笔试 550 分及以上,机试 213 分及以上,网考 79 分及以上;雅思 6.0 分及以上;

d. 分析能力证明:通过国立法政大学商学院的国际研究生项目入学测试;GMAT(通过企管理研究生入学考试,至少 80% 的定量部分);

e. 创造性思维和领导潜能的展示。

(3)博士

①达到录取标准

项目的录取取决于录取委员会对申请人的资格进行认真评估。

②硕士学位要求

申请人必须持有相关领域的硕士学位。

③面试

申请人必须表现出强烈的责任,较强的研究能力和英语沟通能力。

④研究建议

报名参加计划Ⅰ的申请人,必须提交一份意向领域的研究计划,博士执行委员会将推选出可能对该计划感兴趣的论文顾问。

⑤入学要求

a. TU - GET 550 分;或者托福:笔试 550 分,机试 213 分,网考 79 分;或者雅思 6.5 分。成绩有效期为 2 年。

b. GMAT 分数达到 550 分;或者 GRE 分数达到 1100(口头和定量部分);或者 SMART II 分数达到 600 分(每一个部分最低为 250 分);或自申请日起 5 年内的硕士研究生入学考试成绩达到要求。

c. 3 封推荐信。

d. 攻读博士学位的意向陈述。

e. 研究建议(申请计划Ⅰ)。

2. 专业设置

(1)本科

法学院:商法专业法学士学位。

商务与会计学院:会计学学士学位;工商管理学学士学位。

政治学院:政治学与国际关系学专业的综合学士学位。

经济学院:经济学学士学位。

社会管理学院:社会政策与发展专业文学士学位。

新闻与大众传播学院:新闻学专业文学士学位(大众传媒研究)。

比里・帕侬荣国际学院:中国研究专业文学士学位;印度研究专业文学士学位。

文学院:英美研究专业文学士学位;商务英语交际专业文学士学位(东盟 - 中国)。

科技学院:创意数码科技专业理学士学位;创新数字设计专业理学士学位;工业科学

与管理专业理学士学位。

工程学院:电气工程专业工程学士学位;工程专业工程学士学位;土木工程专业工程学士学位;化学工程专业工程学士学位;机械工程专业工程学士学位;自动化工程专业工程学士学位。

建筑与规划学院:城市设计与发展专业学士学位;设计、商务和技术管理专业理学士学位。

诗琳通国际理工学院:电子工程和通信工程专业工程学士学位;工业工程专业工程学士学位;土木工程专业工程学士学位;机械工程专业工程学士学位;化学工程专业工程学士学位;计算机工程专业工程学士学位;信息技术学专业理学士学位;管理技术学专业理学士学位;工程管理学专业理学士学位。

全球研究院:全球研究与社会企业家精神专业文学士学位。

(2)硕士

法学院:商法专业法学硕士学位。

商务与会计学院:环球企业家技能专业工商管理硕士学位;市场营销专业理学硕士学位;金融学专业理学硕士学位。

政治学院:政治学与国际关系学专业的综合政治学硕士学位;国际关系专业政治学硕士学位。

经济学院:经济学硕士学位。

创新学院:服务创新专业理学硕士学位;医疗管理创新专业理学硕士学位。

比里·帕依荣国际学院:东盟研究专业文学硕士学位。

文学院:英语语言研究专业文学硕士学位。

语言学院:对外英语教学专业文学硕士学位;职业英语专业文学硕士学位。

科技学院:创意数码科技专业理学硕士学位;创新数字设计专业理学硕士学位。

建筑与规划学院:城市设计与发展专业硕士学位;设计、商务和技术管理专业理学硕士学位。

诗琳通国际理工学院:物流与供应链系统专业工程硕士学位;工程技术专业工程硕士学位;工程与技术专业理学硕士学位;嵌入式系统信息与通信技术专业工程硕士学位。

健康科学学院:生物医学科学专业理学硕士学位。

牙医学院:口腔种植学专业理学硕士学位。

全球研究院:全球健康专业公共卫生学硕士学位。

朱拉蓬医学国际学院:生物临床科学专业理学硕士学位。

(3)博士

商务与会计学院:工商管理专业哲学博士学位。

经济学院:经济学专业哲学博士学位。

文学院:英语语言研究专业哲学博士学位。

语言学院:英语语言教学专业哲学博士学位。

科技学院:统计学专业哲学博士学位;计算机科学专业哲学博士学位;化学专业哲学博士学位。

工程学院:能源与环境技术管理专业哲学博士学位。

诗琳通国际理工学院:工程与技术专业哲学博士学位。

健康科学学院:生物医学科学专业哲学博士学位。

牙医学院:口腔健康科学专业哲学博士学位。

朱拉蓬医学国际学院:生物临床科学专业哲学博士学位;中西医结合专业哲学博士学位。

3. 学期设置

常规学期制

第一学期:8 月中旬至 12 月中旬;第二学期:1 月中旬至 5 月中旬;夏季学期:6—7 月。

三学期制

第一学期:8 月至 11 月;第二学期:12 月至次年 3 月;夏季学期:4—7 月。

4. 学年及学费

(1)本科

学年:4 年。

不同专业学费有所差别,如商法专业法学士学位,每一学年学费约为 200000 泰铢。

(2)硕士

学年:2 年。

学费:不同专业学费有所差别,如经济学硕士学位,两年学费总计 74700 泰铢,估计总花费(2 年)为 147750 泰铢。

(3)博士

学年:4 年。

学费:不同专业学费有所差别,如工商管理专业博士学位,学费和一般费用约为每年 230000 泰铢;经济学博士学位 2 年学费总计 168700 泰铢,加上其他费用,估计总花费(4 年)为 307750 泰铢。

5. 奖学金政策

泰国法政大学为外国留学生提供奖学金,不同学院、专业,奖学金设置及政策不同,具体每一个专业的设置可以详见其学院官方网站。如:针对经济学专业研究生,提供有如下奖学金:

(1)亚洲开发银行(ADB)奖学金

这项奖学金是针对亚洲的申请者。申请亚洲开发银行奖学金须是申请入学的硕士学生。

(2)大集团奖学金

这项奖学金针对来自缅甸的申请者。

6. 住宿情况

(1)Tha Prachan 校区附近的宿舍

法政大学 Tha Prachan 校区内不提供住宿,在 Talingchan 区域有一个校外宿舍,到 Tha Prachan 校区 30~45 分钟车程,它被称为法政大学的 Ratchdapisek 宿舍,有 6 层楼,大约 500 个床位。

(2)兰实中心的宿舍

兰实中心有校内宿舍,称为亚运村,以 1996 年的亚运会命名,可供给泰国学生和国际学生。宿舍是由法政大学物业管理处管理,房间配备家具、空调、有线电视和无线网络。它拥有如下多个建筑:

B 区建筑;C 和 E 区建筑;Khu 圆顶宿舍(男生);Kheng 圆顶宿舍(女生);TU-DOME 宿舍(校外)。

(3)校外住处和公寓

在校园附近有许多公寓,通过步行、乘坐公共汽车或小船都可以到达学校。公寓是私人所属的,但户主与国立法政大学有良好关系。学生有多种选择,一个学期费用(5 个月)22000~50000 泰铢不等。公寓分为有家具和没有家具,有空调和没有空调,没有空调的房间较便宜。房间内通常有床、桌子和椅子、一个衣柜和一个淋浴间。泰国人不常用浴缸。大部分的客房和公寓没有厨房设施,但有一个较小的厨房空间可以提供临时煮饭,轻便电炉和电热锅可以很便宜地买到。一些公寓提供一个小冰箱、微波炉、电视和电缆,以及需要额外付费的互联网。由于此处很容易购买新鲜煮熟的食物,以及水果和蔬菜,所以没有必要煮饭,买现成的食物非常简单和省时,这也是泰国人平常的生活方式。因此,厨房不是你寻找公寓的关键因素。在你寻找公寓的时候,带一个泰国朋友和你一起是个不错的主意,你也可以寻求当地的建议或参加国际事务办公室在学期初举办的住房之旅,以获取当地信息以帮助满足你的需求和节省你的预算。

7. 签证政策

签证申请:一旦申请人获得在国立法政大学学习的交流项目的批准,国际处将出具接收函和帮助申请签证的信函。留学生需申请非移民类"教育"签证进入泰国,学生在离开其祖国到泰国之前必须获得签证。申请签证时,请将接收函作为申请签证的一个附件,在泰国皇家大使馆或泰国领事馆的学生区办理。需要的文件包括有效期不少于6 个月的护照;签证申请表;近期证件照片(4cm×6cm);给大使馆或领事馆的推荐信;国立法政大学接受函;学习成绩和学生证(如果在读)。

(三)学校地址及联系方式

Tha Prachan 校区:泰国曼谷 10200,2 Prachan Road

兰实中心校区:泰国巴吞他尼府 12121,兰实,Klong Luang,99 Moo 18 Paholyothin Road

芭堤雅中心与学习胜地:泰国春武里府,39/4 Moo 5 Bang Lamung

南邦府中心:泰国南邦府,Hangchat,248 Moo 2 Lampang-Chiang Mai Road

官网:http://www.tueng.tu.ac.th/
联系电话: +66 (0)2613 3333
学校邮箱:inbound.oia@gmail.com,info.inter@tu.ac.th

十五、皇太后大学

(一)学校简介

皇太后大学(Maefah Luang University,MFU),位于泰北清莱府,距离清莱城约20千米,距离清莱机场约15千米。皇太后大学于1998年在泰国皇家政府的慷慨支持下成立,是一所国立自治大学,大学的建立是为了满足泰国北方人民的要求,缅怀国王的母亲诗纳卡琳皇太后殿下宏恩厚泽,使之成为人民纪念、效忠和继承皇太后殿下办学遗志的标志。从1998年开始只有64名学生,到现在在校学生超过10000名,学校已经成为泰国发展最快的高等教育机构。经过十多年的运作,MFU已经因其高质量的教学、研究和服务著称于泰国。皇太后大学为泰国教育部承认的高等学府,是泰国目前唯一一所用英语授课的国立大学,同时还与国内外著名学术机构有着密切的学术交流与合作关系。

皇太后大学校园占地面积800公顷,校园四周遍布高山群树,营造出良好的教学环境。作为区域性和国家性的大学,皇太后大学致力于湄公河流域以及东南地区的发展。

(二)留学政策

1. 入学条件

(1)本科:高中毕业(包括中专、技校、职高)或参加完高二会考;雅思5.0分以上。

(2)硕士:本科毕业;无专业背景限制;雅思 5.5 分以上。

其他要求:如果没有英语成绩,若学校开设语言预科,参加培训之后统一参加入学考试。

2. 专业设置

(1)本科

农用工业:食品技术;农业生产和包装的技术管理。

化妆学:美容技术;化妆学。

健康科学:泰国传统医学应用(主要用泰语教课);环境卫生;职业健康和安全;物理治疗(主要用泰语教课);公共卫生;体育与健康科学。

中医:学习汉语两学期(通过 HSK3 级的可以免除)。

标准学术理论学习 8 个学期。

中国广州中医大学学习两学期。

信息技术:计算机工程;计算机科学;信息和通信工程;信息技术;多媒体技术和动画;软件工程。

法律:法学(泰语教学)。

文科:英语;泰国语言文化。

管理学:航空企业管理(航空物流业务);航空企业管理(航空操作);航空企业管理(航空服务);工商管理;经济学;酒店行业管理;物流和供应链管理;旅游管理。

科学:应用化学;生物科学;材料工程。

汉学:商务汉语;中国语言和文化;中国研究;中文教学。

社会创新:国际发展。

3. 学期设置

第一学期:8—12 月。

第二学期:1—5 月。

4. 学年及学费

(1)本科

4 年制;每年学费为 26000 ~ 46800 泰铢(根据学科不同学费费不同)。

(2)硕士

1.5 年或 2 年;每年学费为 39000 ~ 117000 泰铢(根据学科不同收费不同)。

(3)博士

3 年;每年学费为 39000 ~ 143000 泰铢(根据学科不同收费)。

5. 奖学金政策

(1)本科

皇太后大学将授予国际留学生数个全额奖学金名额。须是蒙古、尼泊尔、不丹、孟加拉国、印度、缅甸、老挝、柬埔寨、斯里兰卡、马尔代夫、越南、菲律宾公民。

(2)硕士

皇太后大学将授予国际留学生数个全额奖学金名额。须是蒙古、尼泊尔、不丹、孟加拉国、印度、缅甸、老挝、柬埔寨、斯里兰卡、马尔代夫、越南、菲律宾公民。

6. 住宿情况

24 小时宿舍管理人员;

24 小时安保人员;

24 小时洗衣;

Wi－Fi 上网。

7. 签证政策

(1)获得签证

当申请获得 MFU 学校批准,申请人需得到一个泰国皇家大使馆或领事馆的非移民的签证方可进入泰国。开始学习时,此签证开始生效。注意,不得办理泰国旅游签证,因为旅游签证不具有在泰国学习的资格。

(2)所需文件

a. 正式录取通知书的副本、学校校历,以及 MFU 发出的签证申请通过信。

b. 4 张 3cm×4cm 的近期照片(时间不得超过 6 个月)。

c. 个人护照信息复件一份。

d. 体检报告(时长不得超过 6 个月)。

e. 签证费用。

注意:外国人持学生签证不能在泰国工作。

(3)签证延期所需文件

a. 学生身份证(证明学生身份)。

b. 成绩单(一年级学生除外)。

c. 护照原件和具有护照详细信息的复件(包括照片)。

d. 护照签证页的复件(显示签证到期日期)。

e. 签证延期的申请书。

f. 近期 3cm×4cm 的照片。

(4)再入境规定所需文件

学生无论以任何原因离开泰国,返回泰国时需去移民局申请再入境。否则,再次入境时,签证将自动取消。

a. 完成返回表单(可以从移民局前台获得);

b. 护照;

c. 近期 2 英寸照片。

另外,单次返回费用为 1000 泰铢,多次返回费用为 3800 泰铢。

泰国移民局要求所有在泰国逗留超过 90 天以上的外国人,每 90 天报告其当前地址,且必须在截止时间前 7～15 天内完成。

(三)学校地址及联系方式

地址:泰国清莱 57100,Muang 区,Thasud 路,333 Moo1
邮箱:inter@ mfu. ac. th
电话: +66(0)5391 6024, +66(0)5391 6026
网站:http://www. mfu. ac. th/eng/index. php

十六、兰实大学

(一)学校简介

兰实大学(Rangsit University,RSU)是泰国领先的私立大学,也是被泰国教育部高等教育委员会充分认可的一所大学。兰实大学以其卓越的学术成就和国际教学标准而著名,在由教育部和泰国国家教育标准和质量评估(公共组织)组织的高校质量保证审核中被评为最高等级(共五种级别)。

兰实大学创立于 1986 年,其注册学生人数超过 28000 人,拥有 134 个学位课程(87 个本科学位,36 个硕士学位和 11 个博士学位)。

兰实大学拥有东南亚著名的医学院,外交与国际关系学院,学校还拥有泰国唯一的航空学院、著名的建筑学院、传媒学院等,还拥有全球中文母语区外第一个开展中文授课的"中国国际学院"。学校旨在为国家发展的需要,培养各专业领域的毕业生,其中以科学、医学、技术、设计和管理为主,同时也为个人事业发展的需求提供专业的训练。[1]

兰实大学主校区坐落在泰国中部的巴吞他尼府 Lak – Hok 地区,占地 47.4 公顷,距离曼谷市中心只有 30 分钟的高速公路车程。兰实大学拥有两个高尔夫球场、湖泊、相应的体育设施、餐厅和一流的购物中心,为学生提供了理想的学习环境。

(二)留学政策

1. 入学条件

(1)本科

必须完成高中(12 年级)或同等学力由教育泰国教育部的认可的学习经历。

(2)硕士

必须完成由教育泰国教育部的认可批准的学士学位或同等学力。

2. 专业设置

(1)本科

a. 护理学学士学位。

b. 航空维修工程学士学位。

c. 工商管理学士学位。

d. 传播艺术学士学位。

e. 会计学士学位。

f. 土木工程学士学位。

g. 传播艺术学士学位。

h. 计算机工程学士学位。

i. 电子工程学士学位。

j. 信息与通信技术学士学位。

k. 国际商务学士学位。

l. 国际酒店及旅游学士学位。

m. 国际政治经济与发展学士学位。

(2)硕士

a. 国际健康。

b. 硕士工商管理。

c. 法学。

d. 双语教育。

e. 外交和国际问题研究。

3. 学期设置

实行三学期制:

[1] 资料来源于 360 教育集团. 泰国留学. 院校库. 兰实大学[DB/OL]. http://school.liuxue360.com/th/rsu/

第一学期(8—11 月)。

第二学期(1—4 月)。

夏季(6 月)。

4. 学年及学费

(1)本科

学习四年,四年学费:475600 ~ 851400 泰铢(专业不同,收费不同)。

(2)硕士

国际健康专业学习一年;一年学费为 182600 泰铢。

5. 奖学金政策

兰实大学设立如下奖学金:Dr. Arthit Ourairat 奖学金、Prasit - Khunying Pattana Ourairat 奖学金。

6. 住宿情况

学校将校区附近的学生公寓提供给留学生居住,他们可以步行、打车或者是乘坐免费的微型面包车到达住处。租赁价格每月 4500 ~ 10000 泰铢。

(三)学校地址及联系方式

地址:巴吞他尼府,Paholyothin 路,距离廊曼机场 3 千米。

官网:https://www2.rsu.ac.th/home

联系电话: + 66 997 - 2222 ext. 3471,3452

传真: + 66 997 - 2222 ext. 3453

学校邮箱:rolly@rsu.ac.th

十七、瓦莱岚大学

(一)学校简介

瓦莱岚大学(Walailak University,WU)正式成立于 1992 年,是一所为泰国人民服务而建立的综合性大学。瓦莱岚大学希望培养出拥有实践能力、逆境处理能力、具有文科视角与技术能力并具有良好道德的毕业生。学校一切的活动都是为了增强瓦莱岚大学的独特魅力,并实现成为"东盟教育园区"的最终目标,使全世界人民从中获取知识、智慧和文化。

瓦莱岚大学坐落于泰国南部的洛坤府(原名那空是塔玛叻府)Tha Sala 区,位于曼谷以南 780 千米处,山清水秀、景色宜人。瓦莱岚大学占地 3600 公顷,是泰国面积最大的高校。除了主校区外,瓦莱岚大学还在曼谷设有协调办公室,在素叻他尼府设有服务中心。学校配备了现代化的教育设备,为全体师生职工提供公寓服务。

瓦莱岚大学提供广泛的本科学位和研究生学位课程,目前,学校拥有管理学院、农业

技术学院、护理学院、药学院、医学院、工程和资源学院、文学院、理学院、建筑与设计学院、联合健康和公共健康学院、信息学院等11个学院,专业广泛。

(二)留学政策

1. 入学条件

(1)硕士

a. 获得学士学位或相关领域同等学力;平均绩点达到2.5或同等水平;

b. 平均绩点达到2.0并且相关领域专业平均绩点达到2.75或专业领域平均绩点达到2.0以上并能提供上级出具的在相关领域工作一年以上的证明;

c. 得到研究生项目委员会的批准;满足研究生项目委员会的其他特殊要求;由医生签署的健康证明书,表明该申请人没有任何症状或患有传染性或急性疾病;

d. 托福成绩500以上。

(2)博士

a. 获得硕士学位或相关领域同等学力;

b. 本科平均绩点达3.25以上或相关领域同等水平,且有学术成果出版或申请专利;

c. 满足研究生项目委员会的其他特殊要求;

d. 由医生签署的健康证明书,表明该申请人没有任何症状或患有传染性或急性疾病。

2. 专业设置

(1)硕士

管理学院:工商管理硕士。

农业技术学院:理学硕士(农业产业化专业)、理学硕士(农业科学专业)。

护理学院:成人护理学硕士、社区健康护理学硕士。

理学院:理学硕士(化学专业)、理学硕士(物理专业)、理学硕士(计算机学专业)(国际项目)、理学硕士(生物学专业)、理学硕士(生态学和生物多样性专业)。

文学院:文学硕士(文化研究专业)、文学硕士(汉语专业)、文学硕士(东盟研究专业)文学硕士(政治学专业)、文学硕士(泰国综合研究专业)。

联合健康和公共健康学院:公共健康学硕士、理学硕士(生物医学专业)。

信息学院:理学硕士(信息技术管理专业)。

(2)博士

管理学院:工商管理博士。

农业技术学院:农业产业博士、农业科学博士。

科学院:化学、物理学、计算机学(国际项目)、生态和生物多样性。

工程和资源学院:材料和工程学、民用和环境工程学。

文学院:亚洲整体研究。

同源健康和公共健康学院:生物医学。

信息学院:信息管理技术。

3. 学期设置

实行三学期制:

第一学期:6—9 月。

第二学期:9—12 月。

第三学期:次年 1—4 月。

4. 学年及学费

(1)硕士

约 30000 美元每学年(专业不同,收费不同)。

(2)博士

约 30000 美元每学年(专业不同,收费不同)。

5. 住宿情况

每栋宿舍楼提供 2 人间、3 人间、4 人间,并配有一间电脑室、一间自修室、一间阅览室,还为信仰佛教和伊斯兰教的学生提供祷告室。设施和服务包括一间宿舍管理办公室、一个小超市、一个美容美发沙龙、一个书店、干洗店、自助餐厅、夜市、银行和邮局。

(三)学校地址及联系方式

地址:泰国洛坤府(80161)他沙拉区 Thaiburi 222

官网:http://www.wu.ac.th/en/

联系电话:+66-7567-3000,+66-7538-4000

传真:+66-7567-3708

十八、泰国国家发展管理研究院

(一)学校简介

国家发展管理研究院(National Institute of Development Administration,NIDA)是在国王普密蓬·阿杜德的支持下建立起来的,希望通过建立先进的教育机构让人们成为推动泰国发展壮大的主要力量。

1963 年泰国国王和美国洛克菲勒基金会的创始人大卫洛克菲勒开展了一系列有关国家发展的讨论,期间产生了建立国家发展管理研究院的想法,于是,研究院于 1966 年 4 月正式建立。

研究院的建立得到了美国福特基金会的财政支持,并获得美国所有高等教育机构都认证的官方组织,即中西部大学国际活动财团的学术支持,研究院也成为泰国学者出国留学首选的高等教育机构。

研究院位于泰国首都曼谷,是一所不设本科教育,只授予硕士和博士学位,直属于泰国教育部高等教育委员会的公立大学,也是泰国最著名的大学之一,在泰国乃至世界都享有盛誉。目前有 10000 人左右的在读研究生,其中硕士研究生 7000 多人,博士生近 3000 人。[1]

国家发展管理研究院设有应用统计学院、工商管理学院、经济发展学院、人力资源开发学院、语言与交际学院、公共行政学院、社会和环境发展学院、法学院、旅游管理研究生

---

[1] 资料来源于留学 360 网站[DB/OL]. http://th.liuxue360.com/news/00391795.html

院、沟通艺术和管理创新研究生院、国家发展管理研究院国际学院等12个学院。

(二)留学政策

1. 入学条件

(1)硕士

a. 申请者必须持有泰国或其他学术机构认可的学士学位;

b. 良好的英语水平:

托福成绩:笔考不低于500分或机考不低于173分或网考不低于61分;

雅思成绩:不低于6.0分;

国家发展管理研究院托福成绩不低于500分或国家发展管理研究院英语考试成绩不低于500分;

c. 至少有两年的工作经验(语言传播学);

d. 英语为母语的或是本科英语专业毕业5年内优先申请(工商管理硕士、工商管理硕士-速成MBA)。

(2)博士

a. 从教育部认可的高校获得相关专业或其他任何专业的学士学位和硕士学位(依专业而定);

b. 精通英语。

2. 专业设置

(1)硕士

a. 金融投资与风险管理。

b. 工商管理。

c. 工商管理(MBA)速成班。

d. 语言传播学。

e. 管理。

(2)博士

a. 发展管理学。

b. 经济学。

c. 语言传播学。

d. 应用统计学。

e. 计算机科学与信息系统。

f. 人力资源与组织管理。

g. 工商管理。

h. 沟通艺术与创新。

i. 管理学。

3. 学期设置

实行两学期制：

第一学期：8 月至次年 1 月。

第二学期：1—6 月。

4. 学年及学费

（1）硕士

学制：1 ~ 4 年；

普通：60000 ~ 250000 泰铢；

特殊：140000 ~ 460000 泰铢。

（2）博士

学制：标准学制 3 年，最迟不超过 6 年毕业；

450000 ~ 1200000 泰铢（专业不同，学费不同）。

5. 奖学金政策

国家管理发展研究院通过奖学金和财政资助以鼓励学术表现优秀的学生，每年都有奖学金和财政资助帮助成绩优秀者或支持学生研究。主要可以分为以下几类：

a. 提升教育资格、原则和条件的基金：全额奖学金和部分奖学金；

b. 学费减免：提供给需要财政资助的学生；

c. 学生基金（教学/研究助理）：学生基金的目的是帮助需要财政帮助的学生。学生基金委员会可能或不会制定授予者的研究工作，但是学生会在委员会派任的指导员监督之下工作；

d. 学术奖学金：授予论文作者支持其研究工作；

e. 其他奖学金：皇家体育俱乐部奖学金。

国家管理发展研究院还会给优秀的学生授予各种奖励：论文奖、研究奖、杰出成就奖。

6. 住宿情况

研究院的宿舍在 Boonchana – Attakor 第 11 和 12 层楼。里面有 56 间公寓，都备有电视、冰箱、床和床垫。公寓既可以短租也可以长租，如用空调需另外收费。室内不能做饭，食堂就在一楼大厅。国际学生租用公寓有优先权。

（三）学校地址及联系方式

学校地址：泰国曼谷（10240）Bangkapi，Klong – Chan，Serithai Road，Serithai Road

官网：http://www.nida.ac.th/en/

联系电话：+662 – 727 – 3000

传真：+662 – 375 – 8798

学校邮箱：prnida@nida.ac.th

十九、曼谷大学

(一)学校简介

曼谷大学(Bangkok University,BU)位于泰国曼谷,是泰国最古老、最著名的私立大学,在曼谷大学基金会地资助下发展。曼谷大学始建于1962年,最初打算成立一所非营利性的私立大学,培养有知识、有技能的现代大学毕业生为国家服务。

曼谷大学在教学中使用了现代技术,并在课程中把新理论、适当的理论和实践相结合,使学生可以在他们的学习中受益。所有这些技术和教学媒体与本国和外国教职员工的努力使得曼谷大学成为一所具有卓越的学术成就的教育机构,学术成就遍布每个研究领域。其教育愿景是成为一个有创造力的、优质的、领先的大学。发展曼谷大学,使其成为一个有创造力的、优质的教育机构,并成为教育界中具有领导作用的持久性机构;培养具有创造力、企业家能力的毕业生,使他们努力地为母校、社会和经济创造更多附加值。曼谷大学着重培养学生成为具有学术潜力、实践技能、视野开阔,并准备好适应变化社会的毕业生。

曼谷大学设有会计学院、工商管理学院、传播艺术学院、法学院、人文旅游管理学院、经济学院、科学技术学院、精细与应用艺术学院、工程学院、建筑学院、创业管理学院11个学院,开设有本科、硕士、博士等多层次学位课程。

曼谷大学与世界各地的教育机构建立了良好的合作关系,通过各种项目,如教师和学生交流、参观学习、大学管理者之间管理知识的交流,增进了学术和文化的合作。曼谷大学是东南亚地区第一所被邀请成为国际大学校长组织会员(IAUP)的教育机构。在教学和人才素质的发展上，曼谷大学也获得来自美国和其他国家著名大学的学术支持。

(二)留学政策

1. 入学条件

完成12年的学习，并获得证书或高级职业资格证书，或经教育部批准的同等学力；

英语成绩符合要求，即托福（网考61分），雅思（5.0分）或SAT成绩至少达到1000（批判性阅读和数学）；或提交一个适当的英语成绩评分取代要求完成国际招生考试。英语为母语者具有豁免权。

2. 专业设置

(1)本科

a. 创业学。

b. 统计。

c. 传媒艺术。

d. 商务英语。

e. 计算机绘图与多媒体。

f. 酒店和餐厅管理。

g. 国际旅游管理。

(2)硕士

a. 工商管理硕士。

b. 传播艺术硕士（环球通信）。

(3)博士

a. 知识管理与创新管理博士（KIM）。

b. 国际传播艺术博士。

3. 学期设置

实行三学期制

第一学期：8—12月。

第二学期：1—5月。

夏季学期：6—7月。

4. 学年及学费

(1)本科

学制：4年。

本科国际项目4年预计学费和其他费用11000~16200美元（专业不同，费用不同）。

(2)硕士

MBA-EP：工商管理硕士。

学制：1.5年。

A计划：论文　208480泰铢。

B计划:非论文　207480 泰铢。

M. Com. Arts (GC):传播艺术硕士(环球通信)。

学制:1.5 年。

A计划:论文　201130 泰铢。

B计划:非论文　194880 泰铢。

(3)博士

传媒艺术博士(环球通信)。

学年:3 年。

学费:1200000 泰铢。

知识管理与创新管理博士(研究型)。

学年:3 年。

(KIM)博士为 830000 泰铢。

(KIM)博士 + 管理博士为 855000 泰铢。

5. 奖学金政策

曼谷大学决定为不同行业中培养高学历和高效率的毕业生。因此,曼谷大学给学生提供良好的学术和课外活动的支持,为留学生设立国际项目奖学金,给学生的一个提高自己、拓展潜力和受教育的机会,利于学生和大学的发展。

6. 住宿情况

大学公寓位于 The Lumpini Place Rama 4 公寓第 7 层,提供私人房间。配备全套家具,所有的房间都有空调和私人浴室、厨房、衣柜、学习桌。也有游泳池、健身中心、桑拿、餐厅、小超市、洗衣房。

曼谷大学附近的私人公寓也可以提供住宿。一个典型的小公寓提供基本的家具,每月 11000 泰铢,加上其他设施的费用,如电费、水费、电话费和网费。通常需要交押金/担保金,其相当于 3 个月的租金。

房型与租金:

卧室型房型,1 张床和一间浴室、厨房和冰箱(卧室和客厅是分开的),11000 泰铢/月。

工作室房型,1 张床和一间浴室,厨房和冰箱,11000 泰铢/月。

(三)学校地址及联系方式

地址:泰国曼谷 Klong - Toey(10110),19 Rama 4 Road

官网:http://www. bu. ac. th/

联系电话: +66 2249 5132 -6 (直线),

+66 2350 3500 ext. 1582 - 1585

传真: +66 2350 3656 -7

学校邮箱:Buiao@ bu. ac. th (国际事务办公室)

二十、泰国商会大学

(一)学校简介

泰国商会大学(University of the Thai Chamber of Commerce,UTCC)是最古老的私立非营利性高等教育机构,设有工商管理、会计、经济、人文、科学、沟通艺术、工程和法律等专业。其前身是泰国商会于1940年创办的位于曼谷市中心商会大院的商业学院。

1940年,为了给泰国青年提供商业教育,泰国商会建立了该校。第二次世界大战爆发后,该校于1941年关闭,并于1963年重新开放。1964年,该校的两年制课程发展为标准的四年制课程。1970年6月17日,商学院正式成为官方认可的私立大学。1984年10月24日,商学院正式升为大学并更名为泰国商会大学。泰国商会大学的国际项目代表了它符合全球商业趋势的学术扩张。

截至目前,泰国商会大学约有18000名本科生和1500名研究生。泰国商会大学的国际留学生遍布全球各国,包括中国、缅甸、巴西、柬埔寨、东帝汶、不丹、老挝、荷兰、尼日利亚、俄罗斯、日本、孟加拉、尼泊尔、芬兰、意大利、新加坡、埃塞俄比亚、南非、刚果、墨西哥和菲律宾。

泰国商会大学自成立以来,与泰国商会一直保持密切的关系与合作,学校的许多兼职讲师是拥有宝贵知识和经验的成功商人和公司高管。

(二)留学政策

1. 入学条件[1]

无雅思、托福等语言考试要求。

(1)专科起点

a. 所有专科(含统招、自考、网络、成教、电大)毕业的学生;

b. 经审查合格后,由泰国商会大学发出录取通知书。

(2)高中起点

a. 所有高中、中专、职高、技校毕业的学生;

b. 经审查合格后,由泰国商会大学发出录取通知书。

2. 专业设置

(1)本科

工商管理、会计、文学(商务英语方向)。

(2)硕士

经济学(国际商业经济方向)、工商管理学、工商管理学(缅甸语)。

(3)博士

经济学、工商管理。

3. 学期设置

第一学期:8 月中旬至 12 月底。

第二学期:1 月中旬至 5 月底。

4. 学年及学费

(1)本科

课程全部费用:500850 泰铢。

每学年费用:110000 ~ 125000 泰铢。

每学期费用:58000 ~ 70000 泰铢。

预先学习费用:10000 ~ 15000 泰铢。

(2)硕士

a. 国际商业经济

每学年费用:150000 泰铢。

每学期费用:42000 泰铢。

预先学习费用:11000 泰铢。

b. 工商管理

每学年费用:150000 泰铢。

每学期费用:42000 泰铢。

---

[1] 资料来源于泰国商会大学中文官网:http://www.utccedu.com/infoview.asp? id = 406

预先学习费用:11000 泰铢。

c. 工商管理(缅甸语)

每学年费用:165994 泰铢。

预先学习费用:34946 泰铢。

(3)博士

a. 经济学

每学年费用:120000 泰铢。

每学期费用:64000 泰铢。

预先学习费用:11000 泰铢。

b. 工商管理

每学年费用:350000 ~ 450000 泰铢。

每学期费用:130000 ~ 150000 泰铢。

预先学习费用:35000 泰铢。

5. 奖学金政策

(1)奖学金项目:泰国商会大学东盟全额补助(本科)

①申请条件

a. 顺利完成高中学习或取得泰国教育部认可的职业教育证书或同等学力;

b. 平均绩点不低于 3 分或者成绩在总分的 75% 以上;

c. 身体健康,无影响学习的严重疾病;

d. 学生活动和社会活动经验丰富;

e. 良好的英语语言能力(托福 550 分或者雅思 5.5 分以上)。

②奖学金内容

a. 免除全部课程的学费和其他费用(非四年);

b. 苹果 iPad Air 2 一部;

c. 每学年获得住宿费和生活津贴(每个月 8000 泰铢)。

③奖学金维持条件

a. 每学期的平均绩点必须保持 3 分以上,否则自动撤销;

b. 每学期至少获得 15 个学分;

c. 没有任何科目的成绩为“F”;

d. 必须进行学术工作或学院、学校委派的工作;

e. 无不良行为记录;

f. 在奖学金发放期内,获得者每个星期至少花 12 小时进行 RA\TA 工作。

(2)奖学金项目:泰国商会大学东盟全额授予(研究生)(这项奖学金金额为 490000 泰铢)。

①申请条件:

a. 完成本科学历或取得高等教育委员会、教育部认可的同等学力;

b. 本科平均绩点3分以上,或者是符合研究院的本科生标准,或者取得托福5.5分、雅思6.0分;

c. 无影响学习的疾病。

②奖学金内容

a. 免除项目的全部费用;

b. 每学年可获得10个月的住宿费用和生活补贴。

③奖学金维持条件:

a. 通过委员会的评选;

b. 平均绩点不低于3分,如平均绩点低于3分,奖学金将永久撤销;c. 成绩单里无F的科目;

c. 在奖学金发放期,获得者每个星期至少花12小时进行RA\TA工作。

(3)奖学金项目:Rattanamongkol奖学金(奖学金值516000泰铢)

④申请条件

a. 顺利完成高中学习或取得泰国教育部认可的职业教育证书或同等学力;

b. 平均绩点不低于3分或者成绩在总分的75%以上;

c. 身体健康,无影响学习的严重疾病;

d. 学生活动和社会活动经验丰富;

e. 良好的英语语言能力(托福550分或者雅思5.5分以上)。

⑤奖学金内容

a. 免除全部课程的学费和其他费用(非四年);

b. 苹果iPad Air 2一部。

⑥奖学金维持条件

a. 每学期的平均绩点不低于3分,否则奖学金自动撤销;

b. 每学期必须修满15个学分以上;

c. 不得有任何一科的成绩为"F";

d. 积极参加学校留学生院组织的活动;

e. 无不良行为记录。

(4)奖学金项目:UTCC - GOLD Scholarship(奖学金金额为250000泰铢或约7142美元)

①申请条件

a. 顺利完成高中学习或取得泰国教育部认可的职业教育证书或同等学力;

b. 高中课程平均绩点不低于2.75分或取得总分的65%;

c. 学生活动和社会活动经验丰富;

d. 良好的英语语言能力(托福550分或者雅思5.5分以上);

e. 身体健康,无影响学习的严重疾病。

②奖学金内容

a. 免除课程全部所需费用的50%(不包括4个学年,不包括暑假的实验费用);

b. iPad Air 2 价格优惠 50%。

③维持奖学金的条件

a. 保持平均绩点不低于 2.75 分，否则将撤销奖学金；

b. 每学期必须修满 15 个学分以上(除合作教育项目或最后一学期)；

c. 不得有任何一科的成绩为"F"；

d. 执行学术任务或学院、学校安排的其他工作；无不良行为记录。

6. 住宿情况

空调 2 人间，带独立的卫生间，专人管理，贴心服务。

(三)学校地址及联系方式

学校地址：泰国曼谷丁登区 Vibbhavadee - Rangsit 路泰国商会大学 126/1(10400)

网址：http://www.utcc.ac.th/index.php/en/site/index

电话：+6626976442　+6626976440

传真：+66 2 276 - 2176

邮箱：icutcc@gmail.com

二十一、西北大学

(一)学校简介

西北大学(Payap University)成立于 1974 年，坐落于有"泰北玫瑰"之称的泰国第二大城市—清迈，是基督教会在泰国创办的私立高校。西北大学是泰国民办高校协会的创始成员之一，是基督教高校和亚洲高校协会的积极成员，还是东南亚高校协会的成员之一。学校拥有本科、硕士、博士学位授予权，留学生多来自欧美及亚洲的国家。目前，在校生 5000 多名，已毕业的校友共计 35000 名左右。

西北大学可授予 25 种学士学位，主要有会计学、社会统计学、商业管理学、交际艺术学、计算机数学、计算机科学、经济学、金融与银行学、饮食科学与技术、英语、德语、泰语、历史学、秘书事务、社会学与人类学、技术学、基督教学等。毕业生一直保持着较高的就业率及就业质量。研究生院开设5个专业：商业管理、英语教育、语言学、哲学与宗教、神学。

（二）留学政策

1. 入学条件

获得高中文凭（12级，M6，或经批准的同等考试证明）成绩平均绩点至少为2.00。

英语不是母语的学生须证明其英语水平（托福纸考500分、机考173分、网考70分或雅思5.0分）。

托福成绩低于500分或雅思成绩低于5.0分的学生都必须学习参加西北大学的全日制密集英语课程，直到他们通过高级水平或在西北大学的英语入学考试（TOEFL形式）成绩达到500分以上。

2. 专业设置

（1）本科

a. 英语交流学士。

b. 工商管理学士（酒店管理方向）。

c. 信息技术学士。

d. 工商管理学士（国际商务管理方向）。

（2）硕士

a. 工商管理硕士（MBA）。

b. 语言学文学学士。

c. 和平研究博士。

d. 英语教育。

3. 学期设置

一年分三个学期，第一学期（8月1日至次年1月3日）；第二学期（1月4日至5月20日）；夏季学期（5月30日至7月29日）。

4. 学年及学费

（1）本科

学制：学习4年。

学费：11895～136950泰铢（专业不同，收费不同）。

（2）硕士

学费取决于专业、课程和学年的长度。留学生费用合计为：6400泰铢+邮费1600泰铢=8000泰铢。

5. 奖学金政策

学校提供如下奖学金：

a. 学业成绩奖学金；

b. 社会服务奖学金；

c. 工作奖学金；

d. 西北大学教职员工子女奖学金；

e. 泰国基督教会的牧师子女奖学金；

f. 西北大学运动员的奖学金；

g. 符合授予条件的奖学金；

h. 西北大学护理学院授予的奖学金；

i. 西北大学 McGilvary 神学院授予的奖学金。

6. 住宿情况

为学生提供一个安全、可靠、舒适、健康的居住环境，并为宿舍区的生活带来活力，让西北大学的学生、教师和职员在宿舍区内拓宽自己的国际视野，尊重文化多样性，并相互学习。

住宿费：每人每年 36400 泰铢。

7. 签证政策

西北大学国际办公室（OI）将帮助所有注册的学生（非泰国公民）延长他们的签证，使他们在西北大学完成学业。帮助你准备签证手续的联系人是你所在学院的秘书。学生需要在签证期满前两周提交所需文件。

（三）学校地址及联系方式

地址：泰国清迈（50000）Amphur Muang Lumpang 路清迈超级公路

官网：http://ic. payap. ac. th

联系电话：(+66)53 241 255

传真：(+66)53 241 983

学校邮箱：admissions_pyu@ payap. ac. th

二十二、坦亚布里皇家理工大学

（一）学校简介

坦亚布里皇家理工大学（Rajamangala University of Technology Thanyaburi ，RMUTT）历史悠久，前身是坦亚布里皇家理工学院，过去 30 年里教育质量广受好评。皇家理工大学的校园遍布全国，总共有 9 个，最初的主校区位于巴吞他尼府省探耶武里县。

坦亚布里皇家理工大学保持着注重教学质量和科学技术的传统，他们的毕业生具备所需的专业知识和实际操作技能，因此得到了工厂和企业的认可。

坦亚布里皇家理工大学下辖 10 个系并且提供 4 个层次的教育学历：职业教育文凭、学士学位、硕士学位和博士学位。

坦亚布里皇家理工大学专注于发展科学和提高技术专业人员的素质，帮助他们为未

来打下坚实的基础。在科学技术的基础上,从事科学研究、发明和创新,同时将科学技术的成果转化到提高国家生产力和其他增值效益上。提供学术服务,增加就业岗位和提高就业竞争力。积极参与泰国艺术、文化、宗教和环境的保护和繁荣。并致力于成为一个具备良好管理能力的学术中心,提高个人生活水平。同时,坦亚布里皇家理工大学致力于发展与国际教育标准相接轨的课程和项目。

(二)留学政策

1. 入学条件

a. 申请者必须获得高中毕业证书或者是教育部承认的同等学力证明;

b. 必须拥有职业证书。

2. 专业设置

(1)本科

技术教育学院:土木工程、电气工程、机械工程、工业工程、电子与通信工程、计算机工程、工业制造、计算机教育、教育技术与通信、教育信息技术。

农业技术学院:动物科学、动物卫生科学、园艺技术、食品科学与技术、土木工程、电气工程、工业工程、服装工程、轻化工程、纺织工程、电子与通信工程、计算机工程、化学工程、塑料工程、测量工程、聚合物工程、环境工程、食品工程、农业工程。

工商管理学院(国际项目):商务英语、计算机信息系统、市场营销、国际工商管理。

科学技术学院:化学、数学、统计、生物学、计算机科学信息技术、应用物理。

文学院:旅游、酒店、交际英语。

家政科技学院:纺织品和服装、食物和营养、儿童早期教育、时装设计和销售、食品服务行业、创造性工艺技术。

艺术与应用艺术学院:皮革制品、时装设计和纺织艺术、泰国艺术、平面艺术雕塑、视觉传播设计、产品设计、室内设计、陶瓷、工艺品音乐、泰国器乐、西方器乐、泰国声乐、泰国古典舞蹈、芭蕾、摄影和摄影技术、广播和电视广播技术、广告和公关技术、印刷技术、多媒体技术。

建筑学院:建筑技术、室内设计。

泰国传统医药学院:美容保健和泰国水疗、泰国传统医药应用。

(2)硕士

科技教育学院:教育技术与通信、课程研究与发展技术、教育管理技术。

农业技术学院:作物种植技术有害生物持续治理、农用工业技术。

工程学院:电气工程、土木工程、工业工程、纺织品、机械工程。

工商管理学院:工商管理硕士。

科学技术学院:创新化学、应用生物学、数学。

3. 学期设置

第一学期从6月的第一个星期一开始,总共17周。

第二学期从11月的第一个星期一开始,总共17周。

暑假学期:学生可任意选择6~9个星期学习。

5. 学年及学费

国际工商管理(非泰国学生)1327.14~1493.03泰铢。

学费(每学期)99.53泰铢。

5. 奖学金政策

奖学金项目:莲花奖学金,为真正需要帮助的合格的申请者提供奖学金支持。

具体条件:

a. 经济困难;

b. 成绩平均绩点达到1.50以上;

c. 品行端正、学习刻苦;

d. 没有被授予其他奖学金;

e. 不在政府提供的学生贷款计划中。

奖学金项目:残疾人专项奖学金,为了响应教育法的号召,坦亚布里皇家理工大学为残疾人提供了资金支持以增加残疾人的学习机会。

佩琪不阿沙旺奖学金:学校已经设定预算,为即将进入大学的优秀高中毕业生提供奖学金,只有11名学生将会获此奖。

具体条件:

a. 高中(12年级)毕业;

b. 成绩平均绩点达到3.50以上;

c. 品行端正、学习刻苦。

6. 住宿情况

学校提供不同类型的宿舍。宿舍很舒适,大约有28平方米,房间内都配有家具、电话、WiFi 免费上网。并且每个宿舍都有舒适的、公共放松场所。

此外,学生宿舍也为国际学生提供食品服务和停车位。还有一个特色功能,我们低价出租自行车。

一般服务:物美价廉的食堂、小型超市、Wi - Fi 上网、电视迷你剧场连接 UBC 的电视、电话、洗衣机。

配备风扇的房间花费:

花费:4750 泰铢/学期,保证金 6250 泰铢。

家具:床、被褥、桌椅、有线电视、衣柜。

配备空调的房间:

成本:6000 泰铢/学期,保证金 7500 泰铢。

家具:床、被褥、桌椅、有线电视、衣柜。

7. 签证政策

①申请签证的文件

a. 填写完整的签证申请表;

b. 护照(必须在你停留预期满后的 6 个月内有效)或旅游证件(复印件);

c. 相关学校、大学或学院提供的成绩单/接收信;

d. 政府机构、驻外领事馆、大使馆、国际组织或泰国国有企业出示的官方旅游证明;

e. 足够的资金证明:每人 20000 泰铢和每个家庭 40000 泰铢;

f. 学生可以在任何皇家泰国大使馆或领事馆申请签证。

②非移民签证有效期

外国学生的非移民签证有效期为 90 天。申请合格者可获得从入境日期开始的额外 1 年的居留时间,这是移民局办公室关于延长停留时间的规定。

在签证到期之前,外国留学生可以提交如下文件将其非移民签证延期:

大学或学院出具的录取信;

护照复印件;

申请人近照一张(4cm × 6cm)。

(三)学校地址及联系方式

学校地址:巴吞他尼府泰雅碧里(12110)Klong Hok 兰实 - 那空那育府路泰雅碧里 9 Muh1 35 坦亚布里皇家理工大学

网址:http://www.eng.rmutt.ac.th/

电话:0 2549 4083

传真:0 2549 4900

邮箱:ira@rmutt.ac.th

二十三、泰国博乐大学

(一)学校简介

博乐大学(Kasem Bundit University,KBU)建于 1987 年 2 月 24 日。它是由一支富有中小学办学经验的教务工作团队在确立了一系列的教育原则之后最终建立的。博乐大学的创立是为了实现促进高等教育进一步发展的理想和决心。

1987 年,博乐学院开设了工商管理和法学学士专业,共有 97 个学生。为了实现提升教育的决心,学校管理部门陆续增设了各种专业领域。1993 年,泰国教育部批准博乐学院更名为博乐大学。

博乐大学地处曼谷市中心地带,设有工程学院、商管理学院、建筑学院、自由艺术学院、传播艺术学院、法学院、科学技术学院、心理学学院、体育科学学院等 9 个学院和 1 个研究生院,拥有两个校区。目前,博乐大学有 10000 多名学生,包括 500 名研究生,大量来自商业和工业相关领域的高质量的全职教员,以及一些政府部门的工作人员。

博乐大学所设专业都得到了泰国高等教育文员会的认可。授予的学位包括学士学位、硕士学位和博士学位,以及泰国项目(泰语)和国际项目(英语)。

(二)留学政策

1. 入学条件

(1)本科

a. 高中毕业或同等学力;

b. 高中课程的平均绩点不低于 2 分;

c. 中级英语水平(国际课程)。

(2)硕士

a. 拥有已经认证的教育机构的学士学位或同等学力;

b. 课程平均绩点不低于 2.5 分;

c. 中级英语水平(国家课程)。

2. 专业设置

(1)本科

a. 管理学。

b. 商业计算机。

c. 市场营销。

d. 航空工业管理。

e. 酒店管理。

f. 泰语(留学生)。

g. 英语交际。

(2)硕士

a. 财政学。

b. 市场营销。

c. 管理学。

d. 信息系统管理。

3. 学期设置

第一学期:8 月 17 日至 11 月 29 日。

第二学期:1 月 4 日至 4 月 17 日。

4. 学年及学费

(1)本科

学制:4 年。

所有课程费用总计约 260000 泰铢。

(2)硕士

学制:2 年。

学费及费用总计约 250000 泰铢。

5. 奖学金政策

博乐大学设立学术荣誉奖学金、优秀学术奖、学生会主席奖学金、学生会管理员奖学金等奖励优秀的学生。

(1)学术荣誉奖学金

须满足下列条件:

a. 博乐大学的本科生;

b. 至少连续四个学期的平均绩点在 4 分以上;

c. 参加课程/学习计划中指定的课程;

d. 行为得分在总分的 80% 以上。

每个系仅评一项该奖学金,学生将获得学术荣誉证书,并免除下个学期的学费和学杂费。

(2)优秀学术奖(类型一)

须满足下列条件:

a. 博乐大学的本科生;

b. 前一学期的平均绩点 3.75 分以上;

c. 参加课程/学习计划中指定的课程;

d. 行为得分在总分的 80% 以上。

每个系仅评一项该奖学金,学生将获得学术荣誉证书,并免除下个学期的学费和学杂费。

(3)优秀学术奖(类型二)

须满足下列条件:

a. 博乐大学的本科生;

b. 前一学期的平均绩点在 3.5 分以上;

c. 参加课程/学习计划中指定的课程;

d. 行为得分在总分的 80% 以上;

每个系仅评一项该奖学金,学生将获得学术荣誉证书。

(4)优秀学术奖(类型三)

须满足下列条件:

a. 博乐大学毕业的本科生;

b. 获得本系的最高平均绩点(3.75 分以上);

c. 参加课程/学习计划中指定的课程;

d. 行为得分在总分的 80% 以上;

每个系仅评一项该奖学金,硕士和博士将在毕业典礼上获得金质奖章。

(5)优秀学术奖(类型四)

须满足下列条件:

a. 博乐大学毕业的本科生;

b. 获得本系的最高平均绩点(3.75 分以上);

c. 参加课程/学习计划中指定的课程;

d. 行为得分在总分的 80% 以上;

每个系仅评一项该奖学金,大学学士将在毕业典礼上获得金质奖章。

(6)学生会主席奖学金

获奖学生将减免下一学年 5% 的学费和学杂费。

(7)学生会管理员奖学金

获奖学生将减免下一学年25%的学费和学杂费。

6. 住宿情况

校园宿舍位于Romklao校园。所有房间家具齐全。配有多种服务设备,包括24小时自动拨号系统,卫星电视系统,安防系统,便利商店、洗衣服务部、餐馆、美容沙龙、俱乐部会所、自习室等。

(三)学校地址及联系方式

学校地址:泰国曼谷苏安朗帕塔那干路1761号帕塔那干校区(10250)

网址:http://kbu. ac. th/home/en/

邮箱:admissions@ kbu. ac. th

电话:66(0)2 320 2777

传真:66 (0)2321 4444

二十四、博仁大学

(一)学校简介

博仁大学(Dhurakij Pundit University,DPU),泰语意思是"商业大学",位于曼谷市北部,坐落在环境幽雅的曼谷人工自来水河畔,它是泰国最著名的私立性大学,越来越被各国学术界认可。该校是在1968年由沙威·苏特比塔克博士和沙南·哥杜塔特先生历尽艰辛、携手创建起来的,该校成立之初仅仅只是一个商学院,仅有40名学生。(DPU)现有学生21600人，教职工1800人，设有学士学位专业60个、第二学士学位专业2个、硕士学位学科19个、博士学位学科6个，及14个学院和7个研究所（中心），已经形成以本科教育为基础，以研究生教育为重点的教学体制。

博仁大学的国际学院以网络教育为辅助，实施全方位多层次的办学体系，尤其在人文科学、社会科学、管理科学、传媒领域具有突出的整体优势。博仁大学已与欧美和中国多所著名高校建立了长期友好合作关系，为学生交流和继续深造创造了良好的条件。泰国博仁大学校园占地面积超过100泰亩，校园环境优美，配备运动场、室内室外篮球场、游泳池、室内排球场等设施，深受留学生和本国学生的欢迎。

（二）留学政策

1. 入学条件

（1）本科

中等教育（高中），顺利在泰国完成中等教育或在泰国教育部认可的海外机构取得同等学力；来自中国的应届高中毕业生需要高中会考成绩达到C级以上。

（2）硕士

顺利在泰国公认大学或泰国教育部认可的海外大学取得学士学位；申请跨专业的本科学生或同等学力申请人需具备不少于2年的工作经验，并由专业委员会审核。

（3）博士

顺利在泰国公认大学或泰国教育部认可的海外大学取得学士学位和硕士学位。

2. 专业设置

（1）本科

工商管理学士（国际项目，iba）、英语文学士（商务交流方向，ibec）。

（2）硕士

MBA（工商管理硕士）。

（3）博士

工商管理博士学位。

3. 学期设置

第一学期：8月初至12月中旬。

第二学期：1月初至5月结束。

4. 学年及学费

（1）本科

留学生：

学费：1500泰铢/学期。

学杂费：22000泰铢/学期。

总计：约378500泰铢（4年）。

(2)硕士

工商管理项目:学费:6500 泰铢/学期。

留学生管理费用:22000 泰铢/学期。

总计:约 32200 泰铢。

(3)博士

博士(BA):学费:课程培训:12000 泰铢/学期。

研究费用:8000 泰铢/学期。

留学生管理费用:22000 泰铢/学期。

总计:约 708000 泰铢。

5. 奖学金政策

(1)本科

具体要求:奖学金是对成绩优异、德才兼备的学生的奖励,申请25%或50%奖学金的本科生,平均绩点至少 3.5,英语成绩优异。

(2)硕士

具体要求:研究生有资格获得高达 15%的奖学金。奖学金申请者和接受者必须满足相应的学术要求及其他相关要求。如欲知晓更多的细节,可在申请时咨询奖学金申请登记的该项目的负责人。

6. 住宿情况

博仁大学有三个校内宿舍和校外住房。校内及学校周边住宿价格合理:

配风扇的房间:约 2000 泰铢/月。

配空调的房间:约 4000 泰铢/月。

(三)学校地址及联系方式

校园地址:泰国曼谷勒格西普拉查传街 6 号楼 110/1 -4 博仁大学 6 楼联系方式:

官网:http://dpuic. dpu. ac. th

联系电话:0 -2954 -7300

传真:0 -2954 -9510

学校邮箱:dpuic@ dpu. ac. th

二十五、蓝康恒大学

(一)学校简介

蓝康恒大学(Ramkhamhaeng University,RU)位于曼谷,是泰国最大的公立大学,是一所享誉全球的具有卓越学术成就的大学,成立于 1971 年。

目前,蓝康恒大学有 11 个学院和研究生院提供的各类学士学位课程、硕士学位课程、博士课程、国际课程以及预学位课程。此外,该大学还拥有优秀的学术和行政基础设施,共有 22 所学院/办事处/中心。自 1995 年以来,在前 RU 大学校长 Rangsan Saengsook 副教授的带领下,RU 与政府机构及一些地方部门合作建立了 23 个区域校区及 37 个区域考试中心。RU 在曼谷的各区域省份开设有学士和硕士学位水平的各种特殊课程以及短期课程。RU 的特殊项目课程的目标是为社会提供各种学术服务、培育人力资源。自 2003 年以来,RU 向泰国人提供 32 个本科和硕士的国外学习项目,并建立了 41 个考试中心。国际研究所(IIS)提供各种英语和中文项目课程,所有课程都是由来自国外领先大学的有经验的客座教授和讲师讲授。目前,大约有 2200 名学生报名参加国际研究所提供的各种英语和中文项目课程,包括泰国人(35%)和来自全球 74 个国家的海外学生(65%)。

(二)留学政策

1. 入学条件

(1)本科

已经完成高中学习(相当于美国高中文凭 12 年级或英国高中水平),达到所在国认可的大学学习条件。外国学生需要证明其毕业文凭与泰国的学历同等,可前往所在国大使馆、教育部、外交部申请一份确认书。

顺利通过 IIS - RU 英语考试(蓝康恒大学国际研究所的英语考试,限于本科学生,没有进一步的入学考试)。当满足下列条件之一时,不需要参加蓝康恒大学国际研究所的英语考试(IIS - RU 英语考试):

a. 英语国家(如:澳大利亚、加拿大、南非、新加坡、英国、美国等)公民或常住居民。

b. 毕业于以英语为母语的国家认可的学校、学院或大学,绩点在 2.50 以上或者通过考试的分数在 60% 以上。

c. 毕业于非英语为母语的国家认可的学校、学院或大学,但以英语进行课程学习的(经常被称为国际计划或英语计划),在申请时有非常良好的英语水平。同时,绩点在2.50以上或者通过考试的分数在60%以上。

d. 在最近两年内已经获得考试机构认可的国际标准化英语考试的分数,如托福或者雅思。

本科申请人的雅思/托福成绩要求:

IELTS:不少于5.5分;

托福(网考)不少于65分;托福(机试)不少于183分;托福(书面)不少于513分;

另外,如果不满足上述条件,需要参加IIS - RU英语测试来完成申请。因为所有的项目都使用英语作为教学语言,学生需要有一个良好的英语水平完成学习研究。

(2)硕士

已经从认可的大学获得学士学位或者在其他领域更高的学位。如果文件不是英文的,外国申请者需提交一份经认证的英文翻译,具有印章和签名。

顺利通过IIS - RU英语测试。顺利通过所申请的学习中心的面试。当满足下列条件之一时,不需要参加蓝康恒大学国际研究所的英语考试(IIS - RU英语考试):

a. 英语国家(如:澳大利亚、加拿大、南非、新加坡、英国、美国等)公民或常住居民。

b. 毕业于以英语为母语的国家认可的学校、学院或大学,绩点在2.50以上或者通过考试的分数在60%以上。

c. 毕业于非英语为母语的国家认可的学校、学院或大学,但是是以英语进行课程学习的(经常被称为国际计划或英语计划),在申请时有非常良好的英语水平。同时,绩点在2.50以上或者通过考试的分数在60%以上。

d. 最近两年内已经获得了考试机构认可的国际标准化英语考试的分数,如托福或者雅思。请注意,托业成绩是不被认可的英语语言能力证明。

研究生申请人的雅思/托福成绩要求:

IELTS:不少于6.0分;

托福(网考)不少于78分;托福(机试)不少于210分;托福(书面)不少于547分;

另外,如果不满足上述条件,需要参加IIS - RU英语测试来完成你的申请。因为所有的项目都使用英语作为教学语言,学生需要有一个良好的英语水平以英语完成学习研究。

(3)博士

①法学博士项目(研究生)

a. 申请者必须持有法律硕士学位和学士学位(法律学士、法律硕士)。

b. 申请者在被录取前必须通过入学考试,并通过面试考核。选择标准将按照蓝康恒大学研究生的规则(1995)第1部分的第8.4和第2部分的第9.4执行(可以向蓝康恒大学国际研究所索取复印件)。

②博士项目(研究生)

已经从认可的大学获得硕士学位或者在其他领域更高的学位。外国申请者需提供英文翻译证书,并提供签名。

在录取进博士项目之前申请人必须通过入学考试,通过面试考核。选择标准将按照蓝康恒大学研究生的规则(1995)第1部分的第8.4和第2部分的第9.4执行(可以向蓝康恒大学国际研究所索取复印件)。

③顺利通过 IIS-RU 英语测试

满足下列条件之一时,不需要参加蓝康恒大学国际研究所的英语考试(IIS-RU 英语考试):条件与硕士研究生相同。

2. 专业设置

(1)本科(全职和兼职)

英语(文学士学位),兼修:英语、商务管理或大众传播技术;大众传播技术(文学士学位),兼修:多媒体新闻或广播和电视广播;工商管理学士,兼修:货币银行学、国际商务、营销。

(2)硕士

交际英语硕士、大众传播学硕士、政治学硕士、工商管理硕士(1年或2年)、教育管理学硕士。

(3)博士

法学博士、工商管理博士、教育管理学博士、政治学博士。

3. 学期设置

第一学期:6—10月;第二学期:11月至次年3月;夏季学期:4—5月。

针对国外留学生:学校国际项目采用模块式课程体系,学习时间不受局限。在模块化课程体系中,每门课都是在一个月的时间里讲授(本科学生每月学习2门课程,研究生1门课程)。每个月初开始一门新课程。在蓝康恒国际研究所,你可以在每个月开始学习,不需要等到6月或11月的学期进行学习。如果你更愿意在6月或11月和大多数同学一样开始你的学习,你可以自由地去选择。你只需要在你的申请中告诉学校你想开始学习的月份。

4. 学年及学费

本科教育,高中毕业或同等学力的学生一般经过4年的学习后可获得学士学位,部分专业则需要5年,部分专业需要6年,专科毕业的学生还需学习2年才能获得学士学位。硕士学位教育,获得学士学位后,进一步学习1~2年,完成论文后,可获得硕士学位。博士学位教育,攻读一般专业的博士学位需要3年时间看,某些专业的博士学位,课程毕业后还需要1~2年的工作实践后才能获得。

a. 本科学费每学年为1593~2230美元不等;

b. 硕士学费每学年为4129美元;

c. 博士学费每学年为11126美元。

5. 奖学金政策

蓝康恒大学国际研究所为优秀学生提供奖学金。

a. 条件:申请人必须是来自蓝康恒大学国际研究所二年级的学生;申请者必须有良好的行为,从未受到过大学的惩罚。

b. 特定条件:申请者必须已学习并完成超过 2 个普通的学术学期;申请人 GPA 必须为3.80 或3.80 以上,没有重修的课程或结果为 F 的课程;申请者必须在所提供的所有课程中注册;申请者不得有逾期登记备案;申请人必须有良好的行为。

申请者必须出示如下文件:

蓝康恒大学奖学金申请表和申请表格所需的文件;

如果您有任何查询有关申请期限和要求的问题请直接联系国际研究所本科和研究生课程的办公室项目协调员。

6. 住宿情况

蓝康恒国际研究所不提供校内宿舍,国际学生须寻找自己的住处。协调员愿意协助学生寻找距离校区较近的公寓或酒店 。住宿费用约 180 ~500 美元/月。

7. 签证政策

携带蓝康恒大学国际研究所的原受理函在前往泰国至少 3 个月前与泰国大使馆联系有关签证条例的问题。进入泰国学习的教育签证(代码:教育)的有效期是 90 天,如果需要延长在曼谷停留的时间,可以从国际研究所请求延长签证文件或根据曼谷的移民签证延期的程序进行办理。

(三)学校地址及联系方式

地址:泰国曼谷 10240 Bangkapi,Huamark

官网:http://www.ru.ac.th/

联系电话: +66 2310 8897

学校邮箱:webmaster@ru.ac.th

国际研究所 (IIS – RU)

官网:http://www.iis.ru.ac.th/

联系电话: +66 2310 8895 to 9

邮箱:info@iis.ru.ac.th

二十六、玛哈沙拉堪大学

(一)学校简介

玛哈沙拉堪大学(Mahasarakham University)位于泰国东北部马哈沙拉堪府,距离泰国

首都曼谷市约470千米。该学校是一所历史悠久富有活力的国家公立大学,成立于1968年,其前身为玛哈萨拉堪教育学院,学院建立的最初目的是为了将泰国的高等教育扩展到整个泰国东北部。之后,于1974年6月27日学院升格为玛哈沙拉堪诗纳卡宁威洛大学(即为诗纳卡宁威洛大学在玛哈沙拉堪府的一个分校)。直至1994年12月9日,在泰国国王普密蓬陛下签署的泰国高校法令中,批准从诗纳卡宁威大学中独立出来并赐名为:玛哈沙拉堪大学。与此同时,作为泰国的第22所国立大学,于泰国的第54个第111号政府宪报中正式公布。

截至2011年,玛哈沙拉堪大学学生人数总共46693人,包括在学校总部的41626人和非学校总部的5067人。近年来,玛哈沙拉堪在接纳海外留学生,积极开展对外教学合作的工作上取得突破新进展,目前,留学生人数达257人,更有来自菲律宾、蒙古国、阿拉伯联合酋长国等国的留学生在该校就读。

玛哈沙拉堪大学下辖会计与管理学院,建筑、城市设计和创作艺术学院,教育学院,工程学院,环境和资源研究学院,美术和应用艺术学院,研究生院,人文学与社会科学学院,信息学学院,医学院,护理学院,药物学院,公共卫生学院,理学院,技术学院,旅游及酒店管理学院,兽医学及动物科学学院等19个学院。分别设有博士教育(博士生)、硕士教育(研究生)、学士教育(本科生)三个层次课程教学,学校常规课程的授课语言为泰语,为了吸引国际学生,该校还开设了一系列英语授课的国际学习项目。

(二)留学政策

1. 入学条件

(1)本科

a. 获得高中学历或同 Mathayam 6 相同水平;

b. 高中阶段成绩单;

c.5 年以内的雅思或者托福成绩。

(2)硕士

a. 获得认证的大学本科学历;

b. 本科阶段成绩单;

c.5 年以内的雅思或者托福成绩。

(3)博士

获得认证的硕士学历,且硕士阶段学习专业与所申请专业领域相近。

2. 专业设置

(1)本科

人文与社会科学发展学院:泰语、对外泰语、英语、乡村教育发展、历史学、中文、越南语、日语、法语、刊物语言、国际交流英语、商务英语、地理学发展。

教育学院:幼儿教育、数学教育课程、泰语教育、英语教育、科学教育、教育技巧与媒介、特殊教育、心理学教育、体育科学教育。

商学院:管理学、市场学、计算机商务、国际商务、电子商务管理、金融学、经营管理、信息技术商务、经济管理学、人力资源管理、经济学商务。

艺术学院:视觉艺术、表演艺术。

旅游与酒店管理学院:旅游与酒店管理。

政治管理学院:行政管理、国际关系、国家与公共事务管理、地方管理、人权研究、大学生教育。

音乐学院:音乐学。

科学院:数学教育、统计学、物理、物理应用、微生物学、化学、生物。

科技学院:生物科技学、食品工艺学、农业科技学、种植作物工艺学、景观创新与设计管理。

制造工程学、机械工程学、土木工程学、生物工程学、机电工程、电子工程学、环境工程学、建筑工程。

城市规划和建造艺术学院:建造艺术、建筑学、内部装修、城市规划、景观设计、建筑科学。

环境与资源管理、环境学、环境科技学。

信息科学学院:信息学、通信学、信息与通信技术、计算机科学、媒体创意、地理信息科学。

护理学院:护理学。

药剂学院:制药。

公共卫生学院:公共卫生部、环境与职业健康学、食品营养与饮食安全。

医学院:大众医学、急救医学、应用泰式医学。

动物医学及动物科学学院:动物学、渔业学、动物医学。

(2)硕士

人文学与社会科学发展学院:历史学、地方研究与发展、英语教学、泰语。

教育学院:课程与教育、教育成果评测、教育研究、教育科学、心理学教、教育技巧与媒介、教育管理、心理学教育与教育思想、体育运动科学、卫生与体育管理。

会计管理学院(商学院):策略管理、市场管理、管理技术与商务媒介、会计学、管理学、商务经济。

艺术学院:视觉艺术、艺术学研究。

旅游与酒店管理学院:旅游与酒店管理。

政治管理学院:公共政策学、行政管理。

音乐学院:音乐学。

文化学院;文化学。

科学院:化学、化学教育、生物、生物教育、考古、数学研究、统计科学、物理、数学、科学学。

科技学院:生物科技学、食品工艺学、农业科技学。

工程技术学院:机械工程学、土木工程学、电子及计算机学。

建筑工程、城市规划和建造艺术学院:城市发展和环境可持续发展、农村与城市资源规划。

环境与资源研究学院:环境研究学、环境管理学、环境科技学。

信息科学学院:媒体创意、信息技术、资源管理。

护理学院:成人护理、精神与心理健康护理。

药剂学院:草药与天然药品、临床药剂。

公共卫生学院:公共卫生部、老年人健康管理。

动物医学及动物科学学院:动物学。

(3)博士

人文学与社会学发展学院:教育学、泰语、英语与语言的艺术。

教育学院:教育发展与管理、教育技巧与媒介、教育研究与评估、教育与学习创新、心理学教育与教育思想。

会计管理学院(商学院):管理学、会计学、市场管理。

艺术学院:艺术学研究。

旅游与酒店管理学院:旅游与酒店管理。

音乐学院:音乐学。

文化学院:文化学。

科学院:化学、生物、考古。

科技学院:生物科技学、农业科技学、食品工艺学。

工程技术学院:机械工程学、土木工程学、电力及计算机学。

环境与资源研究学院:环境研究学。

公共卫生学院:公共卫生部。

医学院:健康科学。

3. 学期设置

(1)本科

学制4年,一年2个学期,每年6月与11月正式开学(少数专业为3个学期),每学期所修学分不得超过22个学分。

(2)硕士

研究生专业学制为2~5年,第5学年成绩仍未合格毕业者,将勒令退学。

(3)博士

博士学位教育,攻读一般专业的博士学位需要3年时间看,某些专业的博士学位,课程毕业后还需要1~2年的工作实践后才能获得。

4. 学费

(1)本科

针对外籍学生欲就读于我校相应本科专业学生,学杂费与泰国籍学生的学杂费一致,除去每学期注册费等杂费800~1000元外,剩下的学费按学分收费:按学院或者专业的不同每个学分200~500泰铢。每个学期所修学分不得超过22个学分。

(2)硕士

就读于该校硕士研究生专业的外国学生,学杂费亦与泰国籍学生的一致。除去相应的学杂费外,按照学院和专业的不同每个学分2000~5000泰铢,学完整个硕士研究生课程直至获得硕士学位大概需要修完32~40个学分。

(3)博士

就读于该校博士研究生专业的外国学生,学杂费亦与泰国籍学生的一致。除去相应的学杂费外,按照学院和专业的不同每个学分2000~5000泰铢,学完整个博士研究生课程直至获得博士学位大概需要修完32~40个学分。

5. 奖学金政策

马哈沙拉堪大学提供全额奖学金、半额奖学金、住宿奖学金、实习奖学金、创新工作和论文报告奖学金。

6. 住宿情况

提供学生校内公寓、校外公寓、寄宿家庭、租房等方式,供学生自行选择。

7. 签证政策

国际学生到马哈沙拉堪大学学习需要办理非移民签证。携带马哈沙拉堪大学出具的官方信件到泰国大使馆或通过你所在国家的留学咨询机构进行办理。

(三)学校地址及联系方式

官网:www.chinese.msu.ac.th/

联系电话:+66 4375 4241

邮箱:iroffice@msu.ac.th

二十七、诗纳卡宁威洛大学

(一)学校简介

诗纳卡宁威洛大学(Srinakharinwirot University)是泰国首都曼谷一间著名的国立大学。该校始创于1949年,迄今已有半个世纪的历史,该校以其“教育即为成长”的办学哲学在国际享有盛名,与各大洲16个国家、30多所高等学府建立了密切合作关系。“诗大”主要培养国际专业实用人才,通过预科考试、教授综合评定后,则可选学本科专业课程。同时为中国留学生特设泰语言本科四年班,主要培养中泰政府交往、语言学术研究、泰中合作跨国集团所需高级人才;国际旅游酒店管理专业本科四年班,主要培养旅游酒店管理人才。学校现有教职员工1150名,在读学生约15000名,其中包括来自于亚洲各个国家的大约300名国际留学生。

诗纳卡琳威洛大学始终坚持以美德教育为导向,通过社会实践和专业学习,培养有良好道德理念,符合个性发展的人才;为国家和世界的发展做富有创造精神、符合发展规律、造福人类的可持续研究;提高服务意识和社会责任感;学会研究分析,促进艺术和文化的发展;发展行政管理体系,服务大众。

该校现已发展成为一所以创新和创造力为基础的领先的国际性研究学院。

(二)留学政策

1. 入学条件

(1)本科

达到 M6 Certificate 12 级或同等学力。

(2)硕士文凭

托福500分或雅思6.0分;获得本科文凭并通过学校组织的考试;两年英文授课的本科经历;GPA达到2.75以上。

(3)硕士学位

托福500分或雅思6分;获得本科文凭;两年英文授课的本科经历。

(4)博士学位

得到硕士学位;硕士期间GPA达到3.25以上。

2. 专业设置

(1)本科

教育学院:教育学学士(B. Ed.),泰语,英语,艺术教育,社会科学,数学,化学,物理,基础科学,基础教育,教育科技,指导,泰国音乐。

人文学院:文学学士学位(B. A.),图书咨询学,儿童文学,英语,法语,泰语,中文,日语,韩语,哲学与宗教,职业语言(跨科系项目);教育学学士学位(B. Ed.),英语,泰语;理学学士学位 (B. Sc.),心理学。

艺术学院:艺术学士(B. F. A.),视觉艺术设计:传达设计,时尚设计,产品设计。珠宝设计视觉艺术:陶瓷,绘画,印刷,图像艺术。表演艺术:表演和导演,剧院设计。

社会科学学院:文学学士学位(B. A.),历史,政治学,城市社区发展,社区发展。

体育运动教育学院:文学学士学位(B. A.),休闲娱乐研究理学学士学位(B. Sc.),公共健康,运动科学和体育科学。

理学学院:理学学士学位(B. Sc.),数学,电脑科学,统计学,物理学,生物学,微生物学,化学,材料科学(珠宝首饰)。

护理学院:护理学本科专(B. N. S.)。

药剂学院:药剂学学士学位 (B. Pharm)。

工程学院:工程学,生物医学工程,化学工程,电机工程,机械工程,工业工程,环境工程,计算机工程。

可持续研究国际学院:生态旅游和酒店管理。

(2)硕士

教育学院:教育学硕士(M. Ed.),基础教育,中等教育,高等教育,教育行政,教育心理学,幼儿教育,教育测验学,教育科技,成人教育,特殊教育,科学教育,工业教育。

艺术学院:艺术硕士(M. F. A),,视觉艺术,设计创作。

社会科学学院:教育学硕士,商务教育,地理学,历史学,工商管理硕士(MBA),市场学,管理学,高阶主管工商管理(Ex－MBA)。

(3)博士

教育学院:教育学博士(Ed. D.),教育行政,教育科技,高等教育,教育测试和测验,咨询心理学,幼儿教育,成人教育,特殊教育。

人文学院:英语学位。

药剂学院:药剂学博士学位(Pharm. D.)。

牙科学院:牙外科博士(D. D. S)。

经济与公共政策学院:哲学博士 (Ph. D.),经济类。

3. 学年及学费

(1)本科

医学院与英国诺丁汉大学合作的联合医学博士学位 60000～150000 泰铢。

可持续研究国际学院 50000 泰铢。

人文学院 8000 泰铢。

(2)硕士

国际研究生文凭:教学专业 36000 泰铢。

硕士课程:M. A. 以泰语为外语的教学(TTFL)96000 泰铢。

另外,研究生文凭两个学期共缴纳两次费用。

(3)博士

Ph. D. 英语 180000 泰铢。

D. S. 应用行为科学 (授课型)276000 泰铢。

(三)学校地址及联系方式

地址:诗纳卡琳威洛大学国际交流处

邮箱:ird@ swu. ac. th

电话:(662)260－1012

网址://www. swu. ac. th/cn/

传真:(662)258－4006

二十八、西那瓦大学

(一)学校简介

西那瓦大学(Shinawatra University,SIU)是一所泰国私立大学,学校有两个校区,本科校区位于曼谷近郊巴通它尼府,研究生校区位于曼谷市为威帕瓦迪兰实路,紧挨陆军俱乐部,是一所以商业和科技为主导的全英文授课的国际型大学。西那瓦国际大学针对全

球招生,提供的课程有语言预科、本科、研究生、博士等。它成立之初的目的是为满足现代年轻人对日新月异的知识、全球趋势、工作环境、思维和行为方式的学习需求。为了实现上述目标,学校高度重视教师的聘用和教学楼、宿舍、图书馆、网络通信等基础设施的建设,以建立浓厚的学习氛围。学校注重居住环境的舒适度,这对学生学习和自我发展都有较大帮助。

目前,学校现有1500名在校生,以及来自30多个国家的学生和教职工,这种多样性极大地促进了不同类型文化、哲学和思想的互动交流。

(二)留学政策

1. 入学条件

入学前请特别注意,非英语母语学习者英语能力在毕业时需达到以下水平,此英语能力要求关乎学生能否获得毕业文凭。

a. 本科及信息技术、管理技术硕士等:托福530分,或雅思5.5分,或托业700分,或朱拉英语能力测试530分。

b. 工商管理硕士、英语教育学硕士、计算机科技硕士等:托福550分,或雅思6.0分,或托业750分,或朱拉英语能力测试550分。

c. 管理学博士:托福570分,或雅思6.5分,或托业800分,或朱拉英语能力测试570分。

(1)本科

必须完成12年的小学到高中学习经历并且高中毕业,或者取得高中毕业证书。

转学生学分转换需满足下列要求:需在认证教育机构完成课程或者继续课程学习;上述课程内容需与大学课程中规定的内容相关;自提出申请当日起,需有5年上述课程学习经历;公共课学习成绩需达到 C 及以上等级,专业课学习成绩需达到 B 及以上等级;最多可转换 70 学分。

(2)硕士

a. 从教育部认可的高校获得本科学位或同等学力;

b. 有较好的英语读写能力;

c. 具备基本的计算机应用能力。

(3)博士

a. 从教育部认可的高校获得硕士学位或同等学力;

b. 有较好的英语读写能力;

c. 具备基本的计算机应用能力;

d. 论文题目获得所申请学校的批准。

2. 专业设置

(1)本科

a. 管理学学士学位。

b. 计算机科学学士学位。

c. 英语学士学位。

d. 管理技术学士学位。

(2)硕士

a. 工商管理硕士学位。

b. 信息技术硕士学位。

c. 英语硕士学位。

(3)博士

a. 管理学博士学位。

b. 信息技术博士学位。

c. 公共商业管理博士学位。

3. 学期设置

一年分两个学期,第一学期(8—12 月),第二学期(1—5 月)。

4. 学年及学费

(1)本科

学制:4 年。

学费:学费及教育费 4 年共计 716000 泰铢。

(2)硕士

学制:2 年。

学费:学费及教育费两年共计 76000 ~ 294000 泰铢,专业不同,收费不同。

(3)博士

学制:学习和论文写作 3 年。

学费:学费及教育费 3 年共计 570000 泰铢。

5. 奖学金政策

(1)本科

高达 75% 学费奖学金。

(2)硕士

高达 25% 学费奖学金。

(3)博士

高达 25% 学费奖学金。

6. 住宿情况

(1)本科

学校为巴通他尼府校区的学生提供两栋五层宿舍楼。从这两栋宿舍楼步行到主厅只需 7 分钟,到食堂只需 5 分钟。附近配有体育设施,包括一个位于 2 号宿舍楼的健身房、足球场、篮球场、网球场,台球桌、乒乓球桌等。学生可享受洗衣服务,收费合理。

住宿费:3 人间每人每学期 12000 泰铢。

(2)硕士、博士

校方工作人员帮助学生找到附近的出租房,租金每月至少 4500 泰铢。

7. 签证政策

西那瓦大学为国际学生提供签证更新和延期服务。学生到达机场时,学校将派工作人员迎接并提供交通服务。在寒暑假或长假期间,为学生提供一定的实地考察机会。

(三)学校地址及联系方式

地址:泰国巴通他尼府 12160Bangtoey Samkhok 99 Moo 10

官网:www. siu. ac. th

联系电话: +66(0)2599 0000 ext. 2

传真: +66(0)2599 3350

学校邮箱:amd@ siu. ac. th

第十二章 越 南

一、越南概况

越南全称越南社会主义共和国(The Socialist Republic of Viet Nam),位于中南半岛东部,北与中国交界,西与老挝、柬埔寨为邻,东、南面临南中国海,地形南北长、东西窄,国土面积约33万平方千米。越南人口约9000万,民族众多,主体民族京族(或越族)约占总人口86%,其余民族占比都不及总人口2%。越南多数人口信奉佛教,佛教文化影响到越南民众日常生活。越南经济发展水平较低,在东南亚国家中居于中下游,近年来,政府大力发展经济、改善民生,经济增长速度突飞猛进,整体经济发展水平正在稳步提升。在东南亚国家中,越南与老挝类似,实行人民民主的社会主义制度,首都河内历史悠久,是全国政治、文化中心,南部的胡志明市是全国的经济中心、最大港口和人口最多的城市。

二、高等教育总体特色与优势

越南高等教育的最大特色为高等教育机构覆盖全国大部分地区,全国所有省份或中央直辖市中,63%的省份或直辖市有大学,95%的省份或直辖市有学院,98%的省份或直辖市至少有一所大学或学院[1]。越南高等教育的另一大特色是高等教育管理机构多样化,据2010年的统计数据,越南全国376所高校中,教育培训部管理54所(占14.4%);政府负责2所国家大学;部级机关和其他部门管理116所(占30.8%);各省、市人民政府管理125所(占33.2%);81所民办和私立学校(占21.5%)[2]。越南高等教育的第三个特色为高等教育多元化,河内和胡志明市建立了两所开放学习的大学,运用服务于教学目的的信息与通信技术,把本地在职培训中心变成开放学习网络;预科学校招收来自少数民族、边远地区农民和社会政策受益者的毕业生,一年的基础课程学习使得他们能够获得进入高等院校的机会[3]。

---

[1] ministry of education and training:Vietnam higher education report,2009:3.

[2] ministry of education and training:Vietnam higher education report,2009:12－15.

[3] 张建新.东南亚高等教育[M].昆明:云南人民出版社,2008.

总体来说,越南高等教育有如下优势:高等教育体系齐全;费用低廉;高等教育师资、规模,以及投资不断增长。

三、高等教育管理机构简介

越南的高等教育管理机构为越南教育培训部,20 世纪 90 年代开始,越南教育培训部逐渐拥有了高等教育方面最集中的权力:一是教育财政决定权,在财政部和计划投资部的协助下,教育培训部对所有学校拨款方案进行批复;教育培训部直属的学校可以自行制定预算方案,提交教育培训部审核。二是与计划投资部协商确定所有高校的招生指标,包括每所大学的招生总数和每个专业的招生数,作为高等教育规模和劳动力供给的调控主体。三是批准所有专业的课程体系,指定专业委员会专家制定各专业的培养目标、知识结构、课程组成、学习和实习的时间安排等内容,形成课程整体框架。四是校长任命程序的管理和高校入学考试的管理。

教育培训部、财政部、计划投资部、国内事务部、科学技术部在高等教育系统中都拥有重要的管理职权,这些部门就越南高等教育如何服务于国家发展政策和目标向政府提出建议,在这些建议的基础上,越南政府决定高等教育的规模、学费标准以保证教育收支平衡以及高等教育部门和国民经济其他部门的协调发展。部委办学体制的削弱和教育培训部权限的增加强化了国家对高等教育的整体规划和管理,以及对高等教育资源的统一分配❶。

四、主要高校国内排名情况简介

综合 QS World University Rankings、QS University Rankings:Asia 2015、Ranking Web of University 等网站的数据,越南主要高校国内排名情况如下。

序号	高校名称		国内排名
	英　文	中　文	
1	Vietnam National University Hanoi	河内国家大学	1
2	Vietnam National University Ho Chi Minh City	胡志明市国家大学	2
3	Can Tho University	肯特大学（芹苴大学）	3
4	Hanoi University of Science & Technology	河内百科大学	4
5	Hanoi National University of Education	河内师范大学	5

❶ 陈凡. 浅析越南高校管理体制改革[J]. 东南亚纵横,2013(11).

五、胡志明市国家大学

（一）学校简介

胡志明市－越南国家大学（Vietnam National University，Ho Chi Minh City，VNU－HCM）是一个多学科大学，建校于1995年1月，由胡志明市现有的大学合并组成。经越南政府特许，本校的职责是成为越南高等教育的首要学府以便更好地为国家与社会服务。学校有3400在职员工（其中超过2000人为教职工），以及50000名全日制本科生和研究生。目前，胡志明市－越南国家大学设置了120个本科学科、90个研究生学科和90个博士学科。在越南政府的大力支持下，该校正在建设占地645公顷的现代校园，该校的行政中心也将设在此处。

胡志明市－越南国家大学现由五个成员学校、一个研究院、一个学院，以及多个中心组成，包括科技大学、自然科学大学、人文社会科学大学、国际大学、信息技术大学、环境与资源研究院、经济学院、外语中心、国际教育中心、教育检测与质量评估中心、法国大学中心。此外，胡志明市－越南国家大学在主题学、化学、物理学、计算机科学和生物学方面的国际竞赛中培养出了众多获奖者。为将该校打造为顶级学府，学校将致力于扩展学术项目、提升教学设施、挖掘学生潜能，为学校进入全球一流大学夯实基础。

（二）留学政策

1. 入学条件

（1）本科

a. 持有高中文凭/毕业证；

b. 国际文凭(国际中学毕业会考)在24及以上,或者A级(普通教育高级水平证书)C等及以上,或者高中毕业平均分至少为2.5分(四分制);

c. 学生的雅思成绩须为6.0分或者同等级,否则必须在大学预科班学期内选修英语科目。

(2)硕士

a. 持有本科学位或者至少3年相关专业学习经验;

b. 熟练掌握英语(托福550分,雅思6.0分或者本科专业为英语);

c. 无本科学历的学生应提供至少五年的相关工作经验证明。

2. 专业设置

商务管理、化学工程、石油工程、计算机科学、计算机工程、环境技术、电器与电子工程、土木工程、机械电子工程、机械工程。

3. 学期设置

每学年分为两个学期,具体如下:

第一个学期:9月至次年1月。

第二个学期:2月至6月底。

4. 学年及学费

学年:本科4年,硕士2年,博士2~4年。

学费:本科4年费用总计63580~68580美元,硕士310000000越南盾。

申请费:50美元。如果学生满足雅思6.0分或者托福80分或者同等成绩,则不需支付该费用。

上述学费是根据相关学习计划进行预估的,每学期具体的学费根据学分数量而定。

5. 奖学金政策

如果学生表现优秀,将由胡志明市科技大学予以表彰并发放优厚奖学金,该奖学金可用作学生部分或者全部的学习费用。奖学金的标准如下:

100%学费,名额1名,高中毕业成绩90分(百分制)以上;英语雅思6.0分或同等成绩;75%学费,名额3人,高中毕业成绩85分(百分制)以上;英语雅思6.0分或同等成绩;50%学费,名额5人,高中毕业成绩80分(百分制)以上;英语雅思6.0分或同等成绩;25%学费,名额8人,高中毕业成绩70分(百分制)以上;英语雅思6.0分或同等成绩。

获得奖学金需注意如下事宜:

a. 学生申请奖学金时需填写申请表;

b. 奖学金在第一学期发放,在接下来的各个学期,学生的绩点应不少于7.0分(10分制)才可继续获得奖学金;

c. 奖学金只可用于在越南的学费,如果学生选择2年交换项目,则在国外学习的2年不再享受奖学金待遇;

d. 奖学金的申请应通过网上入学申请表申请,胡志明市科技大学奖学金的申请与入学申请同时结束。

6. 住宿情况

胡志明市大学住宿费约100美元/人/月。

12层楼的豪华学生公寓，配备所有便利设施。寝室为留学生提供方便且具现代科技的不同类型公寓。每个房间43平方米，共20个房间，每个房间可住4人。房间设施包括：独立卫生间、晾衣服的地方、冰箱、冷/热水，4张床、4个保险柜、4张带书柜的电脑桌、4把椅子、鞋柜和大桌子、无线互联网，以及在公用房间内的有线电视。6个电梯、5个楼梯间、消防系统、火灾自动报警器以及紧急通道。占地5000平方米的停车场（配有现代感应卡管理系统）。

该校宿舍提供各种服务和资源：现代图书馆中囊括2个书店、100个座位及10台电脑。学生可在此学习、看书或者使用电脑。电脑室配有140台高速网络电脑可供学生查阅信息、小组学习或者放松。此外还设有自助餐厅、公共活动室、医务室、自主取款机等。学生宿舍地理位置优越、交通便利，到公交站、机场、火车站、商场等都很便捷，宿舍附近有很多路公交车，交通费便宜。

7. 签证政策

大学录取的学生将会得到在越南学习的学生签证。在抵达越南时，学校会有相关负责人对学生获取签证事宜提供引导。入学通知书是我校的官方通知，表示学生的申请表已获得学校相关入学部门的许可。通知书将会通过邮件形式寄予学生，学生须递交所需文件材料，包括：接收协议；护照（有效期不少于12个月）复印个人信息页；学生所在国家权威医疗中心发布的体检检查表。学生也可在越南进行体检，预计费用约133美元；所有学习相关证件的复印件：高考成绩和高中文凭；英语能力水平证书；奖学金申请结果（与入学通知书一起下发）。

（三）学校地址及联系方式

学校地址：胡志明市守德区，铃中区，第六街区

网址：http://en.vnuhcm.edu.vn

电话：08 3503 2253

后　记

自“中国－东盟教育交流周”开始举办并从此落户贵州以来，作为其中参与者之一的编者对各届交流周的盛况深有体会，也乐于为中国－东盟教育交流的大事尽一份绵薄之力。然而，2015 年下半年，有朋友让编者推荐一本中国学生留学东盟指南类的书籍，竟一时无从找寻，仔细搜寻下发现关于留学东盟指南类的图书少之又少，可谓空白，自此编者萌生了编写一本留学东盟指南类图书的想法，大处是为了契合中国－东盟进一步拓展双方教育和人文交流的深度与广度这一大趋势，小处是为那些有意赴东盟留学的人士提供一册实用的留学指南，同时也是为更好地参与即将举行的第九届“中国－东盟教育交流周”而作的诸多努力之一。

2016 年年初，在经过细致论证和多方咨询后，图书定名为《东盟十国留学指南》，同时，制定了图书编写的两条基本标准：第一，必须包括东盟十个国家的高校；第二，只收录留学政策比较完备的高校。随后，编写工作正式展开。留学指南类图书最关键之处是高校接收留学生的具体政策，编写者须严格保证图书中具体留学政策在资料来源方面的权威性与准确性。为保证编写资料的权威性与准确性，《东盟十国留学指南》的编写资料大部分来源于东盟十国各主要高校的官方网站，同时编者也尽力通过支持单位与东盟高校直接联系收集资料，少数内容引用有关领域专家学者的成果。自图书开始编写以来，资料的收集整理工作从未停歇，编写框架也已几易其稿，为的是在保障权威性与准确性的基础上，更有逻辑和更有系统地将东盟十国各主要高校的具体留学政策呈现给读者，其中无数次的反复查询、无数次的反复查证、无数次的反复修改自不必说，光是拨往东盟高校的长途电话费就不少。历经近半年的艰苦努力，《东盟十国留学指南》终稿终于摆上编者的案头。

完成一项有意义的编写工作是一件值得高兴的事情，仔细翻看书稿，遗憾与不足也是存在的，主要的遗憾与不足有四个方面：首先，由于时间紧迫，不能主要依靠与东盟十国高校直接联系获取资料，一定程度上损害了资料来源的权威性与准确性；其次，由于收集到的资料缺项太多，越南最著名的大学之一河内国家大学与缅甸最著名的大学之一仰光大学并没有收录在书中；再次，以收集到的资料完备性为标准取舍收录的高校，导致各国部分排名靠前的高校因资料较少而被放弃；最后，各国主要高校排名表的排序可能存在争议，另一方面，泰国、马来西亚这样一些高校数量众多的国家，排名表收录的学校数量较少，同时，基于图书内容必须包括东盟十国高校的总体平衡考虑，图书收录的泰国、马来西亚高校不算多。

完成一部包括60所高校的留学指南，资料收集、翻译工作是艰难的，感谢承担并出色完成这一艰巨任务的贵州大学硕士研究生王芳、秦泽源、江明俊、朱复明、徐本玉、吴妍妍、李嫣然、王开莲、胡新建、林妮等同学以及提供过帮助的其他同学，感谢他（她）们在学业繁重的情况下参与到《东盟十国留学指南》的编写中。

感谢特邀顾问中国－东盟教育交流周组委会执行秘书长刘宝利先生、中国（教育部）留学服务中心主任孙建明先生、中国－东盟教育培训联盟理事长江瑞平先生、东南亚教育部长组织秘书长加多特（Dr. Gatot Hari Priowirjanto）先生、东盟大学联盟执行秘书长南塔娜（Dr. Nantana Gajaseni）女士在图书编写过程中给予的关心与支持，感谢他（她）们的宝贵意见和热情帮助。感谢支持单位中国（教育部）留学服务中心（CSCSE）、中国－东盟教育培训联盟（ACAETC）、东南亚教育部长组织（SAEMEO）、东盟大学联盟（AUN）等机构提供的支持与帮助。

最后，对图书引用的所有论文、著作、图片的创作者，在此一并感谢！

任钢建

2016年5月